郭万超　主编

文化经济研究

CULTURAL ECONOMY
RESEARCH

（第十辑）

SSAP

社会科学文献出版社
SOCIAL SCIENCES ACADEMIC PRESS (CHINA)

北京市社会科学院论丛
编辑工作委员会

编　委　会

《文化经济研究》

主　　编　郭万超

副 主 编　孟晓雪　杨传张　王　丽

编　　辑　赵玉宏　周　倜　倪乐融　李　茂

编辑单位　北京市社会科学院传媒与舆情研究所

　　　　　中央文化和旅游管理干部学院研究室

　　　　　北京文化创意产业研究中心

主编简介

郭万超 北京大学法学硕士，中国人民大学经济学博士，中国社会科学院经济研究所博士后，新加坡国立大学访问学者。北京市"高创计划"哲学社会科学和文化艺术领军人才，北京市宣传文化系统"四个一批"人才。现任北京市社会科学院传媒与舆情研究所所长、北京文化创意产业研究中心主任，中央戏剧学院客座教授，研究员（破格），博士后合作导师。主要兼职：财政部、科技部、文化和旅游部、新华社瞭望智库、中国博士后科学基金、国家版权局（腾讯）网络版权产业研究基地专家，欧美同学会建言献策工作委员会委员，清华大学文化创意发展研究院、上海交通大学城市科学研究院、浙江大学国家制度研究院特约研究员，国家重点研发计划文化科技类项目、东亚文化之都、中央文化企业预算资金、国家级文化产业园区评审专家。出版专著 12 部，包括《数字文化产业》《走向文化创意时代》《中国文化产业词典》《北京市文化创意产业竞争力提升研究》《当代中国经济发展战略》《探寻当代最优发展模式：中国经济大变革》《中国特色新型城镇化道路研究》《中国特色自主创新道路研究》等，诗集 1 部；主编著作 11 部，包括《创意城市蓝皮书：北京文化创意产业发展报告》《文化和旅游产业前沿》《中国互联网文化企业发展报告 2015》等；在《求是》《经济学动态》等发表论文 240 多篇，其中 C 刊和中文核心期刊 49 篇，《人民日报》《光明日报》《经济日报》13 篇。20 项成果获中央主要领导等人重要批示或被内参采纳。主持国家社科基金及中宣部委托等国家项目 8 个；主持省部级重大课题等 50 多项。获人事部、《人民日报》和中央统战部等 10 多项奖励。《人民日报》、《光明日报》、《经济日报》、中央电视台、中央人民广播电台、凤凰卫视等对其进行过报道或采访。

编委会委员简介

（按照姓氏首字母顺序排序）

陈少峰　北京大学文化产业研究院学术委员会主任，教授、博士生导师

范　周　北京京和文旅研究院院长，中国传媒大学教授、博士生导师

傅才武　武汉大学国家文化发展研究院院长，教授、博士生导师

郭万超　北京市社会科学院传媒与舆情研究所所长，清华大学文化创意发展研究院特约研究员、博士后合作导师，中央戏剧学院客座教授

胡　钰　清华大学新闻与传播学院党委书记，清华大学文化创意发展研究院院长，教授、博士生导师

金迈克　澳大利亚研究委员会创意产业及创新研究中心研究员

金　鹏　中国文化产业协会秘书长

李建臣　中共中央宣传部文改办副主任

李向民　南京艺术学院副院长，紫金文创研究院院长，教授、博士生导师

厉无畏　第十一届全国政协副主席，中国基本建设优化研究会会长，上海社会科学院部门经济研究所所长，研究员

刘　康　欧洲科学院院士、美国杜克大学亚洲与中东研究系教授、杜克大学中国传媒研究中心主任

刘士林　上海交通大学城市科学研究院院长，教授

祁述裕　中央党校（国家行政学院）文史教研部教授、博士生导师

孙若风　文化和旅游部科技教育司原司长、中国人民大学文化产业研究院特聘研究员

韦　路　浙江传媒学院党委副书记、副院长，教授、博士生导师

伍义林　北京日报社总编辑，高级编辑

杨　奎　北京市社会学科院党组成员、副院长，研究员

杨晓东　国务院发展研究中心东方文化与城市发展研究所研究员

喻国明　北京师范大学新闻传播学院学术委员会主任，教授、博士生导师

喻剑南　中央文化和旅游管理干部学院党委书记

张钦坤　腾讯研究院秘书长，国家版权局网络版权产业研究基地秘书长、博士

张晓明　中国社会科学院文化研究中心原副主任，研究员

张玉玲　腾讯社会研究中心秘书长、主任记者

目 录

新型业态

真实感催生互动性：虚拟新闻主播仿真度
与用户接受意愿关系研究

王袁欣　韩卓言*

摘　要： 虚拟数字人在元宇宙概念兴起后越来越多地被应用于不同产业的实践当中。本研究关注传媒领域虚拟新闻主播的应用，试图探索公众从哪些维度评价虚拟新闻主播的仿真度，同时分析仿真度又如何影响用户对虚拟新闻主播的接受水平。本研究通过在线实验对虚拟新闻主播仿真程度与用户使用意愿关系进行研究，同时考察恐怖谷效应作为中介变量在影响路径中发挥的作用。研究发现虚拟数字人的外貌、行为、语言习惯等与人类越接近，就越容易诱发受众的积极情绪，进而促进受众接受，提高受众对其的使用意愿与观看意愿。但中介变量恐怖谷效应对受众的使用意愿影响不显著，受众并未因其仿真度提高而产生显著可观测的负面情绪。受众更青睐与人类相似的虚拟新闻主播，同时对于不同性别虚拟主播的应用场景有不同的期待。

关键词： 人工智能　虚拟数字人　恐怖谷　用户接受　在线实验

一　引言

近年来，随着科技创新和鼓励技术创新与应用的政策推动，人工智能

---

* 王袁欣，博士，中央民族大学新闻与传播学院讲师，硕士研究生导师；韩卓言，中央民族大学新闻与传播学院广告系本科生。

技术已逐渐应用于教育、文旅、传媒等诸多领域。目前，机器学习、机器生产、数据收集、算法推送等技术都在传媒领域有成熟的应用。在智能技术的应用浪潮下，国内各级媒体纷纷推出具有平台特色的虚拟数字人。虚拟记者、虚拟主播等智能技术应用正逐渐改变着传媒业态。央视先后推出了"小C""康小辉""姚小松"等多位虚拟新闻主播。新华社推出的"小净""新小萌"活跃在各类新闻播报场景当中。SMG、极目新闻等地方媒体与新闻自媒体也纷纷加入虚拟新闻主播的研发队伍，将智能技术投入新闻生产实践。

从成本来看，当前虚拟数字人的制作技术及配套产业链已经逐渐趋于成熟。虚拟数字人能够在较短的时间内完成建模与产出，作为虚拟主播不存在时间上的间断问题，可以提供持续不间断的新闻播报，能够为媒体节约成本。较短的制作周期与较低的技术门槛使得虚拟新闻主播成为各级媒体的新宠。从效果上看，虚拟新闻主播能够实现零误差、高效能，同时其形象能够趋近无暇与完美，进一步顺应观众的审美需求。凡此种种优势，都极大地推动了传媒行业对虚拟主播技术的应用，推进新闻传播业态的信息化、智能化进程。

作为一项尚在发育阶段的新兴传播技术，虚拟新闻主播的研发取向、用户接受与市场应用都存在不明晰的部分。目前有关虚拟新闻主播的研究主要集中在市场分析、机遇挑战、伦理探讨等角度，且大部分为综述式的阐述，缺乏对虚拟新闻主播用户接受的量化研究，也少有与其将形象仿真度相关联的实验研究。不论是虚拟数字人的研发还是应用，其形象仿真度都是影响内容呈现效果的重要因素，受众对虚拟主播仿真度的偏好又会直接折射在对主播乃至对新闻节目的接受上。因此，本研究选择从虚拟新闻主播的仿真度出发，探索影响仿真度的因素，以及恐怖谷效应的中介作用，研究仿真度究竟如何影响受众对虚拟新闻主播的接受情况。

二　研究问题与研究假设

（一）虚拟数字人概念发展

虚拟数字人的思想最早起源于唐娜·哈拉维（Donna Haraway）的《赛

博格宣言》。1985 年，哈拉维提出了"赛博格"（cyborg）这一概念，用以代指无机物机械与有机物的结合体。[①] 该概念成为现代虚拟数字人概念的滥觞。继"赛博格"之后，虚拟数字人最先应用于动漫娱乐行业，由数字建模、语音合成等技术塑造的虚拟偶像"林明美""初音未来"等角色进入公众视野。2021 年以来，在元宇宙技术革命浪潮的席卷下，虚拟数字人相关研究的热度也随之攀升。元宇宙技术赋予了虚拟数字人社会属性与社交能力。[②] 直至今日，虚拟数字人已经发展成基于语音合成、虚拟现实（VR）、增强现实（AR）等数字技术设计制作出的仿真式数字形象。[③] 学者郭全中指出，虚拟数字人是由多种计算机技术共同打造的复合体，且具有与人类相似的外貌特征、交互能力乃至表演能力等特征。这些由数字技术和人类特征共同建构的复合体存在于虚拟的数字世界中。[④] 经过数十年的发展，当前的虚拟数字人已经被广泛应用于虚拟主播、虚拟网红等多个领域，活跃在新闻播报、影视剧、短视频等多个赛道。本研究将重点关注虚拟数字人中虚拟数字新闻主播这一类别，研究运用人工智能技术打造出的 3D 虚拟主播的仿真化程度与用户接受情况之间的关系。

（二）虚拟数字主播研究

当前的虚拟数字主播可依照媒体类型划分为互联网主播与广播电视主播。互联网主播又可依照产业类别分为虚拟游戏主播、虚拟歌姬主播等[⑤]，广播电视主播则以虚拟新闻主播、虚拟节目主持人为主。当前关于虚拟数字主播的研究中，对互联网虚拟主播的研究占多数，集中在商业应用、文化现象（粉丝文化、消费文化等）及互动仪式研究领域。对广播电视虚拟主播的研究则更倾向于身份塑造、用户接受等方向。

---

① 孙玮：《赛博人：后人类时代的媒介融合》，《新闻记者》2018 年第 6 期，第 4~11 页。
② 杨红岩、潘辉：《我国元宇宙研究领域的科学知识图谱分析》，《图书馆建设》2023 年第 2 期，第 40~51 页。
③ 郭全中：《虚拟数字人发展的现状、关键与未来》，《新闻与写作》2022 年第 7 期，第 56~64 页。
④ 郭全中：《虚拟数字人发展的现状、关键与未来》，《新闻与写作》2022 年第 7 期，第 56~64 页。
⑤ 陈小晰：《智能主播的数字实践与情感转向》，《中国电视》第 2022 年第 7 期，第 66~71 页。

（三）虚拟数字人仿真度研究

学者们在相关研究中提出了影响数字人仿真程度的各类要素。在梳理了诸多文献关于人工智能机器人仿真度的研究后，本研究的仿真度主要指向虚拟新闻主播的外在表征与真实人类的相似程度，即包括外形、动作、声音等因子的语言特征和非语言特征。由于目前缺乏对"拟人"概念的统一描述，本研究基于当前文献中已有的拟人化线索框架，对各类视觉表征进行归纳，得出结构方程中影响数字人"拟人化程度"的因子维度，即"语言特征"与"非语言特征"。为了更好地展示不同实验样本的梯度，本研究将虚拟新闻主播语言特征与非语言特征对仿真度的影响作为第一个研究问题，同时结合已有的主流研究结论进行推断，得出本文的第一组研究问题与研究假设：

RQ1：虚拟新闻主播的语言特征及非语言特征对其仿真程度有何影响？

H1：虚拟新闻主播的语言特征及非语言特征与人类越相似，仿真化程度越高。

（四）虚拟数字人用户接受研究

Reeves 和 Nass 等人提出，当虚拟媒介对真实世界进行模拟时，人类就会将其对媒介的无意识的反应延伸到社会互动中。[①] 仿真程度会触发社会互动行为，进而影响虚拟数字人的传播与接受度。关于虚拟数字人用户接受的研究主要集中在探讨用户对虚拟数字人的评价模型以及影响用户接受虚拟数字人的因素，多运用实证方法进行模型的构建与检验。其中 Dogan Gursoy 等人在实验中开发并检验了人工智能使用接受理论模型（AIDUA），开创性地

---

① Gambino A., Fox J., Ratan R A., "Building a Stronger CASA: Extending the Computers are Social Actors Paradigm," *Human-Machine Communication*, 2020, 1: 71-85.

提供了一个完整的接受框架。①Park Sung 等发现虚拟人能够通过面部表情、语音语调等拟人特征增强交互过程中的社会参与感。②王忆希等提出假设认为，感知形象拟人化会令受众对于虚拟新闻主播的态度产生积极正向影响。③

　　也有很多学者运用实验法探究虚拟数字人的受众接受情况。姚亚男等邀请被试者对机器人的拟人化特征进行评分，并测量被试者对机器人的接受意愿。研究发现被试者对拟人化的人工智能机器人有更高的接受度。④因此，本研究聚焦探讨仿真度是否会进一步影响受众对虚拟新闻主播的接受程度，结合该领域的研究成果，本文提出第二个研究假设：

　　　　H2：虚拟新闻主播的仿真程度对用户接受度有积极影响。

　　王林等针对 AI 设备的使用接受行为进行研究，研究建立了以社会影响力、享乐动机等为因子的 AIAM 模型，肯定了具有类人外观的智能设备所具备的人文交互能力对用户接受度的积极影响。⑤正如一个人的样貌、行为特征、被感知到的类人格特质会影响他人对其接受度，被拟人化的人工智能亦是如此。⑥日本机器人学者石黑浩（Hiroshi Ishiguru）曾表示，大众会在心理上更容易信任与接受与人类相似的机器人。⑦在虚拟新闻主播，乃至更广义的人工智能产品领域，这一观点仍然普遍存在。翁杨等人以央视推出的虚拟财经主播"AI 王冠"为例，探讨了虚拟新闻主播的身份定义、话语功能等问

---

① Gursoy D., Chi O. H., Lu L., et al., "Consumers Acceptance of Artificially Intelligent (AI) Device Use in Service Delivery," *International Journal of Information Management*, 2019, 49: 157-169.

② Park S., "Social Responses to Virtual Humans: The Effect of Human-like Characteristics," *Georgia Institute of Technology*, 2009.

③ 王忆希、吴福仲、王峥：《人工智能新闻主播何以被接受？：新技术与社会行动者的双重视角》，《全球传媒学刊》2021 年第 4 期，第 86~102 页。

④ 姚亚男、孙文强、吕晓将：《人工智能机器拟人化对顾客接受意愿的影响——思维感知的中介作用与性别角色的调节作用》，《技术经济》2022 年第 8 期，第 70~80 页。

⑤ 王林、荆林波：《用户对人工智能设备的接受意愿研究》，《产业经济评论》2020 年第 3 期，第 93~107 页。

⑥ 丁晓军、喻丰、许丽颖：《人们对人工智能做道德决策的厌恶感之源及解决之道》，《自然辩证法通讯》2020 年第 12 期，第 80~86 页。

⑦ 翁杨、杨大学：《媒介元宇宙中的虚拟新闻主播：身份定义与话语功能》，《出版广角》2022 年第 17 期，第 87~90 页。

题。作为形象高度仿真且已投入实际应用的虚拟新闻主播，"AI王冠"具有典型代表性，本文选择其作为研究对象之一。崔洁等人在研究中表示，当虚拟数字人获得了拟人化的标签，就会被赋予人格化的形象价值与符号价值，虚拟新闻主播形象高度仿真化能够引发大众的猎奇心理，也会因此更容易收获受众的积极情绪，从而使传播活动实现更好的效果。

在虚拟数字人仿真度对受众的影响方面，已有的研究成果中也存在不同的观点。黄琳等人认为，虚拟数字人的形象对真实人体的还原会在一定程度上导致恐怖谷效应，进而引发观众的不适。也有研究者认为，随着3D建模及渲染技术的进步，当前虚拟数字主播已经能够成为"飞跃恐怖谷"的一种数字存在。[1] 本文将在传统仿真度与接受度研究的基础上加入对恐怖谷效应的考量。根据以上研究内容，提出本文的另两个研究问题：

RQ2：受众对虚拟新闻主播的接受程度与仿真程度有何关系？
RQ3：虚拟新闻主播的仿真特征是否会带来恐怖谷效应？

在当前研究中，崔洁等人也曾对虚拟数字人主播的拟人化提出质疑，认为受众会对这种文化工业式的虚假拟人化产生厌倦情绪，进而影响其对虚拟数字主播的接受情况。此外，Kurt Gary在研究中对具有类人外观的机器人是否会引发不安和焦虑情绪（即恐怖谷效应，Uncanny Valley effects）进行了研究。最终认为恐怖谷效应在类人机器人的使用过程中是普遍存在的。[2] 于是本文推断，作为一种具有类人外形的人工智能，虚拟新闻主播的仿真化会给用户带来负面情绪体验，故提出第三个研究假设：

H3：虚拟新闻主播的仿真特征会诱发恐怖谷效应。

---

[1] 黄琳、张毅、陈实：《虚拟主持人：作为"数字在场"的身体传播与脱域融合》，《中国电视》2022年第11期，第82~91页。

[2] Gray K., Wegner D. M., "Feeling Robots and Human Zombies: Mind Perception and the Uncanny Valley," Cognition, 2012, 125(1): 125-130.

三　研究设计与研究方法

（一）实验设计及实验物料

1. 实验物料准备

在视频实验材料的选取方面，本研究搜集整理了目前国内虚拟新闻主播主持的片段，筛选出了五个在仿真度方面存在明显差异性的视频。其中，五个实验材料都是面部露出度高、身处新闻节目场景并进行新闻播报的视频片段。研究者将五个原视频加工为尺寸一致的胸像播报视频，时长均控制在 15 秒内，并尽可能保留了主播语义的完整性。

2. 实验预调查

在正式实验前，研究者邀请被试者对实验材料的仿真度进行预调查，在确认数据信效度后（Cronbach's α=0.873，KMO=0.752），本研究为了保证样本仿真度的差异性，按照评分梯度，将被试者选出的仿真度排名第一、第三、第五的三位主播的播报视频作为实验材料，分别是央视虚拟评论员"AI 王冠"（简称"小王"）、东方卫视虚拟员工"申芣雅"（简称"小雅"）和地方融媒体中心研发的虚拟新闻主播（简称"小 A"）。

图 1　从左至右依次是仿真度从高到低的"小王""小雅""小 A"

3. 实验设计

正式实验阶段，采用线上招募被试者方式，将被试者分为人口统计变量相似、人数相近的三组，分别令其观看了三位不同虚拟新闻主播视频片段，并依据视频内容回答关于虚拟新闻主播仿真度、恐怖谷效应及接受情况的问题。此外，被试者还需回答其职业是否与传媒相关，以及对于虚拟新闻主播了解程度等相关问题。该类基本信息有助于研究挖掘职业情况与了解度对受众虚拟新闻主播接受态度的影响。

被试者首先需要对所观看视频中的虚拟新闻主播的仿真度进行评价，需回答的题目包括是否认可虚拟新闻主播仿真度、是否会将真人与虚拟主播混淆[①]等。该部分完成后，被试者继续对虚拟新闻主播所带来的感受进行评价。该项评价参考了 Steven J.、邵美璇等人的研究，选项中包含五对含义相反的词组。该部分主要用于研究被试者是否因恐怖谷效应产生了负面情绪体验。接着，被试者将完成对虚拟新闻主播的接受度调查，并对虚拟新闻主播的应用进行评价，包含认可度与分享意向。

最后，问卷设置了与观看习惯相关的问题用于挖掘接触时长对用户接受度的影响，并设置了"希望看到该主播主持的节目类型"，用于挖掘受众对虚拟新闻主播主持印象的认知。

（二）样本与变量测量

1. 样本

研究采用便利抽样与滚雪球抽样相结合的方式，通过社交媒体及问卷填答平台征集被试者，三组实验同时展开，被试者在未知分组内容的情况下随机选择组别。三组实验共计回收样本 386 份，其中有效数据 379 份。男性占比为 44.59%，女性占比为 55.41%。18 岁以下占比为 5.54%，18~25 岁占比为 39.58%，26~30 岁占比为 19.53%，31~40 岁占比为 20.32%，41 岁及以上占比为 15.03%。学历方面，大学本科占总样本数量的 50%，其他各级学历数量分布均匀。受试者的月均可支配收入集中在 3000~8000 元，占总数的 80%，其中大部分从事非传媒类工作，传媒从业者占总样本的 17%。三个实验组整体年龄、地域及月均可支配收入分布等均较为一致。

2. 变量测量

本研究的调查问卷分为四个部分，除基础信息外，每个部分都基于成熟

---

① 王忆希、吴福仲、王峥：《人工智能新闻主播何以被接受？：新技术与社会行动者的双重视角》，《全球传媒学刊》2021 年第 4 期，第 86~102 页。

量表与已有研究进行了改编。为了更好地检验受众对虚拟新闻主播的特征感知对其态度与接受度的影响，本研究对既有量表进行了改进，最终确定各因子量表为表1。

表 1　主要测量量表及参考来源

潜在变量	测量问题项	来源
仿真度	我觉得该虚拟主播与真人几乎一模一样 我会将该虚拟主播与真人主播混淆 我觉得我不能从外表上（外形、神态、动作等）区分该虚拟主播与真人主播 我觉得我不能从语言特征上（音色音调、节奏等）区分该虚拟主播与真人主播	王忆希、吴福仲、王峥：《人工智能新闻主播何以被接受？：新技术与社会行动者的双重视角》，《全球传媒学刊》2021年第4期，第86~102页 Phillips E. K., Zhao X., Ullman D, et al. "What is Human-like?: Decomposing Robots' Human-like Appearance Using the Anthropomorphic roBOT (ABOT) Database," *ACM*, 2018
恐怖谷效应	该虚拟主播给您的感受是 1 亲切 较亲切 一般 较不亲切 不亲切 5 1 怪异 较怪异 一般 较正常 正常 5 1 恐怖 较恐怖 一般 较不恐怖 不恐怖 5 1 舒适 较舒适 一般 较不适 不适 5 1 友善 较友善 一般 较有敌意 有敌意 5	Stroessner S. J., Benitez J., "The social perception of humanoid and non-humanoid robots: Effects of gendered and machinelike features," International Journal of Social Robotics, 2019, 11: 305-315 邵美璇：《仿人机器人的心智能力对恐怖谷效应的影响》，宁波大学硕士学位论文，2022 MacDorman K. F., Chattopadhyay D. "Categorization-based Stranger Avoidance does not Explain the Uncanny Valley Effect," *Cognition*, 2017, 161: 132-135
用户接受度	【观看态度】 您认为该虚拟主播在新闻节目中的应用是 1 愚蠢的——明智的 5 1 无聊的——有趣的 5 1 不必要的——有必要的 5 1 有帮助的——无帮助的 5 1 有吸引力的——无吸引力的 5 【专业能力评价】 我认为该虚拟主播足够专业 我认为该虚拟主播足够权威 我认为该虚拟主播没有偏见 我认为该虚拟主播值得信任 【分享意向】 我愿意将这档新闻节目分享给我的朋友、家人 我愿意将这档新闻节目分享到微信、微博等社交媒体上	牟怡、夏凯、Ekaterina Novozhilova 等：《人工智能创作内容的信息加工与态度认知——基于信息双重加工理论的实验研究》，《新闻大学》2019年第8期，第30~43、121~122页 丁晓军、喻丰、许丽颖：《人们对人工智能做道德决策的厌恶感之源及解决之道》，《自然辩证法通讯》2020年第12期，第80~86页 刘梦：《受众对人工智能新闻主播的感知研究》，西华师范大学硕士学位论文，2022 王忆希、吴福仲、王峥：《人工智能新闻主播何以被接受？：新技术与社会行动者的双重视角》，《全球传媒学刊》2021第4期，第86~102页

（1）虚拟新闻主播仿真度量表

本研究先对虚拟数字人仿真度测量的维度进行梳理。站在人工智能产品设计与研究的视角上，开发者有意识地将人类的特征赋予虚拟数字人。因此我们将影响数字人仿真程度的一级分类以外在表征和内在特征进行划分。由于虚拟新闻主播的功能特性，其需要拥有完备的语言表达功能，因此我们参考程思琪、喻国明等的研究，将虚拟数字人的语言特征（音色、音质等）与非语言特征（面部细节、表情神态等）纳入外在表征下的二级分类。[①] 同样的，我们参考 Mansour 和 Bailenson 等的研究，将二级分类中的非语言特征进一步划分为外形特征（皮肤、肌肉等）与行为特征（表情神态、肢体语言等）。本文也对于虚拟数字人仿真度的内在特征进行了梳理，将其划分为个性拟人度与情感拟人度两个维度。因本文的研究对象虚拟新闻主播在与受众进行交互的过程中个性与情感表达被弱化，故不将其列入框架，外在表征仿真度框架如表 2 所示。

表 2　外在表征仿真度框架

外在表征	语言特征	音色	
		音质	
		语速	
		语言节奏	
	非语言特征	外形特征	皮肤
			肌肉
			毛发
			身材比例
		行为特征	表情神态
			肢体语言
			行为动作

---

① 程思琪、喻国明、杨嘉仪、陈雪娇：《虚拟数字人：一种体验性媒介——试析虚拟数字人的连接机制与媒介属性》，《新闻界》2022 年第 7 期，第 12~23 页。

本研究结合了王忆希、吴福仲等人 [①] 的受众访谈、量表设计和 Phillips 等人 [②] 所界定的相关概念，修改出以下四个问题："我觉得该虚拟主播与真人几乎一模一样"、"我会将该虚拟主播与真人主播混淆"、"我觉得我不能从外表上（外形、神态、动作等）区分该虚拟主播与真人主播"、"我觉得我不能从语言特征上（音色音调、节奏等）区分该虚拟主播与真人主播"。题组 KMO 值为 0.823，累计解释方差为 73.33%，这五个题项的因子载荷范围为 0.818~0.908。

（2）恐怖谷效应量表

本研究参考了 Stroessner、Benitez 关于机器特性对受众情绪影响的类目划分 [③]，邵美璇 [④] 关于受众接受人工智能情绪反馈的量表，以及 Chattopadhyay、MacDorman [⑤] 进行恐怖谷现象探究时所使用的描述性词组，进行量表建构。该题设问为"该虚拟主播给您的感受是"，选项包括五组相对的词组，题目采用李克特五级量表，1 为左侧积极词汇，5 为右侧消极词汇，数值越大说明被试者在观看视频片段过程中产生的恐怖谷效应越强。该题组 KMO 值为 0.854，累计解释方差为 64.64%，这五个题项的因子载荷范围为 0.779~0.823。

（3）用户接受度量表

本研究将该因子分为观看态度、专业能力评价及分享意向三个维度进行评价。参考牟怡等 [⑥] 关于受众对 AI 感受的描述性词组，丁晓军等 [⑦] 进行恐怖

---

① 王忆希、吴福仲、王峥：《人工智能新闻主播何以被接受？：新技术与社会行动者的双重视角》，《全球传媒学刊》2021 年第 4 期，第 86~102 页。

② Phillips E. K., Zhao X., Ullman D., et al., "What is Human-like?: Decomposing Robots' Human-like Appearance Using the Anthropomorphic roBOT (ABOT) Database," *ACM*, 2018.

③ Stroessner S. J., Benitez J., "The Social Perception of Humanoid and Non-humanoid Robots: Effects of Gendered and Machinelike Features," *International Journal of Social Robotics*, 2019, 11: 305-315.

④ 邵美璇：《仿人机器人的心智能力对恐怖谷效应的影响》，宁波大学硕士学位论文，2022。

⑤ MacDorman K. F., Chattopadhyay D., "Categorization-based Stranger Avoidance does not Explain the Uncanny Valley Effect," *Cognition*, 2017, 161: 132-135.

⑥ 牟怡、夏凯、Ekaterina Novozhilova 等：《人工智能创作内容的信息加工与态度认知——基于信息双重加工理论的实验研究》，《新闻大学》2019 年第 8 期，第 30~43 页。

⑦ 丁晓军、喻丰、许丽颖：《人们对人工智能做道德决策的厌恶感之源及解决之道》，《自然辩证法通讯》2020 年第 12 期，第 80~86 页。

谷研究时所使用的心理学量表，刘梦[①]和王忆希等[②]学者对虚拟新闻主播专业度测量所使用的量表，本题由五组语义相对的词组组成。1 为消极词汇，5 为积极词汇，数值越大说明被试者对该虚拟新闻主播的接受度越高。此外还设置了关于专业能力的四个问题和关于分享意向的两个问题，均采用五级量表。该题组 KMO 值为 0.865，累计解释方差为 63.39%，五个题项的因子载荷范围为 0.678~0.735。

此外，为了保证问卷在不同结构层面上的有效性，本研究对问卷总体及每个实验组的数据信效度进行了检验，其中总问卷 Cronbach's α=0.895，KMO=0.926。三个实验组的 Cronbach's α 范围为 0.859~0.934，KMO 值范围为 0.850~0.933。均处于良好范围。研究对问卷整体进行了验证性因子分析，得出各个题项的标准载荷范围为 0.678~0.908。问卷 AVE=0.517，大于 0.5；CR=0.883，大于 0.8，证明各个题项之间具有较好的聚合效度与区分效度。

四　研究结果

在检验研究结果并进行数据分析之前，本研究先对三个实验组的数据进行了数据随机化游程检验，结果显著性大于临界值 0.05，证实了随机性假设，说明三个实验组的样本随机性较好，且人口统计学信息和职业分布等方面在三个实验组中均不存在显著差异。同时根据交叉分析得出，从事播音主持行业或在传媒行业工作的受试者对虚拟新闻主播仿真度的评价相较于其他行业的被试者普遍偏高，但在受仿真度影响的恐怖谷效应和接受度上与其他行业的被试者没有明显差异。

本研究首先通过 SPSS 对实验数据进行了验证性因子分析，并提取出三个因子。其中"对虚拟新闻主播应用行为的态度"的题组均未通过检验，故在结构方程建构的过程中未使用该组数据。其次，利用 AMOS 软件构建本研究的结构方程模型，结果见图 2。

---

① 刘梦：《受众对人工智能新闻主播的感知研究》，西华师范大学硕士学位论文，2022。
② 王忆希、吴福仲、王峥：《人工智能新闻主播何以被接受？：新技术与社会行动者的双重视角》，《全球传媒学刊》2021 年第 4 期，第 86~102 页。

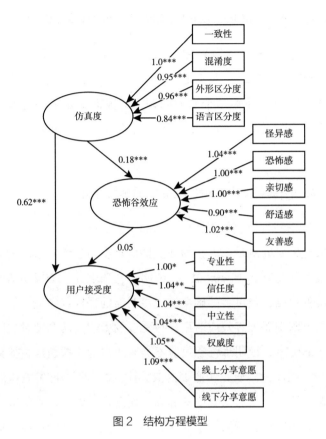

图 2　结构方程模型

（一）关于语言特征和非语言特征对仿真度影响的分析

被试者观看相应组别的虚拟新闻主播视频案例后，需要对主播进行仿真度评价。根据结构方程分析得出，虚拟新闻主播的语言特征如音色音调、节奏等（图中标记为"语言区分度"）与仿真度因子间的路径系数为 0.84，$p<0.001$、非语言特征如五官、神态、身体比例等（图中标记为"外形区分度"）与仿真度因子间的路径系数为 0.96，$p<0.001$，回应了本文提出的研究问题 RQ1，证实了研究假设 H1。说明虚拟新闻主播的语言特征与非语言特征对仿真度有重要影响，且语言特征和非语言特征与真人主播越接近，被试者感受到的仿真度就越高。

（二）关于仿真程度和受众对虚拟新闻主播的接受度的分析

在仿真程度方面，虚拟新闻主播仿真度对用户接受度的路径系数为 0.62，p<0.001（见图 2），具有较强的正向相关性，数据结果验证了研究的第二个假设，回应了第二个研究问题，即虚拟新闻主播的仿真化程度对用户接受度有积极影响，仿真化程度更高的虚拟新闻主播更容易被用户所接受。

（三）关于恐怖谷效应对用户接受度影响的分析

为了探究恐怖谷效应是否在虚拟新闻主播的仿真程度和用户接受度之间具有中介效应，研究测量了虚拟新闻主播仿真度与恐怖谷效应的关系，二者之间的路径系数为 0.18（p<0.001），说明本文选取的三个虚拟新闻主播样本随着仿真度的提高，被试者的确会出现更明显的恐怖谷效应。但是，与此同时，在结构方程中恐怖谷效应对用户接受度的影响，两个变量之间的路径系数为 0.05（p>0.5），说明恐怖谷效应不会对用户的虚拟新闻主播接受度产生显著的影响。因此，本研究所假设的 H3 不成立，即恐怖谷效应的中介效应不存在，换句话说，虽然仿真度的提高会使用户产生恐怖谷效应，但是恐怖谷效应不会对用户接受行为产生显著影响，因此仿真度的提高会促进用户对虚拟新闻主播的接受度。

本研究还在问卷中探测了被试者对虚拟新闻主播的持续观看意愿与应用场景，用来挖掘用户的观看习惯和应用场景对虚拟新闻主播接受度的影响。在持续观看意愿方面，近 70% 的被试者表示愿意继续观看由该主播主持的节目，30% 左右的被试者表示不会继续观看。说明与虚拟新闻主播的接触同样会影响受众的接受行为，在有观看基础的情况下，多数被试者会选择继续观看节目。在应用场景中，数据根据性别出现了非常显著的两极分化趋势（见表 3），被试者往往更希望由男性虚拟主播去主持财经、体育、军事等类别的节目，更希望女性虚拟主播主持文娱、生活类节目。说明虚拟新闻主播的性别对用户所期待其投入使用的应用场景存在影响。

表3 虚拟新闻主播与希望其主持的节目类型交叉分析

X/Y	财经类节目(P < 0.001)	体育类节目(P < 0.001)	文化娱乐类节目(P > 0.05)	生活类节目(P < 0.05)	谈话类节目(P > 0.05)	军事类节目(P < 0.001)	教育类节目(P > 0.05)	其他(P > 0.05)
虚拟新闻主播小A	36(28.57%)	32(25.40%)	73(57.94%)	61(48.41%)	25(19.84%)	23(18.25%)	41(32.54%)	1(0.79%)
虚拟新闻主播小王	59(57.58%)	65(52.42%)	55(44.35%)	39(31.45%)	40(32.26%)	46(37.10%)	48(38.41%)	1(0.79%)
虚拟新闻主播小雅	33(25.88%)	44(34.11%)	70(54.26%)	56(43.41%)	30(23.26%)	26(20.16%)	44(34.11%)	1(0.79%)

五　讨论与展望

（一）功能属性影响用户对虚拟数字人的仿真度需求

通过因子分析与结构方程建模，研究首先验证了改编后虚拟新闻主播仿真程度测量维度的有效性，证明从语言特征与非语言特征对虚拟新闻主播仿真度进行评价是科学合理的。在已有研究中，我们发现关于虚拟主播、虚拟主持人、虚拟讲解员等服务型人工智能产品的内在特征，如个性与情感的考量是很少被纳入研究范围的，而社交机器人、情感陪伴型机器人等人工智能产品却以此作为仿真度与用户接受度的主要参考依据。这可能是因为从功能性角度来看，受众对不同功能特性的人工智能产品的仿真度需求有所不同。作为在新闻场景下使用的虚拟新闻主播承担着语音播报新闻内容的职责，该功能指向虚拟数字人只需被应用于与用户低互动、低情感交互的场景，对其内在拟人化、个性化的需求较低，因而人们不自觉地更重视虚拟新闻主播的外在表征的仿真度。本研究尤其探测了外在表征中的语言特征和非语言特征两个因子，数据结果显示两个因子的确在较大程度上影响人们对虚拟新闻主播仿真度的判断。

（二）真实感能够有效提升用户对虚拟新闻主播的社会互动体验

本研究重新建构虚拟新闻主播的仿真度与用户接受模型，将用户对虚拟主播专业度评价及分享意向纳入考量体系，以系统化、体系化的模型来测量仿真度与接受度之间的关系。研究验证了虚拟新闻主播的仿真化程度越高，越能够吸引受众接受该主播并观看其主持的新闻节目。人工智能产品，尤其是具有高仿真性的 3D 虚拟人，其外观、行为等方面与真实人类越相似，就越能带给人们强烈的亲切感，进而促使人们接受该产品。① 较高的真实感给受众带来了较高的社会互动体验，因而提升了受众观看新闻节目的体验感。虚拟新闻主播的外观等特征能直接影响用户对新闻节目的感知，这也就是当前主流新闻媒体与各级地方媒体部门在采用虚拟新闻主播时都对其形象具有高仿真度要求的原因，只有提高仿真度，增加虚拟新闻主播的真实感，才能够更好地满足用户的社会互动体验需求。

（三）媒体融合趋势有助于提高虚拟新闻主播的社会接受度

人工智能技术推动了虚拟新闻主播在传媒行业的广泛实践，在日常节目中应用虚拟新闻主播的电视台、融媒体机构数量日益增长。在我国媒体融合的趋势下，不论是新闻机构、技术企业还是资本市场都对虚拟新闻主播的应用持有较高的期待。在早期媒体融合方式发展出现瓶颈后，虚拟新闻主播成为传统媒体数字化转型的重要抓手之一。传统媒体通过渠道与上下游技术企业相合作，打造具有辨识度的虚拟新闻主播，既能够吸引受众的注意力，又能够借由虚拟新闻主播推动传统媒体进入数字化场景中，以造血式运营的方式实现盈利。与此同时，不断推陈出新的虚拟数字人也助推了虚拟新闻主播的社会热度，提高了虚拟新闻主播在广大新闻受众中的社会接受度。

（四）研究不足与展望

本研究在实验过程中存在部分局限。首先，在实验素材的选择与处理上，由于需要进行真实应用案例的收集，各个视频样本在画面背景、播报内容、动作神态上难以保持完全一致，尽管进行了去差异化处理，仍然存在一

---

① Prakash A., Rogers W. A., "Why Some Humanoid Faces are Perceived More Positively than Others: Effects of Human-likeness and Task," *International Journal of Social Robotics,* 2015, 7(2): 309-331.

些风格的不确定性。其次，本研究的量表主要参考英文文献，尽管量表的成熟性较为理想，但部分语义的中文翻译会对原意产生折损，可能会影响被试者的理解与作答。

但是，本研究通过在线实验的方式横向对比了不同仿真度的虚拟新闻主播对受众接受度的影响，发现仿真度越高人们倾向于接受虚拟新闻主播的意愿越强。同时研究发现，虽然恐怖谷效应仍然存在于虚拟新闻主播当中，但并不会成为影响受众接受度的主要原因。影响用户接受度的还有接触时长、主播性别等因素，从受众对虚拟新闻主播的可持续观看意愿及其对不同场景应用下主播的性别偏好，本研究认为未来虚拟新闻主播在产业实践过程中，要更加关照用户的细致需求，从高仿真度和应用场景方面不断提升用户体验。事实上，受众对虚拟新闻主播的接受过程是一个综合的、复合式的路径，本研究仅验证了仿真度这一较为单一的视角，后续可以不断地探究受众对虚拟新闻主播接受意愿的影响因素。

蓬勃发展、持续创新的数字文旅新业态

刘德良*

摘　要：随着有关部门政策文件的出台，以及当下数字经济的快速发展，文化旅游数字化水平也逐年提高。随着全球科技发展，人工智能、云计算、AR/VR、人机交互、区块链等技术逐步运用在包括旅游的各个领域。新兴科技的融入推动了旅游产业的升级和文旅新业态的涌现。数字文旅新业态产业的发展随着技术应用创新进入快速发展阶段。总体上，数字文旅新业态的发展驱动了文旅消费的升级与场景变革，沉浸式、智能化和网络化文旅消费在提供了多样化选择的同时，也提升了文旅消费体验。

关键词：科技创新　数字文旅　文旅消费

随着互联网等信息技术的不断成熟，数字经济发展迅速并向各行各业渗透，文化旅游业与互联网加速融合，数字信息技术对文化旅游业开始了全方位、多角度、全链条的改造，文旅产业进入了数字化时代。

诸如数字文旅综合信息平台、虚拟云游、博物馆数字移动展览、旅游直播预订、短视频等新兴数字文旅传播、各式各样的线下数字文旅体验、在线旅游社交、在线导游导览等新数字文旅业态将持续不断地喷薄而出，引起商

---

* 刘德良，新元智库和新元资本创办人，兼任清华大学新经济与新产业研究中心特约研究员、中国人民大学文化产业研究院特约专家、中央财经大学文化经济研究院特约专家，文化金融 50 人论坛创始成员。

业创新与消费体验模式的深刻变革。

2018 年以来，国务院及中央相关部门出台《关于促进全域旅游发展的指导意见》《关于促进旅游演艺发展的指导意见》《关于进一步激发文化和旅游消费潜力的意见》《关于促进"互联网＋社会服务"发展的意见》等一系列政策文件鼓励文化旅游与现代科技相结合，提升文化旅游产品开发和服务的数字化水平。随着政策支持力度不断加大、新一代信息技术的蓬勃发展和 5G 商用时代的到来，数字文旅发展进入新时代，旅游与数字创意的融合向更深层次发展。

一　科技驱动旅游业向数字文旅升级

二十一世纪的第二个十年，是全球新兴科技蓬勃发展的十年，也是旅游业开启数字化、智能化的十年。科技已经融入人们生活的方方面面，通信、交通、互联网、在线支付等技术的快速发展不仅加深了全球化程度，也加快了传统旅游业向数字化、智能化升级的速度。近年来，人工智能、云计算、AR/VR、人机交互、区块链等技术在全球范围内发展迅猛，这些技术也成为驱动传统旅游业升级的核心力量。

人工智能与旅游：自 2000 年以来，全球新增 AI 企业 13717 家，2019 年以来新增企业 9892 家，占比达 72.11%；自 2000 年以来，全球 AI 融资规模 784.8 亿美元，2019 年以来融资 720 亿美元，占比达 91.74%。近几年 AI 技术在文旅产业的应用程度不断加深，AI 在旅游景区的路线设计、酒店的云端系统设计、OTA 的在线搜索、酒店收益管理等方面都已经有很普及的应用。全球知名的 OTA 平台 Booking、Expedia 都在人工智能技术的驱动下不断向智能化升级。例如，Booking 推出了智能聊天机器人，全程陪同用户，帮助顾客了解酒店和旅行目的地的相关信息。总的来看，人工智能在旅游中的应用场景丰富，涉及旅游产业链全程，为游客提供更为智能便捷的服务，为企业提供更为精准的产品推送和营销决策，让整个旅游资源在企业和游客间实现高效配置。

云计算、大数据和旅游：大数据和云计算犹如一块硬币的两面，二者在应用上如影随形。有了大数据和云计算的技术支持，旅游业可以整合交通、环保、国土资源、城乡建设、航空、邮政、电信、气象等相关方面涉及旅游的数据，建立起社会数据和旅游及相关部门数据合一的旅游大数据资源，从而为旅游管理、营销等提供更精准的决策。

联合国发布的《2019年数字经济报告》显示，在过去十年里，世界各地出现了大量使用数据驱动商业模式的数字平台，其中包括占据总市值三分之二的七大"超级平台"（微软、苹果、亚马逊、Google、Facebook、腾讯、阿里巴巴）。这些数字平台大部分自身就包含文旅相关业务功能，所以在发展数字旅游、智慧旅游上有着技术和产业的双重优势。例如 Google 基于庞大的数据库，推出了 Google Travel、Google Flights、Google Hotels 等旅游产品，其中 Google Travel 还能为经常使用 Google 搜索、Gmail、日历、地图等工具的用户储存旅程搜索记录和提供旅游规划服务。

AR/VR 与旅游：AR 技术融合了图像智能识别和空中成像技术，能够实现虚拟图像与现实的融合；VR 技术能够通过高清建模和全景视频打造真实的临场感，二者都能够让人们的视角超脱于现实，让所见的景象更加生动逼真。从全球来看，AR/VR 市场规模在近两年迅速扩大，2016~2018 年，全球 AR/VR 市场规模从 46.8 亿美元增长至 172.7 亿美元。欧美是全球 AR/VR 技术最为发达的地区，美国 2018 年的 AR/VR 市场份额占到全球的 34.4%，欧洲占到 27.4%[1]。同样，世界上领先的 AR/VR 企业也主要集中在欧美地区，有 Oculus、Magic Leap、Google 等国际性企业，这些企业生产的 AR/VR 装备面向全球，并在旅游产业中形成了丰富的应用场景，覆盖艺术馆、酒店、游乐园、景区等旅游场所。博物馆可以借助 VR 技术还原文物古迹或历史场景；酒店可以通过 VR 技术帮助游客 360 度了解环境，完成预订决策；游乐场不断推出 AR 体验馆、VR 电影等数字化旅游项目。如迪士尼在 20 世纪八九十年代就开始部署自身的 VR 项目，并在奥兰多迪士尼乐园的 EPCOT（未来世界）中推出了数据沉浸展厅。大英博物馆、卢浮宫等世界知名的艺术博物馆都应用了 VR 技术举办 VR 展览和体验活动。

---

[1] 中国电子信息产业发展研究院:《2018 年 VR/AR 市场数据》，https://baijiahao.baidu.com/s?id=1647974984237841505&wfr=spider&for=pc。

GIS 与旅游：GIS（Geographic Information System）是在计算机硬软件支持下，对整个或部分地球表面与空间和地理分布有关的信息进行采集、储存、管理、分析和表达的空间信息系统。GIS 在地理中的应用最为常见，是绘制精确地图必不可少的工具。在数字化时代，GIS 技术被充分应用到了在线地图的智能导航产品中，并且在旅游中形成了旅游资源分析、智能景区导览、在线旅游路线规划、景区智慧管理等数字旅游产品。以在线旅游地图为代表，GIS 应用商不断创新服务方式，结合更多技术推出旅游导览导航产品，在旅游路线导航导览的基础上，逐渐增加满足游客门票预订、旅游信息查询、个性化推荐等需求的其他功能，如美国老牌在线地图企业 MapQuest 推出的 MapQuest Discover 是一款把在线地图和旅游社交结合起来的新服务，游客可以在上面发布旅游照片，进行分享和互动。Google Earth 与 Google 街景共同创作的虚拟现实街景栏目——This is Home，可以在网页上实现转换视角、VR 模拟、Voyager 等功能，游客通过电脑就能够体验世界各地富有特色的民宿建筑。

此外区块链、人机交互、物联网等最新科技也均延伸到了旅游领域，如区块链在保障游客权益与提升当地旅游景点服务体系中的应用，人机交互在沉浸式旅游产品当中的应用，物联网在景区、酒店的智能化建设中的应用等。随着全球技术革命的深入推进，各种新兴的技术正在进入旅游产业，从而催生出越来越多的新业态，推动旅游产业升级。

二　数字文旅新业态持续涌现

数字文旅新业态是文旅融合过程中数字文旅的业态创新和模式创新，是文化和旅游融合发展中基于数字技术所产生的新产品、新服务、新平台、新工具所组成的创新业态组合。随着新一代信息技术的快速发展，文化旅游数字化进程不断加快，数字文旅新业态不断涌现。尤其是疫情期间，数字文旅新业态异军突起、逆势上扬，众多景区开辟线上游览功能，各大博物馆纷纷开启直播，"云旅游""云看展"等数字文旅新模式急速火爆，满足游客无法外出体验的旅游需求，助力文旅行业复苏。数字文旅新业态的发展将提升数字技术对文化旅游业的融合度与渗透力，进一步打破文化产业和旅游产业的边界，全面渗透产品生产、服务、消费和体验各个环节，推动文化旅游产业商业创新与文旅消费变革。

从数字文旅新业态产业发展生命周期来看，数字文旅新业态发展整体上处于成长期，在5G技术支持下，AI、VR/AR、全息投影等技术在旅游业的应用场景将进一步创新，数字文旅产品和服务多样化发展并满足游客消费需求偏好，数字文旅新业态进入快速发展阶段。

从各个细分业态来看，虚拟云游、博物馆数字移动展览和数字文旅综合信息平台服务处于初步发展阶段，目前还没有形成良好的盈利模式，用户"云旅游""云观展"仍处于免费阶段，尚未形成内容付费的消费习惯；数字文旅综合信息服务平台虽已取得一定成效，但是尚未形成完备的商业运作和盈利模式，尤其是下游游客用户层可能会出现用户流失、体验度不佳等问题。旅游直播预订服务由初创期向成长期过渡，目前技术发展已经相对成熟，市场需求不断扩大，旅游直播预订服务产生一定盈利，但旅游直播预订产品还主要集中在酒店等类型的标准化产品，在多样化产品开发方面还有较大成长空间。新兴数字文旅传播、线下数字文旅体验以及在线导游导览发展进入成长期，抖音、华侨城、宋城演艺、驴迹科技等企业逐渐主导市场，旅游产品经过一段时期的发展，逐渐满足游客个性化、多样化的需求偏好，市场需求随之提升，旅游产品及传播形式多样化、创新发展，市场增长率得到极大提升。在线旅游社交服务发展则处于相对成熟发展阶段，马蜂窝、穷游、携程等少数企业势均力敌，市场份额变化相对较小；在线旅游社交内容从UGC向PGC转变，逐渐趋向专业化，产业发展初步形成从内容到交易，从认知到决策、消费、分享的闭环。

三 数字文旅新业态加快推动文化旅游消费变革

数字文旅新业态的发展将驱动文化和旅游产业消费端转型升级，助推文旅消费场景变革，不断引导和培育沉浸式体验消费、智能化和网络化文旅消费，提高文化和旅游消费的便捷度、品质感和体验感，加快推动文旅消费升级，为文化旅游业开辟新的消费市场。

一方面，数字文旅新业态的发展不断推动文化旅游消费方式变革，线上新型文旅消费方式不断涌现，有效弥补了线下消费的不足，对于扩大内需、促进文旅消费、提振旅游经济具有重要意义。相比传统的在线旅游订票，旅游直播预订服务通过直播的形式，可以让观众更直观地感受酒店房间、餐厅、旅游景点等旅游产品，提升用户消费体验感。虚拟云游服务、博物馆数字移动展览服务等数字文旅新业态的出现，推动文旅产品的数字化、网络化、在线化，可以使游客足不出户在家就能欣赏各地美景和各大博物馆展览。"一部手机游云南""嗨游长沙"等数字文旅综合信息平台，可以全面覆盖游客在云南的游前、游中、游后的各项需求，只需一部手机即可解决游客文旅消费需求；"玩转故宫""智游龙门石窟""数字秦陵"等在线导游导览小程序，可以为游客提供景区信息、线上购票、线路规划、智慧讲解、VR全景体验等个性化、便利化服务。

另一方面，数字文旅新业态的发展不断提高旅游产品数字化水平，提升文旅消费体验。线下数字文旅体验服务、虚拟云游服务等数字文旅新业态，借助 5G、AR/VR、AI 等现代化数字技术，打造沉浸式文旅消费场景，全面优化升级游客视、听、闻、触多感官体验。大型沉浸式艺术展《teamLab 未来游乐园》，借助数字技术，将艺术展出与游乐体验融合，打造丰富多元的视觉效果与体验。在"远古神灵故事"展区，游客触碰飘落的象形文字，文字就会变化成它所代表的物体形象；在"涂鸦自然——山脉与山谷"展区，观众自由涂鸦绘画的自然生物经由机器扫描就可以在高山深谷的空间里"活"起来，并与观众产生实时互动变化，涂鸦的生物越多，面前的自然世界越丰富。北京世园会"奇幻光影森林"项目，打造了集 AR、AI、VR、人机互动、新媒体技术与中国传统文化于一身的光影艺术，游客可以在荧光闪耀的"河水"上漫步，也可以在昆仑山麓的玉树之间漫步，还可以通过触动园林中的特殊装备召唤神兽，并通过手机 App 向神兽许愿。"发现·养心殿"和"'看见'圆明园"数字体验展、《知音号》、《又见平遥》、《大唐夜宴》等一系列互动性、体验性数字文旅产品不断涌现，提升文旅消费的体验感。

2017~2022 年我国科幻电影的发展现状及对策研究

金韶　宁晋环　宋丽媛*

摘　要： 科幻电影是国家科技硬实力和文化软实力的综合展现，是电影市场的主流类型。近年来，在政策和技术的赋能下，我国科幻电影进入快速发展期，生产数量快速增长，消费需求日益旺盛，制作品质不断提升，但是仍然存在头部作品过度集中、品质和口碑不稳定、电影工业化体系不完善、专业人才不足等问题。促进我国科幻电影的产业化发展，需要鼓励内容原创、加强人才培养，促进科技创新在科幻电影生产中的转化和应用，聚焦中国航天等科技成就、挖掘优秀文化资源，打造中国科幻的示范 IP，促进科幻文化传播。

关键词： 科幻电影　电影工业化　IP 运营　人才培养

科幻电影一直是全球电影市场的主流类型，在全球票房排行榜前 50 名中占比超过 1/3。近年来，我国科幻电影进入快速发展期，科幻电影票房占到每年总票房市场的 20% 以上，国产科幻电影的总产量超过 200 部。2020年国家发布《关于促进科幻电影发展的若干意见》（"科幻十条"），将科幻电影作为电影产业增长新动能；2021 年初《"十四五"中国电影发展规划》

---

* 金韶，博士，北京联合大学应用文理学院副教授；宁晋环，北京联合大学应用文理学院2022 级新闻与传播系硕士研究生；宋丽媛，北京联合大学应用文理学院 2022 级新闻与传播系硕士研究生。

发布，提出重点鼓励科幻电影创作；2021 年《全民科学素质行动规划纲要（2021~2035 年）》发布，提出实施科幻产业发展计划，促进科技和影视的融合。在政策、市场、技术等多重因素的推动下，我国科幻电影正在快速实现规模化、产业化发展。

一 2017~2022 年国产科幻电影发展现状

（一）科幻电影持续升温，《流浪地球》载入史册

近年来，我国电影市场呈现恢复调整发展状态。从 2017 年的 559.1 亿元，一路增长到 2019 年的 642.7 亿元；2020 年受疫情影响，票房下跌为 204 亿元；2021 年电影票房市场恢复增长至 472.6 亿元；2022 年票房波动下滑，为 300.7 亿元。

在这样的市场环境下，我国科幻电影市场呈现在波动中增长的状态。2017 年科幻电影票房为 129.6 亿元，2019 年增长到 195.1 亿元；受疫情影响 2020 年降为 26.5 亿元[①]；2021 年开始恢复，2022 年我国科幻电影票房达到 73.1 亿元（见图 1）。整体而言，2017~2022 年，科幻电影对总票房的贡献率年均超过 20%。2022 年暑期档，连续上映了三部科幻电影——《外太空的莫扎特》《独行月球》《明日战记》，为电影市场做出很大贡献。科幻电影正逐渐发展成为电影消费的主流类型。

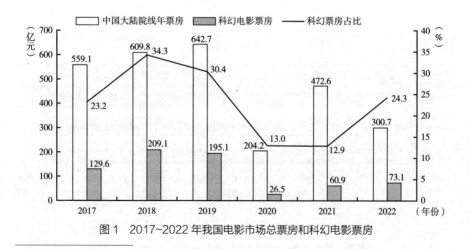

图 1　2017~2022 年我国电影市场总票房和科幻电影票房

---

① 吴岩、陈玲：《中国科幻发展年鉴 2021》，中国科学技术出版社，2021。

2019年上映的国产科幻电影《流浪地球》，以46.1亿元的年度票房奇迹，登上中国电影史票房第五位、全球票房第124位，开启了"中国科幻电影元年"，点燃了全民科幻热情。《流浪地球》的典型意义，在于顺应了文化科技的发展浪潮，树立了国产科幻的标杆和信心，开辟了国产电影的新发展方向，引起了政府、企业和学界对发展国产科幻电影的高度关注。

（二）进口科幻电影曾占主流，国产科幻电影快速超越

我国院线市场包括国产电影和进口电影。在较长一段时间内，好莱坞大片在我国电影市场占据主导优势，2018年好莱坞科幻大片的票房是国产科幻电影票房的5倍以上。但2019年以来，国产科幻电影和进口科幻电影的票房差距明显缩小。在好莱坞进入衰退期、国产电影实力提升等多重因素影响下，国产科幻电影迎来重要转机[1]。2020年，国产科幻电影票房就超过了进口科幻电影，2021年国产科幻电影持续发力，2022年佳作频出，国产科幻电影实现了55.2亿元票房，约为进口科幻电影票房（27.2亿元）的2倍（见图2）。

截至2022年底，我国电影市场总票房排行榜的前30名中，共有10部科幻电影，其中进口科幻电影有6部、国产科幻电影有4部且排名靠前（见表1）。国产科幻电影迎来了黄金发展期。

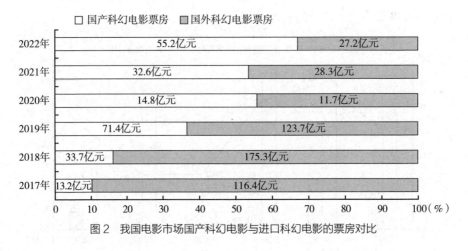

图2 我国电影市场国产科幻电影与进口科幻电影的票房对比

---

[1] 林磊：《后疫情时代的媒介融合：以电影的"流媒体化"为视角》，《当代电影》2022年第3期，第46~53页。

表 1 我国院线上映的科幻电影票房排行榜前 10 名（截至 2022 年底）

单位：亿元

排名	电影名称	上映年份	票房	备注
1	流浪地球	2019	46.87	国产科幻电影
2	复仇者联盟 4：终局之战	2019	42.50	进口科幻电影
3	美人鱼	2016	33.91	国产科幻电影
4	独行月球	2022	31.00	国产科幻电影
5	复仇者联盟 3：无限战争	2018	23.90	进口科幻电影
6	疯狂的外星人	2019	22.13	国产科幻电影
7	变形金刚 4：绝迹重生	2014	19.76	进口科幻电影
8	毒液：致命守护者	2018	18.70	进口科幻电影
9	阿凡达	2010	17.15	进口科幻电影
10	阿凡达：水之道	2022	16.97	进口科幻电影

（三）院线科幻电影品质提升，网络科幻电影生产旺盛

按照发行渠道，国产科幻电影包括院线电影与网络电影。2017~2022 年，国产科幻电影总量达到了 222 部，其中院线电影 98 部、网络电影 124 部，网络科幻电影的播映量明显多于院线科幻电影[1]。

院线科幻电影凭借优良品质、特效水平和观影体验，是科幻电影消费的重要方式。2017~2022 年，票房过亿元的国产院线科幻电影超过 10 部，如《机器之血》（2017 年）、《记忆大师》（2017 年）、《超时空同居》（2018 年）、《上海堡垒》（2019 年）、《熊出没·重返地球》（2022 年）、《外太空的莫扎特》（2022 年）等；票房过 10 亿元的有《美人鱼》（2016 年）、《一出好戏》（2017 年）、《巨齿鲨》（2018 年）、《流浪地球》（2019 年）、《疯狂的外星人》（2019 年）、《独行月球》（2022 年）、《明日战记》（2022 年）等。2022 年上映的《独行月球》《明日战记》等，再加上 2023 年初上映的《流浪地球 2》，国产科幻电影无论是品质、口碑还是票房，都表现出强劲的发展实力。

网络科幻电影的生产和播出量明显多于院线科幻电影，2017~2022 年的

---

[1] 金韶：《创新与未来：北京科幻产业发展报告》，中国国际广播出版社，2022。

年均播出量超过 20 部（见图 3）。2017 年、2018 年的产量尤高，但"软科幻"居多，2020~2022 年"硬科幻"增多。如《平行森林》《重启地球》等，制作技术水平的提升也带动了网络科幻电影的发展。网络电影相比院线电影，具有创作空间较大、生产门槛较低、制作效率较高、发行渠道较广等优势，随着云消费方式的流行和普及，网络科幻电影未来的增长空间巨大，是我国科幻电影产业发展的重要支撑。

图 3　2017~2022 年国产科幻电影播映量

　　另外可以看出，院线科幻电影和网络科幻电影的年播映量，呈现波动状态，这与电影制作的周期规律有关，院线电影生产周期一般为 2~3 年，网络电影也一般需要 1 年以上的时间。经过疫情期间的生产储备和疫情后的消费反弹，加上政策扶持和消费拉动，我国科幻电影将迎来新一轮增长期。

二　我国科幻电影发展进程中的主要问题

（一）口碑和品质不稳定，"硬科幻"还需发力

　　近年来，国产科幻电影的生产和播映数量可观，但品质和口碑表现不稳定。2019 年"中国科幻元年"既有成功的《流浪地球》，又有票房口碑皆不好的《上海堡垒》。2022 年的《独行月球》成为爆款，但实际上还有一部《冲出地球》票房惨败。综合 2017~2022 年的国产院线科幻电影的豆瓣评分，最高分作品是《流浪地球》（7.9 分），6 分以上的作品占 28%，低于 6 分的占

比高达 58%，其余 14% 是评分过低或暂无评分的作品（见图 4）。

国产网络科幻电影的评分比较低，约 73% 的作品评分过低或暂无评分，6 分以上的作品仅占 9%（见图 5），比如《重启地球》《平行森林》等少数作品。科幻网络电影很多是披着"科幻"外衣的怪兽片，如《大蛇》《水怪》《陆行鲨》《大鱼海棠》等，制作比较粗糙，特效水平较低。国产科幻电影，在品质口碑、制作水平的提升上还需继续努力。

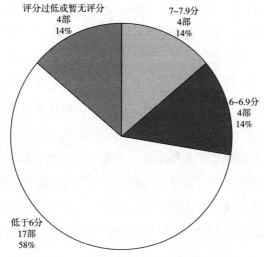

图 4　国产科幻院线电影豆瓣评分分布

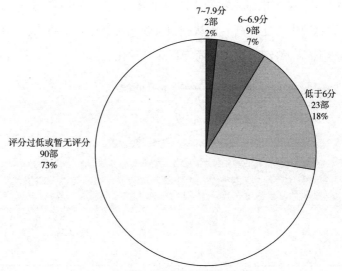

图 5　国产科幻网络电影豆瓣评分分布

（二）电影工业化体系不完善，科幻电影产量不足

在国家政策鼓励下，越来越多的影视公司开始投资科幻电影。北京文化作为实力较强的影视文化公司，是《流浪地球》的投资方和出品方。腾讯影业、阿里影业、爱奇艺等互联网影视公司，利用其资本和平台优势，近几年积极参与科幻电影的投资和宣发环节，进一步推动了科幻电影的生产，如阿里影业参与出品的《流浪地球》、腾讯影业出品的《拓星者》、爱奇艺自制影片《无主之城 VR》等。随着电影科技的进步，我国自主研发的虚拟拍摄技术和虚拟制作系统，也在快速发展，比如北京的天图万镜、杭州的博彩传媒等影视科技公司，以及青岛的东方影都等影视产业园，都在推广自己的技术专利和制作系统。但正因为我国自主研发的电影技术尚不成熟，各科技公司的软件和系统造价过高、互不兼容，缺乏标准化，无法在短时间内普及应用。科幻电影是我国电影产业数字化、工业化发展的引擎和引领，科幻电影工业化体系尚不完善，一定程度上影响了我国影视工业化的发展速度。

根据国家广播电视总局备案电影数量统计，全国电影剧本备案 2017~2019年保持在每年 3000 部以上的水平；疫情后，2020 年、2021 年备案作品也在2800 部左右，2022 年备案作品为 1876 部。但科幻电影的年均备案数量约为81 部，约占年均备案电影总数的 2.7%（见图 6）。科幻电影的备案数量在全国电影备案总数中占比不高，也从侧面反映出影视企业对投入科幻电影生产的热情仍然不高，科幻电影生产尚未形成规模化。

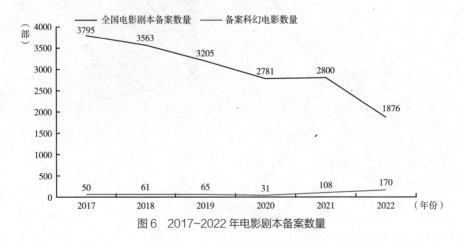

图 6　2017~2022 年电影剧本备案数量

（三）示范性科幻IP较少，专业人才力量薄弱

国产科幻电影的产量不足，在较大程度上影响了科幻IP价值的发挥，加上目前国产科幻的头部集中效应极其明显，"三体""流浪地球"这样的知名IP极少，不利于科幻电影市场的良性、可持续发展。好莱坞科幻电影形成了从投资、创作、制作到版权开发、品牌衍生等完善的IP运营机制，打造了"黑客帝国""星球大战""漫威超英"等数量众多的知名IP。国产科幻需要在政策支持下，加强产业上中下游的合力，打造示范性IP。

科幻作品的创作门槛较高，影视化门槛更高，科幻电影产业的发展对人才的要求非常高。科幻作品从世界观架构、叙事逻辑、场景塑造到细节展现，都需要既遵循科学原理，又蕴含科技应用，并富有科技美感，这就对内容创作、概念设计、场景搭建、拍摄制作、后期特效等各个环节的工作人员，在科学理念、科技知识储备和呈现转化技能上提出了更高的要求。

我国科幻作家较少，在整体作家群体中所占比例非常小，专职的科幻作家更加稀缺，大多科幻作家都是业余创作。在创作环节，科幻文学力量薄弱，科幻编剧人才稀缺，为科幻电影的产出带来阻碍。我国目前科幻电影正在蓬勃发展中，相关专业人才的缺乏、人才培养体系的不完善，增加了科幻作品向影视转化的难度。

三 促进我国科幻电影的发展策略

（一）鼓励精品原创，加大专业人才的培养力度

加大对科幻原创的鼓励和扶持力度，由相关部门组织和举办科幻原创作品的征集、评选和奖励活动，面向高校、企业和社会人员，鼓励科幻爱好者和从业者积极申报科幻原创作品，从中孵化和培育科幻原创IP。鼓励文学、影视、动漫、游戏、短视频等多种形式的科幻创作，扩大奖励范围和加大奖励力度。2020年国家电影局、中国科协印发的《关于促进科幻电影发展的若干意见》，提出了鼓励原创、加强科幻原创剧本培育，促进科幻文学、电影、动漫及游戏等相互转化等举措。

我们需鼓励社会各界联合力量，积极开展科幻科普人才培训，鼓励"硬科幻"作品创作；发挥产学研协同力量，建立校企合作人才培训基地，开展定向的人才培养和实践计划，优化市场需求和人才匹配。我们还需从青少年抓起，加强科幻专业人才的梯度化、分层式培养，让科幻作家、名家走进高校、走进中小学校园，通过举办讲座、开展培训、组织比赛的方式，培养新生代的科幻创作人才。

（二）促进科技创新，加强科幻关键技术的研发应用

科幻电影作为具备高科技含量的电影类型，能够引领电影科技的发展。《"十四五"中国电影发展规划》中提出了加快电影科技创新，在电影摄制、后期特效与影院装备系统等方面精进技术研发，提升整体电影制作水平和观影体验的举措。

新一代信息技术、数字技术正在加速应用在科幻电影的策划、制作、传播、消费、运营等各个环节。在生产环节，人工智能、大数据等技术集成科幻内容资源，形成数字资产平台，促进科幻策划和创作，并通过虚拟制片系统，提升科幻拍摄和制作效率；在传播和运营环节，通过智能算法来实现定制化、精准化营销，提升传播效果，并通过区块链技术加强版权保护，为版权开发和投融资提供决策支持；在终端消费环节，通过超高清、3D、全息影像、混合现实、沉浸交互等技术，全面提升用户的观影体验。以科幻电影为先导，加强 5G、大数据、算法等基础技术的研发突破，加强人工智能、虚拟现实、全息影像、区块链等关键技术在科幻全产业链的转化应用，提升电影制作的自主创新能力和特效技术水平，对于促进科幻产业的高质量发展具有重要意义[①]。

（三）聚焦航天科技，打造中国科幻 IP 示范项目

太空探索，也叫航天科幻，是科幻电影的主流类型之一，展现了人们对于宇宙空间和生命的强烈好奇和终极想象。根据 2018~2022 年国外 IMDb 和

---

① 金韶：《创新与未来：北京科幻产业发展报告》，中国国际广播出版社，2022。

国内豆瓣 200 部高评分科幻电影的样本分析,国外科幻电影最集中的前五大类型是:太空探索、外星生命、超级英雄、人工智能、基因生化;而国内科幻电影集中的前五大类型是外星生命、人工智能、太空探索、基因生化、时空穿越。航天科幻直观、形象地展现着一个国家的科技硬实力和文化软实力,是国家形象传播的重要载体。《星际穿越》《火星救援》等西方经典科幻被形象地称为 NASA(美国宇航局)的宣传片。

中国文化自古以来就与天空有着深厚的缘分,从嫦娥奔月、夸父逐日等家喻户晓的神话传说,到"嫦娥"月球探测工程、"天问"系列行星探测器、"天宫"空间站、"神舟"飞船等航天科技的闪耀成就,无一不展现着中国人的"航天梦"。2019 年的《流浪地球》和 2023 年的《流浪地球 2》都是航天科幻的典范。2021 年,爱奇艺平台接连推出了 3 部航天类网络科幻电影:《太空群落》《火星异变》《重启地球》。2022 年的《独行月球》口碑和票房俱佳。国产航天科幻,既在"硬科幻"方向上不断努力,同时也不断尝试嫁接动画、喜剧、灾难等元素进行类型创新。中国航天科幻电影拥有巨大的发展空间。

(四)推进"影游融合",促进网络科幻的繁荣发展

科幻电影具备高科技、重视听、强体验的特征,非常适合向游戏、动漫等视听互动产品进行开发和转化,影游融合是科幻电影的独特优势。《蜘蛛侠》《冰雪奇缘》等电影 IP 的游戏产品风靡全球,《头号玩家》《失控玩家》更是成为影游融合的典范代表。推进影游融合,既能够提高科幻电影的制作和商业转化水平,又能促进游戏业的转型,强化游戏的科技含量和价值观引导,实现科幻 IP 价值的最大化[①]。

越来越多的电影人转战网络电影市场,网络电影的制作和宣发机制趋向成熟,网络科幻电影将迎来新的繁荣。好莱坞巨头在逐步打破院线优先的原则,在 Netflix 等流媒体平台拓展新的商业空间。我国的影视制片方在院网同步和短视频营销上做了很多积极尝试。一方面,院线电影的制作品质和 IP

---

① 黄鸣奋:《产业视野下的中国科幻电影》,《艺术探索》2022 年第 1 期,第 99~110 页。

运营经验，可以延伸到网络平台，带动网络电影的品质和技术水平提升；另一方面，互联网为院线电影拓展新的宣发渠道，开辟新的商业模式，形成院线和网络科幻电影相互促进、共同繁荣的局面。

（五）深化"文化+科技"，创新中国特色的科幻表达

党的十九大以来，党中央将"推动传统文化的创造性转化、创新性发展"摆在突出位置。中宣部、国家电影局、国家广播电视总局等相关部门推出各项有力政策，为扶持中国原创、弘扬中华优秀文化、挖掘中国故事元素、推动中国文化走出国门等提供扶持。而新一代信息技术、数字技术的发展，为中华优秀传统文化的创造性转化和创新性发展提供了有力支撑。

科幻产业是文化和科技融合的新兴产业，以科技赋能文化产业，以文化激活科技产业。中华传统文化中有大量充满想象力的文学故事和艺术作品，传统文化中蕴含的家国情怀、民族精神等也一直对现代文艺创作产生深刻的影响[1]。若将传统文化的内涵和精髓融入前沿的、先锋的科幻电影创作中，不仅能为传统文化开辟新的传播路径，也将为中国科幻电影打上独一无二的文化烙印，探索出独具中国特色的科幻表达方式。发展中国科幻电影、探索中国特色的科幻IP、促进传统文化与现代科技融合、创新中国特色的科幻表达方式，成为科幻产业实现高质量发展、加强国际传播的必然路径。

---

① 张忠、丁果、梅也天：《后疫情时代中国电影产业的守正与创新》，《电影文学》2021年第4期，第3~9页。

AIGC 赋能"粉丝经济"健康发展：
内在逻辑、潜在问题和未来机遇

鲍　赫*

摘　要： 对比传统数字偶像在运营成本、智能交互等方面受到技术的限制，AIGC 赋能粉丝经济高质量发展的内在逻辑在于提升生产效率、增值形象 IP、拓宽应用场景，以此助力生产创作降本增效，实现"粉丝经济"变现手段多元化。但 AIGC 技术在赋能粉丝经济高质量发展过程中也面临着版权交易风险和经济损失风险，对粉丝群体和企业主体的利益都会造成侵害。因此 AIGC 赋能粉丝经济高质量发展的未来机遇在于：构建粉丝与"数字偶像"之间的强链接，刺激消费转化；更新传统商业模式，实现多方共同获益；确保内容准确真实，做好群体财产保护。

关键词： AIGC　粉丝经济　高质量发展　数字技术

粉丝经济作为文化经济领域研究的热点话题，传统的研究主要集中在真人偶像与粉丝群体的相互关系。随着数字技术的泛化和市场热度的不断提高，国内外也有了针对虚拟偶像粉丝经济群体商业模式、变现路径和消费动机的具体研究。①邵仁焱提出数字技术正在让"虚拟"与"现实"之间的界

---

*　鲍赫，中国传媒大学文化产业管理学院硕士研究生。

①　张旭：《迈向真实消散的时代：以"初音未来"为例讨论数字复制技术对当代人的影响》，《教育传媒研究》2016 年第 5 期，第 70~74 页。

限逐步消解，虚拟偶像与实体受众的互动也将会日益密切。[①] 喻国明等从媒介属性角度入手，认为虚拟偶像本身也属于一种传播信息的媒介，凭借自身特性与影响力帮助所传递的内容增添关系属性。[②] 2022 年，ChatGPT 的问世标志着 AIGC 时代的开启。根据 2022 年发布的《人工智能生成内容（AIGC）白皮书（2022 年）》，AIGC 从生产视角被认为是一种全新的内容生产方式，从技术视角被认为是一种内容自动化生成的技术集合。[③] Kaplan 提出，这场"机器人革命"倒逼数字偶像生成领域开始了一场底层生产逻辑的颠覆性变革，AIGC 大大加强了数字偶像的自主学习和自动生成能力让其成为一种在虚拟空间受到崇拜或挚爱的客体。[④] 詹希旎认为 AIGC 技术推动了粉丝参与虚拟偶像培养的全过程，这一过程中会产生规模庞大的粉丝经济。[⑤] 许林艳认为 AIGC 对于美术设计、游戏策划、发行等环节的降本增效作用未来有望逐步落地。[⑥] 黄佳琪认为数字偶像因其完美的外表和独特的个性迎合粉丝的审美，让粉丝对虚拟偶像有了更亲密的想象，加强了对粉丝的引导。[⑦] 此外，陈昌凤也提出了 AIGC 技术在数据方面存在偏见和虚假等价值观与伦理问题，不利于粉丝经济的增长。[⑧]

　　根据上述研究可以得出，虚拟偶像与受众之间的互动交流成为当下研究的关注重点，也是 AIGC 技术在这一领域主要的实践场景。但目前关于 AIGC 和粉丝经济关系的文章较少，一方面是仍然停留在对现象的讨论阶段，

[①] 邵仁焱、史册：《5G 技术的电视节目虚拟偶像全息影像研究》，《北方传媒研究》2019 年第 6 期，第 29~32、52 页。

[②] 喻国明、杨名宜：《虚拟偶像：一种自带关系属性的新型传播媒介》，《新闻与写作》2020 年第 10 期，第 68~73 页。

[③] 中国信息通信研究院、京东探索研究院：《人工智能生成内容（AIGC）白皮书（2022 年）》，https://www.sohu.com/a/582457334_121015326。

[④] Haenlein M., Kaplan A., "Artificial Intelligenceand Robotics: Shaking Up the Business World and Society at Large", *Journal of Business Research*,2020,124（C）.

[⑤] 詹希旎、李白杨、孙建军：《数智融合环境下 AIGC 的场景化应用与发展机遇》，《图书情报知识》2023 年第 1 期，第 75~85、55 页。

[⑥] 许林艳：《AIGC 赋能多行业降本增效　上市公司积极披露最新进展》，《证券日报》2023 年5 月 10 日。

[⑦] 黄佳琪：《虚拟数字代言人的营销机制与风险治理》，《今传媒》2023 年第 2 期，第 124~129 页。

[⑧] 陈昌凤、张梦：《由数据决定？ AIGC 的价值观和伦理问题》，《新闻与写作》2023 年第 4 期，第 15~23 页。

未能对 AIGC 和粉丝经济之间的内在逻辑关系进行研究；另一方面对于数字技术运用的研究也大多针对虚拟偶像的粉丝经济，研究视角较为局限，未能考虑到 "真人明星 + 数字分身" 在推动粉丝经济增长方面的作用。因此，本文从 AIGC 赋能粉丝经济的视角出发，分析二者之间的内在逻辑，进而探索AIGC 技术赋能粉丝经济增长的发展机遇。

一　AIGC 赋能粉丝经济高质量发展的内在逻辑

瞬息万变的数字技术带来数字化的发展浪潮和重要发展趋势，本文通过分析比较传统虚拟偶像的发展受限点，从而总结出 AIGC 技术赋能下的虚拟偶像促进粉丝经济高质量发展的内在逻辑。

第一，制作及运营成本高。精致的偶像型虚拟人制作及后续内容运营成本高达千万元级，入局的门槛较高。现阶段，国内单支虚拟偶像单曲的制作，包括编曲、建模、形象设计、舞台方案定制等，成本便高达百万元，而后续在流量传播等产业链上下游方面的花费也相当庞大。考虑到大多数小微企业的经营状况并不足以支撑虚拟偶像的运营维护成本，成本困境成为其面临的重要问题，往往很多虚拟偶像还未面世便因此"夭折"。

第二，传统虚拟偶像无法实现智能交互。一方面，初代虚拟偶像如洛天依的交互主要基于 "中之人"，在演出前提前设置好固定的话术模板和音频内容，以真人为虚拟偶像配音的方式进行表演。另一方面，传统虚拟偶像的呈现方式大多是将已经制作完备的图片、视频等内容传递给观众，即使在现代有了 3D 投影技术的加持，也只是将呈现方式从 2D 变成 3D，在智能交互方面的提升十分有限。

第三，传统虚拟偶像的应用场景受到限制。营销场景方面，大部分停留于通过制作好的视频、图片做广告，不支持实时触发或按特定条件触发；直播带货方面，虚拟偶像更多是通过设置好的固定回复及模板进行带货，对于消费者来说，这样的回复较为生硬且不能解决实际问题，不利于满足顾客对虚拟互动消费体验的需求。

二 AIGC 赋能粉丝经济高质量发展的内在逻辑

媒介是人的延伸，AIGC 技术作为一种泛媒介也将成为人的延伸。它在本质上是 AI 技术与偶像明星的明显连接，既是新型的交互入口，也能通过技术赋能助力粉丝经济高质量发展。具体而言，可以从以下三个方面入手。

（一）提升生产效率，助力内容创作降本增效

AIGC 作为一种新型的内容创作方式，目前在虚拟偶像领域的应用主要是作为一种提高生产力的工具，起到的是资料性和片段性的辅助作用，与创作者之间形成一种合作关系。例如，在虚拟偶像的创作生产环节，AIGC 技术能够优化虚拟偶像的生产流程，缩短虚拟偶像的生成时间和训练时间，进而降低制作成本，将原本动辄数十万元甚至上百万元的数字人价格压缩至原本的数十分之一。此外，AIGC 技术可以被应用到剧本构建、语音合成、图像处理等基础工作中去，参与到前期创作、中期拍摄、后期制作的全流程，让内容创作者将更多的时间放在创意构思方面，极大地提高生产效率和综合质量。因此，AIGC 技术帮助内容制作者打破成本、质量、速度只能"三者取其二"的关系，让原本的二元对立关系成为可呈现的三角关系，对影视行业的降本增效作用超出预期。

（二）增值形象 IP，实现"粉丝经济"变现手段多元化

偶像明星基于 AIGC 技术产生的数字分身能够实现自身 IP 的有效增值，拓展了自身 IP 的辐射边界。一方面，当前影视公司的盈利能力受限于高额片酬，明星的出场费用成为影视制作中成本支出占比最高的部分。因此，偶像明星可以通过数字分身等价格较低的方式同时参与到音乐、影视等作品的创作过程中，相较于真人演员，其数字分身的出演片酬更加具有性价比，既降低了影视企业的制作成本，也能使粉丝有更多机会在荧幕中见到自己的偶像，给予明星个人 IP 更长久的"生命"及更大的变现空间。另一方面，偶像明星在一些影视剧中塑造的经典形象作为一种重要的 IP 资产，即使历经

多年也仍受到粉丝追捧，粉丝对于续集拍摄、二次创作等后续运营的需求不断高涨。伴随 AIGC 技术生成的数字分身的应用，无须真人即可实现影视形象的后续运营与二创，在满足粉丝需求的同时可以创造经济效益。由此可见，AIGC 技术能够有效增值真人明星 IP，让冷门歌手、明星再火一把，实现粉丝经济变现手段多元化。

（三）拓宽应用场景，催生文化消费发展新模式

数字经济时代，数字化已经成为诞生文化消费新业态、新模式和新形式的催化剂。面对当今个性化、多元化消费需求日益高涨的新兴市场，AIGC 技术为虚拟偶像在互动感方面的提升起到了巨大助力。基于大型多模态模型的虚拟人物不仅能够根据图像和文本输入生成适合的语言回复，还能够根据用户的喜好和情绪进行个性化交互，在多领域拓展应用场景。

例如，直播带货方面，以明星真人形象为外表的虚拟偶像将逐步取代静止商品页面，商品转化率提升值得期待。已经具备知名度及粉丝忠诚度的虚拟人 IP 在 AI 内核的加持下，有望成为 AIGC 虚拟主播界的大名人，商业化前景较大。聊天陪伴方面，针对不同用户的需求打造形象相同但具有不同性格的虚拟人，满足用户的交流需求和情感诉求，让虚拟偶像和粉丝交互更加自然、有温度，提升用户体验。

三 AIGC 赋能粉丝经济高质量发展的潜在问题

AIGC 作为下一代互联网的新兴内容，对传统的监管模式和法律法规提出了挑战，特别是在版权交易、信息伪造等方面存在诸多争议，不利于 AIGC 技术赋能粉丝经济。

（一）版权交易风险：AIGC 生成内容的版权归属存在争议

以歌手孙燕姿音色为基础的 "AI 孙燕姿" 在 B 站收获了极高的播放量，单条视频播放量超过百万次。"AI 孙燕姿" 这一话题也在多个平台持续发酵直至上热搜。"AI 孙燕姿" 可以理解为真人的数字分身，是歌手/演员等在

虚拟世界的化身。那么"AI 孙燕姿"的版权到底是归属于歌手孙燕姿本人或其签约的经纪公司还是归属于利用 AIGC 技术生成"AI 孙燕姿"的创作者；粉丝为"AI 孙燕姿"打赏，孙燕姿本人是否能获得收益等问题成为讨论热点。

现有的人工智能内容生成技术是通过大量的数据进行内容学习和训练实现的，离不开算力、算法与数据的辅助作用，必然涉及对已有创作内容的学习与模仿。这一过程会导致具有版权的视频、文本等内容及其艺术风格被 AI 学习和效仿，不仅作品版权受到侵犯，艺术创作者本身的权益也受到损害。值得关注的是，国家网信办发布了《生成式人工智能服务管理办法（征求意见稿）》，其中拟规定，用于生成式人工智能产品的预训练、优化训练数据，应满足"不含有侵犯知识产权的内容""能够保证数据的真实性、准确性、客观性、多样性"等要求。[①] 在这一背景下，创作者必须确保由 AIGC 辅助产生的内容具有原创性，或者只有获得了授权才可进行创作，不能侵犯现有作品的著作权。"真人明星 IP+AIGC 虚拟人"是一个让明星回到公众视野的积极探索，也是一次利用数字技术降低消费门槛、促进粉丝消费意愿、推动粉丝经济再增长的好的尝试，但其中隐藏的版权合规性和法律边界感问题还需要有更深层次的讨论。

（二）经济损失风险：AIGC 深度伪造催生犯罪行为

2021 年 4 月，知名芯片生产公司英伟达在线上举办 2021 年 GPU 技术大会，其创始人黄仁勋在自家厨房里进行了一段长达 1 小时 48 分的主题演讲，视频中有 14 秒是虚拟合成的，不仅整个厨房内的所有物品是经过计算机合成的，黄仁勋出镜的形象也只是其数字化身。虽然官方已经在视频其中留下了很多线索，但是由于拟像过于仿真，直到这一新闻被英伟达公布，观众才发现这一惊喜。

在 AIGC 技术加成的时代，通过数字技术生成拟像展现虚拟人的面部表

---

① 中华人民共和国国家互联网信息办公室：《国家互联网信息办公室关于〈生成式人工智能服务管理办法（征求意见稿）〉公开征求意见的通知》，http://www.cac.gov.cn/2023-04/11/c_1682854275475410.htm?eqid=c1e17beb000045d20000000664361f28。

情，与观众互动交流，难以让观众用肉眼分辨出真实与虚拟二者之间的区别，再加上观众大多数是通过电子屏幕观看，其呈现出的虚拟形象就会出现如鲍德里亚所说的"正当再现意图将拟象视为'虚假的再现'来吸纳它，拟象就吞咽下整个再现的地基，并将再现转化为一个拟仿物"。[①] 可见，AIGC技术的超强模仿创作能力具有双面性，即 AIGC 技术以"半真半假"的形式，虚假拼凑的文本、语音、视频更"真实可信"。特别是如果有不法分子利用粉丝追星过程中的崇拜心理和付费心理，非法利用明星作为粉丝群体意见领袖的功能，通过 AIGC 技术生成偶像明星的视频对粉丝群体进行诈骗、勒索等活动，既损害了偶像明星个人的社会形象和经济利益，也使得粉丝群体对偶像明星产生信任危机。因此，正视 AIGC 加剧深度伪造，适时提出对AIGC 应用原则的监管框架已成为必然要面对的问题。

四 AIGC 赋能粉丝经济的未来机遇

AIGC 技术通过降本、增效、增值等方式赋能粉丝经济增长，迎来重要发展机遇，突出表现在强化粉丝参与能力、更新传统商业模式和确保内容真实准确三个方面。

（一）强化粉丝参与能力，刺激消费意愿转化

当下粉丝经济日益壮大，衍生出诸多商机，蕴含巨大经济价值。如由乐华和字节跳动联合推出的 A-SOUL 可谓虚拟主播界最具有粉丝号召力的"虚拟偶像"团体，其成员"嘉然"和"珈乐"同粉丝有着极高的情感黏性，加强了粉丝的付费意愿，如"珈乐"在 B 站的装扮定价为 45 元每份，限售55555 份，上架后仅 4 分钟就被粉丝抢购一空，产生了巨大的粉丝经济收益。2021 年乐华的泛娱乐营业收入因为 A-SOUL 增长了 79.6%。

由此看来，粉丝经济的提升与粉丝的忠诚性和黏性有着密不可分的关系。粉丝群体作为粉丝经济增长的最大动力源，重视"悦己"视角下个人的

---

① Jean Baudrillard, Simulacra and Simulation, New York: The University of Michigan Press, 1994, pp. 272-273.

情感式消费体验和自身的参与感。而 AIGC 技术的赋能在加强粉丝的参与度上有着得天独厚的优势，能够以 AIGC 技术构建数字分身或虚拟偶像，根据用户需求的差异性与粉丝群体自身的创作能力，基于不同的应用场景为特定群体提供定制化的 AIGC 服务。这不仅以亲民偶像的身份为粉丝群体带来了全新的体验，还以数字人的角色传递了 Web3.0 时代的数智特色，更以虚拟的形象展现出科技与文化深度融合后的强大生产力。在这一方面，阿里妈妈首先推出"数字偶像共创计划"，在 AIGC 技术赋能下打造出首个由用户选择和养成的数字偶像锘亚 Noah，让全民制作人的每一个决策都被赋予了实际意义，让符合用户兴趣的信息、意见和情绪被源源不断地生产、传播和触达。可以说，粉丝群体从詹金斯提出的"文本盗猎者""建构成了文本的积极参与者"，在虚拟人的塑造过程中实现了"选择即存在"的强链接，用户注意力在被吸引的同时也刺激了消费转化。

（二）更新传统商业模式，实现多方共同获益

"AI 孙燕姿"案例的版权归属问题被频繁讨论的背后，体现的是目前 AIGC 技术在商业领域发展模式的滞后性。在传统视听产业的商业模式中，版权基本上只属于演员、歌手本人，或是他们签约的经纪公司，获取经济效益的方式大多数为内容授权、发行专辑唱片等较为单一的形式。

AIGC 技术的出现是从实质上更新了传统的商业模式，实现了偶像、粉丝、资本三方共同获益。从 AI 歌手这一角度来说，一方面 AI 歌手的出现不仅能够让歌手以收取声音版权费的方式授权平台使用自己的声音进行 AI 创作，从而获得一首歌曲带来的二次收益，而且 AI 音乐制作成本低，相对于实体唱片来说对粉丝造成的经济负担更小，粉丝购买意愿也会相应增长，在满足粉丝社群需求的同时，扩大了粉丝经济的规模。另一方面，AIGC 的学习和训练，涉及算力、算法和数据这三个核心生产要素，其中必然会涉及"是否会造成侵权"这一话题的讨论。因此，制作方在使用视频、文本和音频来对虚拟数字人模型进行训练的时候必须注意数据库中是否存在受著作权保护的作品，若存在相关作品，则应当取得相关著作权人的授权，以避免陷入著作权侵权纠纷。在此情况下，乐曲库、影视片段都将有可能扮演数据

库的角色，这对于具有海量影视音乐图片版权的公司或拥有明星艺人 IP 资源的影视公司来说，行业壁垒更深。这些公司成为直接受益方，可以在为 AIGC 相关企业提供数据服务时，尝试制定用户协议，明确 AIGC 的著作权归属。

（三）确保内容真实准确，做好群体财产保护

2023 年 4 月，由国家网信办发布的《生成式人工智能服务管理办法（征求意见稿）》对生成式人工智能服务提出了多项规制，其中特别强调"要从数据源开始确保生成内容的真实准确"。可见，这是国家从顶层设计层面对 AIGC 提出的要求。AIGC 技术作为推动全要素生产力高效提升的重要抓手，我国应当立足于现有的配套政策和 AIGC 技术的发展现状，加快完善有关隐私保护、数据安全、平台运行等的法律体系。

除了国家层面对 AIGC 的内容创作提出要求以外，抖音、快手、B 站等视频平台也对 AIGC 技术的应用发布了相关规范。例如，抖音 App 官方公众号发布《关于人工智能生成内容的平台规范暨行业倡议》一文，指出"各生成式人工智能技术的提供者，均应对生成内容进行显著标识，以便公众判断；同时使用统一的人工智能生成内容数据标准或元数据标准，便于其他内容平台进行识别"。对于粉丝来说，AIGC 技术进行诈骗的方式通常是让偶像明星肯定粉丝群体的自我价值，在粉丝群体内心被认可满足的情况下，其对视频内容真实性的关注就大大降低。因此，一方面要利用 AIGC 技术带来的便利性和其内容学习与生成能力；另一方面要对 AIGC 技术进行规范和监管，对人工智能生成内容进行明显标识，有效防范不法分子利用 AIGC 技术进行欺诈勒索等行为，从而保障粉丝群体的财产安全，将经济损失的风险降到最低。

AIGC 是数智时代的典型应用创新，它不只是一种简单的应用工具，还革新了数字文化创作范式，改变了粉丝群体与偶像之间的交互模式，也使明星个人 IP 价值实现了增值，对于粉丝经济的产生具有极大的推动作用。但从目前技术发展和落地实践的情况来看，AIGC 技术的应用模式主要还停留在降本增效、增强互动体验、为形象赋值的阶段，在增强粉丝经济方面仍然具有广阔的发展前景和可预见的增值潜力。

参考文献：

任程远：《"Z世代"消费驱动的新型经济形态：基于调研数据的分析》，《商业经济研究》2022年第20期。

蔡竺言、刘楚君：《从"追星族"到"饭圈"：中国粉丝研究的核心概念与框架变迁》，《新闻记者》2022年第4期。

郭全中、张营营：《粉丝经济视角下虚拟偶像发展演化及营销进路探析》，《新闻爱好者》2022年第3期。

简圣宇：《"虚拟数字人"概念：内涵、前景及技术瓶颈》，《上海师范大学学报（哲学社会科学版）》2023年第4期。

王宇帆：《元宇宙视域下虚拟偶像的发展探析》，《青年记者》2023年第4期。

芦琦：《虚拟数字人IP化法律问题及其知识产权保护应对》，《科技与法律（中英文）》2023年第3期。

吕菁：《虚拟偶像：多主体建构的超能拟像与元宇宙时代的数字分身》，《电影新作》2022年第5期。

郭全中：《虚拟数字人发展的现状、关键与未来》，《新闻与写作》2022年第7期。

马中红、胡良益：《粉链经济："偶像－粉丝"文化经济模式的再考察》，《传媒观察》2023年第9期。

数字文化

AIGC 赋能数字文旅创新的路径解析
——以新生代人群调研为参考

陈 端 张博佳*

摘 要： 2023 年以来，文旅行业强势复苏，新生代人群成为拉动文旅行业消费的生力军，但现有文旅产品体系和业态模式与新生代人群的消费偏好、消费期待之间还有一定现实差距。本文立足当前数字技术尤其是 AIGC 快速崛起并与文旅行业创新深度交融的大趋势，在交互叙事理论、使用与满足理论及用户体验理论等理论指导下面向新生代人群设计问卷并进行实证调研，基于调研所得的关于新生代人群对 AIGC 的认知、感知、兴趣、态度、使用意向与偏好特征等数据，对 AIGC 在宣传端、内容端、用户端赋能数字文旅创新的路径与策略进行了探讨，以供业界参考。

关键词： AIGC 数字文旅 新生代人群

一 面向新生代人群的数字文旅创新成为牵引文旅产业升级的重要引擎

（一）数字化成为当前文旅产业升级的趋势方向

2023 年文旅产业强势复苏，文化和旅游部公布的 2023 年"五一"假期文化和旅游市场情况显示：全国国内旅游合计 2.74 亿人次，同比增长

---

* 陈端，博士，中央财经大学新闻系主任兼数字经济融合创新发展中心主任；张博佳，中央财经大学财经新闻学专业 2019 级本科生。

70.83%，按可比口径恢复至 2019 年同期的 119.09%；实现国内旅游收入 1480.56 亿元，同比增长 128.90%。

据文化和旅游部、中国旅游研究院统计数据，2023 年上半年，国内旅游总人次达到 23.84 亿，比上年同期增加 9.29 亿人次，同比增长 63.9%；实现国内旅游收入（旅游总花费）2.3 万亿元，比去年同期增加了 1.12 万亿元，增长 95.9%，接待旅游人次和收入均达到同比"双增长"的预期目标。

然而，当前文旅产业供给侧产品服务体系的发展远远滞后于需求端的增长。淄博烧烤"出圈"、文旅局长变装视频等刷屏导流形式仍停留在简单的流量赋能阶段，运营模式相对落后，体验附加值、文化附加值、客单价和复购率均偏低。

随着 5G、8K、大数据、VR、人工智能等信息技术的发展，文化消费场景拓展丰富，文旅新兴业态不断涌现，而数字化也成为新时代文旅产业的主要特征之一。2020 年以来，在持续不断的政策支持与地方引导下，数字文化资源规模化、集成化进程明显提速，文旅产业发展动力强劲。2020 年 11 月，文旅部发布《关于推动数字文化产业高质量发展的意见》；2021 年 12 月，中央网络安全和信息化委员会印发《"十四五"国家信息化规划》，将"实施文化产业数字化战略"写入"十四五"规划；2022 年 5 月，中共中央办公厅、国务院办公厅印发《关于推进实施国家文化数字化战略的意见》，指出夯实文化数字化基础设施、促进文化机构数字化转型升级、加快文化产业数字化布局。

数字化媒介将"虚拟现实""交互融合""沉浸式体验"等要素相结合，对当地传统文化和旅游场景进行了有效的升维转型，加强了文化创意 IP 产业链的开发，例如线上文博、沉浸式演艺、数字藏品等。利用数字技术对文旅产业进行全方位、多角度、全链条的改造，有力发挥了文旅产业效能，促进了中国数字文化消费领域的转型升级。

（二）新生代人群成为文旅重度消费人群

新生代用户群体主要指出生于 1995~2009 年、深受互联网和信息媒介变革影响的青年群体，他们也被称为"Z 世代"。中国传媒大学课题组调研报告显示，69.91% 的 Z 世代群体每季度至少有一次旅游等体验式消费，而在体验式消费过程中，消费享受成为 Z 世代群体最重视的因素，占比达 72.12%。作为快速崛起的文旅消费人群，新生代群体具备消费能力和消费意愿，同时对文旅行业的转型升级具有激活和促进作用。复旦大学旅游学系教授、中国社会科学院旅游研究中心特约研究员沈涵在《旅游绿皮书：2022~2023 年中国旅游发展分析与预测》中指出，追求个性、重视体验消费的 Z 世代群体走向主流，这对升级传统文旅业态、创新产品和服务方式、推动产业朝向创新驱动转变提出了更高要求，将推动大众市场的文旅消费需求逐渐从低层次朝着高品质和多样化方向转变。

马蜂窝发布的《2021 "微度假" 风行报告》显示，在微度假人群中，年轻群体是主力人群，总占比超过 80%。微度假以玩法为驱动力，越来越多的微度假用户愿意为高品质的服务与体验埋单。新生代人群乐于接受新事物，针对新生代人群的产品创新在商业模式探索并跑通之后可以为文旅产业整体数字化升级提供路径参考。

二 AIGC 为数字文旅路径创新提供了新动能

（一）AIGC 的基本概念与发展历程

AIGC 是 AI Generated Content 的缩写，意为人工智能技术生成内容，被认为是继 PGC（Professional-generated Content，专业生产内容）和 UGC（User-generated Content，用户生成内容）之后的新型内容创作方式。它可以基于训练数据和生成算法模型，自主生成新的文本、图像、音乐、视频、3D 交互内容（如虚拟化身、虚拟物品、虚拟环境）等各种形式的内容和数据，其最大影响在于把一部分创造性知识工作的边际成本降至接近于零，进而推动海量内容性产出与大量产业场景低成本深度融合。

AIGC 的产生与互联网时代的变迁密切相关。从 Web1.0 到 Web2.0 再到 Web3.0，互联网的内容生成发展经历了从静态到动态再到智能的过程。

Web1.0 时代有时也被称为 "只读网络"，用户更多地利用浏览器进行单向交互，即数据搜索、信息查找等工作。Web2.0 以动态网页为主，用户可以主动地发布和分享信息，形成了社交网络、博客、视频、音乐等多种形式的内容。通过丰富的社媒渠道，用户得以利用便携式设备进行原创内容的生产，并借助平台对其他目标用户进行精准推送，UGC 模式由此产生。UGC 内容虽然数量较多，但质量有限且仍然无法实现自动化生产，这在一定程度上限制了内容创作范围的进一步扩张。

Web3.0 的主要特点是用户可以更加自由地控制和拥有自己的数据，利用区块链、数字身份、元宇宙等技术实现更高层次的协作和创新。Web3.0 时代的 AIGC 主要是基于深度学习和 Transformer 模型的技术，其使用海量数据进行学习而不需要提前进行标记和分类，让人类对结果的反馈成为学习过程的一部分。在 AIGC 的助力下，用户从 Web1.0 及 Web2.0 阶段的初次内容生产者，转变为二次内容加工者，不仅可以利用已有素材进行基础内容的快速生成，还可以使用不同平台的垂直领域工具，拓展单一素材的表现形式，增加内容的生成效率和传播速度。因此 AIGC 技术的出现，是对传统内容生成模式的颠覆与重塑，通过解放内容生产者，让其有更多精力进行二次深加工。

（二）AIGC 产业生态体系与核心价值点

AIGC 产业生态体系可以分为上游、中游和下游三个层次（见图 1）。

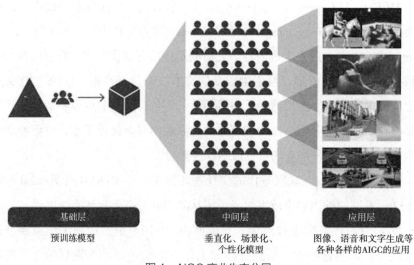

图 1　AIGC 产业生态分层

资料来源：《腾讯研究院 AIGC 发展趋势报告 2023——迎接下一代人工智能》，第 3 页。

AIGC 产业链的上游是以大型预训练模型为核心的技术基础设施层，中游是针对不同行业、领域、场景开发的垂直领域应用和工具，下游是面向 C 端用户的图像、语音和文字等内容生成服务。这一层次的重点是满足用户的需求，将 AIGC 模型和用户无缝衔接起来实现产业落地。以 Stable Diffusion 为例，它不仅开放了程序代码，还开放了它已经训练好的模型，使用者可以借助这一开源工具，在消费级显卡上挖掘出更丰富的内容生态，为 AIGC 在更广泛的 C 端用户中普及起到关键作用。

AIGC 技术的核心价值点主要体现在以下三个方面。

（1）多模态处理

AIGC 可以识别不同形式的信息输入，并根据要求进行对应模态的输出。例如，通过输入文本描述生成图片，或者通过输入图片生成文本描述等。这种技术可以充分利用多种信息源，提高内容生成的质量和丰富度，实现更加灵活和多样的内容创作，满足不同用户和场景的需求。例如，通过使用 OpenAI DALL-E-2'这样的 AIGC 技术，只需要输入一段简单的文本描述就可以生成与之匹配的图片。反之，也可以通过输入一张图片生成与之匹配的文本描述。用户可以根据自己的想法和需求，轻松地创造出各种各样的内容。

（2）用户创意价值的低门槛释放

在传统的内容生产模式中，用户通常需要自己完成整个内容创作过程，包括从构思到实现再到发布等。这不仅需要用户具备一定的专业知识和技能，还需要用户投入大量的时间和精力。此外，用户在创意向作品的转化过程中可能会遇到各种具体困难和挑战，如难以精准表达、跨领域创作合作困难等。而 AIGC 可以帮助用户破解这些问题。例如用户使用 Midjourney 只需提供一些文字提示和风格类型，就可以生成独特、高质量和逼真的图像，还可以根据自己对中间结果的反馈进行调整和优化。

（3）以低成本带动产业化应用

AIGC 技术将创造和知识工作的边际成本与上手门槛都降至极低水平，可以减少专业人员的雇佣、培训和管理等成本并提高内容生成的速度、准确性和多样性。众多零基础用户可以利用 AI 进行个性化的内容创作，进而可以海量释放内容生产力并提升普通用户的场景参与度，带动人与内容、应用场景关系的根本性变革。

　　AIGC 通过内容端生产力的极大释放和消费者自主参与内容创造带来的文旅消费体验提升，不仅可以有效带动文旅产业附加值提升，也有助于我国推动优秀传统文化资源和非遗文化资源面向新生代人群的活化开发与传承。

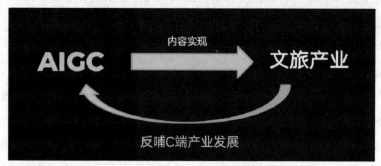

图 2　文旅产业为 AIGC 提供落地场景

三　本研究的理论基础

1. 交互叙事理论

　　叙事学家杰拉德·普林斯在《叙事学：叙事的形式与功能》中提出，叙事是通过结构主义的影响产生叙事作品，并且在其理论框架下提出了构成叙事的三个必要条件，进而探究故事与叙事之间的关系。全息影像、电子游戏、互动戏剧等跨媒介叙事的兴起，在带给人们故事及催生事物背后人们的看法和观点之外，也使我们产生了不同的认知，进而使人们产生出丰富的情感交互体验。

　　数字媒体时代，以增强现实、虚拟现实为代表的数字媒介最大的特征就是交互性。随着科技发展，新型叙事方式必然会产生。交互性叙事由（游戏设计师）Chris Crawford 首次提出，他认为交互性叙事是存在于不同主体之间的循环过程，过程中参与者交替发言、倾听、思考以及形成某种形式的对话。

而数字媒介下的交互性叙事，即读者可以参与到故事中，与故事进行互动，虚拟的故事让读者有身临其境的沉浸感。[①] 它具有非线性、互动性、个性化、沉浸感等特征。

2. 用户体验理论

用户体验（User Experience，简称 UE/UX），ISO 9241-210 标准将其定义为用户对使用或期待使用的产品或服务的认知和回应，这一定义对用户体验构成要素、影响因素产生了重要影响。[②]Hassenzahl 和 Tractinsky 则从用户情感层面出发，提出用户体验不仅包括产品的基础功能使用体验，还包括用户的情感因素，如对产品的倾向、产品的期望、使用动机、使用后的感受等。

"AIGC+ 文旅"将 AIGC 与多种技术相结合，赋能文旅场景，在丰富文旅新消费形态的同时，也有效提升了用户体验。借助数字技术开发的博物馆数字文创产品成为博物馆与用户建立沟通的有效手段。我国首座国家级非物质文化遗产博物馆——中国太极拳博物馆与百度合作，从新基建、新要素、新场景多维度赋能非遗的数字化保护与传承，[③] 通过非遗 IP 的打造，与河南太极文旅品牌形成联动。其中百度利用 AIGC 技术，使用户可以利用 AI 绘画一键生成不同风格的太极拳海报，用于社交分享，近距离体验太极拳的魅力。此外，AIGC 在前期用户决策、用户意见反馈等方面提供了帮助。

四 本次调研的目标、样本选择和问卷调研内容呈现

（一）问卷设计

新生代网络用户群体既是 AIGC 的种子用户和潜在重度消费人群，也是文旅行业新生代主力游客群体，对其 AIGC 渠道接触、使用意愿和偏好、需求感知的调研对于文旅行业优化运营模式、丰富产业生态、拓展价值维度具

---

① 柴彦宇：《交互叙事视角下数字化夜游的沉浸式体验设计策略研究》，江南大学硕士学位论文，2021。
② 金小璞、陈娇、徐芳：《基于用户体验的移动图书馆服务质量升机制机构建》，《现代情报》2017 年第 11 期，第 87~92、104 页。
③ 宁馨儿：《以用户体验为导向的博物馆互联网产品设计研究》，湖南师范大学硕士学位论文，2020。

有一定参考价值。本次调研问题覆盖范围较大，本文基于"AIGC 与文旅行业融合创新"这一特定研究视角，选取问卷中部分代表性数据进行分析。

本次调研以 18~28 周岁的大学生群体为主要研究对象，采用网络问卷的调查方式收集数据。问卷对 Web3 组织青年 DAO、AIGC 相关社群（人工智能创业投资社群、AI 分享群、北京 AIGC 分布式创新联盟等）等定向发放，调研共收集有效问卷 416 份。

（二）数据分析

1. 样本人群的人口统计学描述

本文采用 Excel、SPSS 26.0 统计软件对正式问卷回收的数据进行描述统计分析。本次用户调查问卷填写者，男性 179 人，占样本总数的 41.59%，女性 243 人，占样本总数的 58.41%，样本性别结构总体较为均衡。在样本的年龄分布上，18~22 周岁人数为 178 人，占样本总数的 42.79%；22~25 周岁人数为 160 人，占样本总数的 38.46%；26~28 周岁人数为 78 人，占样本总数的 18.75%。在样本的教育水平分布上，本科学历居多，共占样本总数的 60.1%；其次为研究生及以上，占总体样本的 23.8%；专科占比为 16.11%。样本居住城市分布较为均衡，京沪穗深等一线城市占比最多，为 57.68%。总体上，该问卷调研的样本所在城市较为集中，在性别、年龄、教育程度上分布较为合理。

2. 用户偏好分析

（1）知觉层面

由新生代用户群体目前对 AIGC 人工智能生成内容的了解程度调查可知，有 50.48% 的调研对象已经使用过，有 45.67% 的调研对象听说过但没用过，仅有 3.85% 的调研对象表示从没听说过。由此，新生代用户群体对 AIGC 的认知程度较高，且有一定的使用率。

94.25% 的调研对象关注文本生成类内容（ChatGPT、文心一言、通义千问、Rytr、JasperAI 等）；其次是图像生成类内容，占比为 62.75%；代码合成/程序开发类内容（37.25%）、音频生成类内容（24.00%）、视频生成和 3D 建模类内容（21.75%）也得到一定的关注（见图 3）。

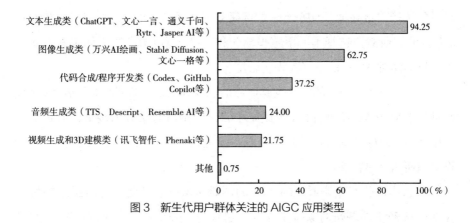

图 3　新生代用户群体关注的 AIGC 应用类型

关于如何接触并认识到 AIGC 技术应用，79.75% 的调查用户通过微信朋友圈、社群、公众号获知信息；身边的同事 / 朋友 / 师长 / 亲人，抖音、快手、微博、小红书等网络平台是第二主要渠道，52.00% 的调研对象由此获知 AIGC；通过公开的媒体报道和商业推广（43.75%），研究报告、专家解读（26.00%）获知 AIGC 的人较少（见图 4）。由此可见，微信、圈层人际等人际关系联系紧密的传播方式是新生代用户群体获知 AIGC 的主要途径，这也印证了媒体、模仿他人会影响新生代用户群体对 AIGC 的接触。

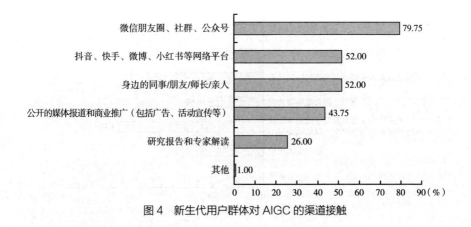

图 4　新生代用户群体对 AIGC 的渠道接触

（2）兴趣层面（情感态度）

根据调研结果，35.75% 的调研对象选择了"很感兴趣"。44.75% 的调研对象选择"感兴趣"，16.25% 的调研对象选择"一般"，分别有 2.75% 和 0.50% 的调研对象选择了"不感兴趣"和"很不感兴趣"。总体来看，新生代用户群体对 AIGC 的感兴趣程度较高。

关于对 AIGC 生成的作品及其产品的态度，81.25% 的调研对象表示接受，并且愿意使用 AIGC 进行自我创作；17.5% 的调研对象表示接受，但是不想使用 AIGC 进行自我创作。总体来看，新生代群体对 AIGC 内容创作的接受程度和使用意愿较高。

从总体情感态度来看，64.75% 的调研对象持有趣的、有新鲜感的积极态度；33.75% 的调研对象持中立的、观望的、旁观者的态度；1.5% 的调研对象持压力的、反感的消极态度；没有人持冷淡的、不关心的态度。整体而言，新生代用户群体对 AIGC 的态度是积极的、友好的。

（3）动机层面

从使用动机来看，主要影响新生代用户群体使用 AIGC 的动机在于看重 AIGC 对我的学习/工作可能带来的结果效益（74.50%）、好奇心驱使（68.75%）、我认为这是未来必须要掌握的一门技术（59.50%）。提升个人技能、圈层压力则具有一定程度的影响（见图 5）。可见，新生代用户群体对 AIGC 的使用更注重实用性以及带来的收益或结果，也存在跟风、猎奇心态。

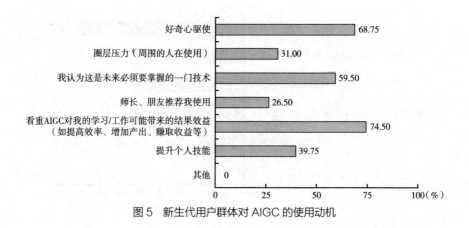

图 5　新生代用户群体对 AIGC 的使用动机

调研对象倾向的 AIGC 使用场景，最多的是日常学习领域（76.25%），如上课、作业、测试、课题研究等；其后依次是用于办公/科研事业（67.00%）， 休闲娱乐（51.50%）， 创业、创收（46.00%）（见图6）。

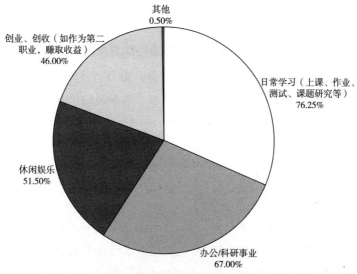

图6　新生代用户群体倾向的 AIGC 使用领域

五　面向新生代人群的数字文旅创新路径

从本次调研结果来看，新生代用户群体对 AIGC 有较高的认知度和使用热情，愿意把 AIGC 作为日常工作、学习、生活的辅助工具，也愿意借助 AIGC 工具进行创意型的创新创业，而当前文旅行业正处于数字技术带动业态创新和服务升级的关键窗口期，把 AIGC 作为创新工具吸纳入文旅创新生态系统内，不仅可以有效吸引和黏合新生代游客群体，还可以把新生代人群转化成助推文旅产业升级的动力人群。年轻用户借助 AIGC 工具对文旅、文化、文博 IP 进行数字化内容众创，在线上引流、线下体验强化、事后网络口碑传播等环节都可以起到积极作用。问卷中涉及的新生代人群 AIGC 接触渠道和使用偏好等信息也可以供业界在进行相关产品推介时参考。

下面结合上述调研数据透露的信息，针对 AIGC 在文旅营销端、内容端和用户端的应用创新前景进行概要分析。

（一）AIGC 在文旅宣传端的应用

文旅产业中的宣传端主要指用于向用户展示和推广文旅产品和服务的内容形式，包括海报、视频、文章、广告等，是吸引潜在游客关注和消费的重要手段，对于内容的质量、效率和创意有很高的要求。

AIGC 技术可以赋能宣传端的内容生态，提升宣传端的内容生成能力，根据用户的需求和偏好，自动生成各种类型、各种风格、各种场景的宣传内容，也可以对已有内容进行修改和优化。

【案例】"好看 CLUB · 寻迹古城"——AIGC 赋能内容创作生态

"好看 CLUB"是好看视频为平台创作者打造的自有品牌活动，通过百度的轻知计划发起成立，旨在帮助创作者建立一个充分展示自我的平台。第四季"好看 CLUB · 寻迹古城"落地山西太原古县城，以古城文旅宣传为主题，邀请了近百位来自文化、历史、军事等不同领域的百度头部创作者，走进古代街景，感悟传统文化的韵味，探索晋阳古城2500 多年的历史文化，并展开创作。

在此次活动过程中，众多创作者可以使用包括"度咔剪辑"在内的一系列百度研发的 AIGC 工具辅助内容产出。以百度百家号推出的基于自然语言处理技术的 TTV 技术为例，创作者可以直接实现图文内容的视频转化。对于创作者来说，从此前的每个环节亲力亲为，发展到现在只需完成图文编辑、确认授权两步，即可创作发布自己个性化的作品。在 AIGC 技术的赋能下，文旅宣传开启了"内容众创、IP 众享"新模式，打破了主体限制，用户既可以是宣传内容的接收方，也可以是宣传内容的制作方。在去中心化的网状社区结构下，每个人都是文旅宣传网络上的一个节点，通过创作个性化的内容将文旅 IP 与个人 IP 进行融合，从而产生更强大的宣传能量。

（二）AIGC 在文旅内容端的应用

内容是文旅产业的核心，只有以足够丰富和有特色的文旅内容为基础，才能吸引游客前来参观，从而支撑起文旅周边产业的发展，最终实现流量的生态化变现。如何做好基于用户体验的沉浸式内容设计一直是文旅行业发展的核心问题，而通过 AIGC 技术，文旅产品不再只是单一的被动观赏性存在，通过时空再现、交互式场景设计等方式，游客可以亲身参与到文旅体验式产品的开发和打造之中，获取别样游历体验。

近两年来，文旅元宇宙也是业界关注的一个焦点话题，但元宇宙落地效果不及预期，也反映了概念膨胀与内生生产力不足之间的矛盾。良好的文旅元宇宙体验需要更丰富的虚拟地图、虚拟场景、虚拟对象和虚拟角色，其中涉及大量数字内容的生产和制作。而 AIGC 可根据已有数据进行衍生，创作更多数字内容，为元宇宙发展提供高效率的工具，并升级数字场景呈现方式，以更高的精度和更强的真实感全方位呈现城市魅力与文化内涵，让元宇宙的内核更加丰富。

【案例】"大唐·开元"元宇宙项目

"大唐·开元"是一款基于唐朝历史文化背景的元宇宙项目，由西安曲江大唐不夜城文化商业（集团）有限公司与太一集团联合打造。该项目是大唐不夜城的"镜像虚拟世界"，用户通过端口登入，动动手指就能在完美复原的唐朝街道上游览、购物、社交，享受和现实世界一样的商家折扣，甚至可以邀请异地的朋友一起逛街。该项目利用数字化技术进行元宇宙的内容搭建和创作，按照真实比例搭建唐长安城建筑沙盘，打造了一个有百万居民的古代长安城。借助 AIGC 技术，早期体验用户可以参观唐长安城主体建筑的建设进程，甚至共同参与其未来的规划和建设，拥有跨时空的造物体验。该项目结合 VR、AR 等技术和虚拟数字人，优化数字场景的呈现方式和交互性，让用户能够全方位地感受不同景区或者城市的文化魅力和内涵，并根据不同的应用场景进行个性化的定制和升级。

由于文旅元宇宙尚处于导入阶段，"大唐·开元"项目在获客、留存和流量变现方面目前仍处于早期阶段，但作为一种理念性的创新探索，其也为文旅产业线上体验与线下 IP 有机融合提供了新的参考范式。首先，元宇宙 + AIGC 作为一种新型内容模式和价值载体，可以为文旅产品和服务提供更多样化、个性化、智能化的选择和体验。游客可以突破传统旅游时间与空间的局限，拥有更强参与感和幸福感的社交体验。有关"大唐元宇宙"的目标，在"大唐不夜城潮 Life"公众号中有这样一段描述："从利用数字化技术，让中国传统建筑在数字空间生动地复原和展现，让虚拟与现实的世界互动起来开始，最终实现用数字化技术，将真实世界中的所有物理存在物、秩序、规则转换为虚拟的形式，让人类可以参与，让虚拟与现实的世界互动起来，最终建立一个与真实世界平行的虚拟数字世界，从而达到全社会的'数字化转型'的目标。"

文旅产业的元宇宙化，从短期来看是一种商业行为，可以为文旅 IP 内容打造赋能，并吸引更多游客进入；而从长期来看，文旅元宇宙化的意义远不止商业噱头，更重要的是其为 AIGC、VR、AR 等技术辅助数字资产搭建提供了可持续的落地场景，成功的商业化运营有助于反哺相关技术发展，从而促进全社会其他领域的数字化转型。

AIGC 可以通过激光扫描、照片重建、三维建模等技术，将分散和流失的文博资源高精度地还原和复制，辅之以相应的进入体验程序向公众开放，这样突破了时间和空间的限制来拓展文物展示的范围和形式。另外通过深度学习、自然语言处理、图像生成等技术，将文博内容与游戏、动画、音乐等元素结合，并根据参观者的行为和偏好进行定制和推荐，可以增加文博展示的趣味性和互动性，创造沉浸式的参观体验，满足年轻人等新兴受众群体的需求。

（三）AIGC 在文旅用户端的应用

文旅用户端指的是旅游行业中的门户网站、应用程序或平台，是旅游者获取旅游服务和信息的主要入口。它是旅游行业与消费者之间的桥梁，为旅游者提供了旅游信息、预订服务、目的地介绍、景点推荐、交通规划等相关内容。而 AIGC 技术的兴起带来了人工智能和智能算法在旅游领域的广泛应用，推动了旅游行业的数字化转型和智能化发展。传统的旅游门户和在线旅行社（OTA）已经意识到利用 AIGC 的潜力，来满足旅游者个性化需求、提供更准确的旅游信息和增强用户体验。在笔者看来，文旅用户端可能会产生四个方面的重要变革。

1. 旅游 OTA 的发展方向将转变为如何适配或引入 AI 引擎

AIGC 浪潮将推动 OTA 将重心转向如何适配和引入 AI 引擎。传统的 OTA 主要提供线上预订服务，但随着 AIGC 技术的兴起，OTA 将积极探索如何利用 AI 引擎来提升用户体验和优化个性化推荐。AIGC 可以分析用户的偏好、历史行为和实时数据，通过机器学习和智能算法为用户提供更准确的定制化建议，帮助用户更好地规划旅行路线、选择酒店和安排活动，从而提升 OTA 的服务质量和用户满意度。

2. 基于 AI 的旅游私人助理将变为现实

随着 AIGC 技术的成熟，基于 AI 的旅游私人助理将成为现实。过去用户一般会通过旅行社或有相关经验的人士来获取旅游建议和帮助。然而，AIGC 的发展使得基于 AI 的虚拟数字人旅游私人助理成为可能。通过语音识别、自然语言处理和人工智能技术，旅游私人助理可以与用户进行交互，并根据用户的需求和喜好提供个性化的旅游建议、实时信息和解决方案。AIGC 技术可以驱动旅游私人助理的智能化，通过深度学习和情感分析等技术，更好地理解用户的需求并提供准确的回应。

3. 旅游领域可能出现新的基于 AI 的数据共享、价值共创模式

AIGC 浪潮可能推动旅游领域出现新的基于 AI 的数据共享模式。随着 AIGC 技术的普及，旅游相关的数据变得更加丰富和多样化，包括用户行为数据、地理位置数据、预订数据等。在过去，这些数据主要由各家旅游服务提供商独立使用，但 AIGC 技术可以通过数据挖掘和智能分析，促进旅游行业各方的合作与协同，推动数据共享平台的建设和运营。借助数据的互通互联，用户在不同时空下的场景化体验也有可能以新的模式进行共享共创，文旅线下的游历经历成为激活线上社交共创热情的素材，延长文旅消费链条，进一步提升附加值。

4. 文旅周边服务生态将借助技术手段完善和丰富

传统的文旅模式往往聚焦于景区内容本身，而容易忽略出行、住宿、饮食等周边产业对消费者体验的影响。而 AIGC 技术的出现，将有助于周边生态的整合管理和服务质量提升，进而提升游客的旅行体验。例如科大讯飞开发了一款定位酒店垂直行业的创新应用"酒店 AI 电话管家"。该应用聚焦酒店全流程接打电话场景，让 AI 高效完成重复性、流程化的工作，提升业务效率、减轻人员服务压力，让员工有时间专注高价值、精细化、高感受度的面客服务。除此之外，AIGC 技术还有很多其他的应用场景，如通过人工智能支持的即时翻译服务，游客可以轻松与操不同语言的房东和租车供应商进行实时的计划变更协商。机器学习模型的应用也能够自动通知游客，告知他们一些突发情况。AIGC 技术不断进步，将以更加精细和主动的方式来解决旅途中无法预见的困难，从而帮助文旅产业打破语言、文化、信息差等障碍，提供更全面、个性化的服务，让游客可以更深入地了解目的地的历史、文化和风土人情。

文化强国视域下数字文化产业高质量发展路径研究[*]

李嘉美[**]

摘　要： 数字文化作为我国社会主义文化强国建设的重要抓手，成为推动文化产业发展的新兴内容。数字文化是数字时代文化产业发展的必然趋势、文化市场繁荣的重要机遇和文化消费升级的必然要求。面对我国数字文化产业中存在的供给、消费、监管等领域的问题，要加快推动数字科技对文化赋能，扩容升级文化消费需求，优化数字发展环境，推动优秀数字文化"出海"，提升中国文化国际传播力影响力，推动我国数字文化实现高质量发展。

关键词： 文化强国　数字文化　高质量发展

"文化是一个国家、一个民族的灵魂。文化兴则国运兴、文化强则国家强。"[①] 建设社会主义文化强国是推动中国式现代化建设、实现中华民族伟大复兴的重要内容。当前，数字技术方兴未艾，与文化结合形成的数字文化产业成为新内容、新方向，数字文化产业的高质量发展对推动文化强国建设具有重要的意义。

---

* 基金项目：本文系北京市社会科学院重点课题：数字经济引擎赋能北京"两区"建设中服务业扩大开放路径研究（课题编号：KY2024B0215）的阶段性研究成果。

** 李嘉美，博士后，北京市社会科学院研究员，北京市习近平新时代中国特色社会主义思想研究中心特约研究员。

① 习近平：《习近平著作选读（第二卷）》，人民出版社，2023，第33页。

一　数字文化产业高质量发展是文化强国建设的内在要求

（一）文化产业数字化是数字时代的必然趋势

在当前的移动互联网时代，新一代数字技术深刻影响了经济和社会生活的方方面面，数字技术和数字经济快速发展，极大地改变了资源要素结构和产业结构，数字资源作为和资本、劳动力一样重要的要素，影响了价值链的重组，推动了经济社会实现革命性变革，使数字经济成为这个时代世界经济发展的重要引擎。我国数字经济总体规模大、产业形态多样、应用场景丰富，数字经济正在实现快速发展。2022年我国数字经济规模达50.2万亿元，总量稳居世界第二，占GDP比重提升至41.5%[①]，数字经济正在成为我国经济发展的重要支撑和重点方向。截至2022年底，我国互联网上网人数达10.67亿人，其中手机上网人数10.65亿人；我国互联网普及率为75.6%，其中农村地区互联网普及率为61.9%[②]。在文化领域，数字技术与文化产业的融合日趋紧密，数字技术对传统文化的整个产业链条都产生深刻影响，加速推动文化产业的数字化进程。人工智能、大数据、云计算等新一代数字技术与传统产业的深度融合，一方面提高了文化产业生产的效率，降低了生产成本；另一方面提升了文化产业的消费体验。目前，我国文化场馆正在推进数字化转型，文学阅读和艺术普及的数字化水平越来越高，我国数字文化阅读用户达到5.3亿人，网络文学作品超过3000万部[③]，数字文化已成为文化产业生产、管理和服务的重要趋势。

（二）文化产业数字化是文化发展的重要机遇

数字技术与文化产业的结合过程，对文化产业的设计、生产、传输与消

[①] 刘育英：《2022年数字经济规模50.2万亿元总量居世界第二》，https://www.sohu.com/a/678092285_119038。

[②] 国家统计局：《中华人民共和国2022年国民经济和社会发展统计公报》，https://www.stats.gov.cn/sj/zxfb/202302/t20230228_1919011.html?eqid=e78431d6000126e200000003642e2952。

[③] 董建国、王思北：《2022年我国数字经济规模达50.2万亿元》，http://m.xinhuanet.com/2023-04/27/c_1129574824.htm。

费都产生重要影响，对文化产业的发展实现赋能增效。数字技术借助屏幕，实现人与内容的交互体验，让消费者参与到数字产业的生产制作中，改变了传统文化产品单向输出的方式，特别是近期人工智能在各领域的广泛应用，进一步提高了文化的交互感价值。通过"5G+8K"、元宇宙、物联网技术等，可以实现实体世界和虚拟世界的无感切换，将技术与体验结合，通过虚拟现实、增强现实等技术，将消费者带入虚拟世界中，实现沉浸式体验现实世界，增强了用户的体验感、参与感和交互感，提升了文化产品的表现力、吸引力和附加价值。数字文化产业链不再是传统文化产业中的价值交换关系，相关的生产者和消费者的群体角色是不断变化的，在各生产要素共享、集聚、交换和耦合等过程中，创造出不同于传统文化产业的新业态和新模式。数字技术的应用还可以实现对比赛现场画面的放大、驻留、回访等，比赛现场使用的电子裁判就是数字技术与文化产业融合的例子。近年来，我国在光学动作捕捉、数字沉浸式光影等关键性数字技术上加大研发力度，推动重要软件和重大装备实现自主研发和安全可控，有效提升了我国文化产业的技术装备水平，为数字文化市场的发展提供了重要支撑，文化市场迎来重要的发展机遇。

（三）文化产业数字化是文化消费的时代需要

随着我国国民经济的发展和人民生活水平的提升，人民群众对于文化产业消费需求的要求越来越高，日益需要多样化、个性化的文化产品。虽然文化产业领域的市场化改革带来了更加灵活的文化产品生产方式，但一些文化产品的流水线作业和同质化竞争，与群众对文化产业的需求具有较大的差距。数字技术融入文化产业形成的数字文化产业，实现了文化的多元化、多样化生产。一方面数字文化产业的发展中产生了海量的数据，这些数据反映了市场对文化产业的需求指向。从供给端来看，这些数据可以帮助文化产业生产者精准掌握消费者对文化产品的个性化需求，他们采用个性化、订单式生产方式进行供给生产，实现文化供给的针对性和有效性，有效保证了文化产品的价值实现。随着我国数字技术的普及，城乡之间、行业之间通过互联网获取信息的差距越来越小，加之数字化手段加速了城乡公共服务一体化进程，高品质的文化产品和信息资源通过数字化方式与人们的文化需求有效对接，比如电视直播卫星公共服务、公益电影供给的多样化服务等农村公共数字文化服务等，有效改变了传统文化产业受到区位、资源、交通、社会分工等各方面因素影响的状况，有效缩小了各地区文化产品供给、交流、传播的差距。

二 数字文化产业发展存在的不足

（一）生产侧供给不足

创造性是文化产品的灵魂。在我国，数字文化产品的创造、生产和服务供给不足，与发达国家文化产业发展存在较大差距，如国内动漫行业的影视作品中，票房不足千万元的约有一半。[①] 行业内的创新能力不足，一方面是文化创意产业属于高技术服务行业，需要大量具有数字专业、设计专业、文化专业等领域知识技能和经验的复合型高水平人才，这些人才不仅需要高等教育的培养，更需要多年从业经验的历练，高素质文化创意人才缺乏影响了行业的快速发展。另一方面，企业关于专利、版权的保护意识不强，创意设计的抄袭侵权等现象还一定程度存在，有效影响了企业创新的积极性。加之我国文化产业市场化起步较晚，对文化产业的创新理解和积累还不够，有时过于依赖技术，追求手法新颖、追求绚丽的视觉效果，但在文化产品内容的挖掘和打磨上功夫不够，在文化产品价值上缺乏深度创新，优秀文化向数字文化产业转化不强，地方特色文化的保护和数字化开发不够，文化产品的同质化竞争现象仍然存在。

（二）消费侧分布不均

在消费领域，虽然数字文化的发展有效突破了传统文化产业有形的传输制约，特别是随着乡村振兴战略的实施，农村数字文化产品和服务供给日益丰富，众多数字文化产品和应用场景进入农家，但也要看到，由于农村在数

---

① 张晓欢：《数字文化产业发展的趋势、问题与对策建议》，《重庆理工大学学报（社会科学）》2021 年第 2 期，第 1~7 页。

字基础设施建设上与城市相比还有较大差距，农村公共文化设施、优质文化企业和文化人才相对缺乏。乡村文化产品的供给和消费与城市之间的差距仍不容忽视。同时文化产品消费与区域经济发展水平也密切相关，我国东西部间、城乡间、发达地区和欠发达地区之间的数字文化产品消费差距明显。[①]同时，大数据和人工智能等技术虽然可以根据消费者喜好进行精准供给，也会形成"信息茧房"，使消费者长久接受某一类或某几类信息，而其他信息被自动屏蔽，加速了知识结构的固化。随着文化产业生产的速度化、娱乐化和传播的精准化，消费者的文化消费日趋碎片化、虚拟化，又对文化产品的多样性、创造性产生了反噬。

（三）管理侧监管不够

数字化丰富了文化产品，带来了文化市场的空前繁荣。但数字文化产品鱼龙混杂，元宇宙等新概念吸引了众多文化企业涌入，存在短期逐利和恶意炒作等行为。文化产品符号化简单拼贴，产生文化产品的侵权现象，加之文化产品的数据安全等，都为数字文化的监管提出了新的命题。[②]数字文化领域作为新兴产业，涉及数字技术、文化创作等众多领域，由于科学而完善的配套标准和监管体系尚未建立，监管部门对数字文化产品的交易监管还存在盲区，对违规违法数字文化产品或平台的处罚还依据传统文化产品的执法标准，存在处罚较轻等问题。同时，由于数字文化产品多在互联网上发布和传播，如何应用区块链等新技术进行版权确定、数字藏品认证等，还没有统一的标准和操作流程。[③]文化数据的造假、数据泄露和篡改等问题也急需管理部门加强相关制度建设，堵住数字文化的监管漏洞。

① 张跃飞：《我国数字文化产业发展存在的问题及对策》，《鄂州大学学报》2019 年第 4 期，第25~26 页。

② 向勇：《数字文化产业高质量发展的融合机制：连接、赋能与共生》，《人民论坛·学术前沿》2022 年第 23 期，第 32~39 页。

③ 伊馨、陈伟雄：《数字文化产业的安全风险及其对策》，《中国社会科学报》2022 年 3 月 24 日。

三　数字文化产业高质量发展路径研究

（一）促进科技和优秀文化融合，培育数字文化核心竞争力

数字文化的发展依靠数字科技的不断进步，也需要文化创意的不断提升。要加快推动我国数字文化领域核心技术装备研发、核心数字软件开发等，掌握数字技术装备的自主权。[①] 要充分挖掘我国传统文化艺术基因，以优秀的文化内核来打动人心，满足人们的文化期待。在人类文明史中，中华文明源远流长，深厚的中华优秀文化以不同载体保存延续下来，成为中华文化的历史内核。中国汉字书法、国画、雕塑、建筑、经典文学作品以及历史名胜古迹等，为文化产品的数字化提供了充足的素材和养分。在数字经济时代，我们要充分利用数字技术结合中华文化的灵魂和根脉，创作出具有中华文化基因和时代文化特色的文化精品。[②] 要坚持将数字技术贯穿于文化产品生产、传播和消费的全流程，满足数字文化消费者多元化的文化产品需求，要在客观层面推进文化产品内容创新、形式创新和技术创新，用新技术、新形式和新手法赋予中国优秀文化新的时代内容。河南卫视的《唐宫夜宴》节目曾火遍全网，让人们感受到互联网背景下中国文化的魅力，其创作的过程就是现代技术与传统文化的成功结合。节目采用"5G+AR"技术，以《簪花仕女图》《千里江山图》等名画为背景，将莲鹤方壶、贾湖骨笛等文物的虚拟影像作为重要元素，将虚拟与现实结合，让人们身临其境地感受到盛唐的大美景象和雍容华贵。要针对文化多样化需求，借助现代技术对文化产品进行多元化重构，让用户在快时代生活中，通过终端接收到不同形式的文化产品，节省文化产品的搜索时间。应通过数字技术赋能，利用我国优秀文化孵化出更多具有中国精神、时代特色的文创精品[③]。

[①] 张鲜艳、王振宇：《科技创新赋能数字文化产业高质量发展路径探析》，《科技风》2022 年第 11 期，第 14~16 页。

[②] 陈知然、庞亚君、周雪等：《数字赋能文化产业的发展趋势与策略选择》，《宏观经济管理》2022 年第 10 期，第 70~76、90 页。

[③] 李凤亮、周梦琛：《数字文化产业视野下的传统文化创新》，《文艺理论研究》2022 年第 6 期，第 12~19 页。

（二）推动文化消费扩容升级，增强数字文化内在驱动力

我国正在构建以国内大循环为主体、国内国际双循环相互促进的发展格局，经济发展由出口拉动转向内需驱动。文化领域的发展同样需要扩大内需的消费水平，将数字文化产品的内需作为驱动产业发展的主要动力。要加大公共文化事业的支出，关注数字新基建的建设推广。数字文化企业的创新链、供应链以及用户的消费链，都离不开数字新型基础设施，应持续推动数字文化公共配套设施建设，提升数字文化产品的整体供给能力。[①] 充分利用数字文化公共服务空间，推出更多新颖的沉浸式、互动式、体验式的文化消费场景，提升数字文化的体验水平，扩大数字文化的创新成果展示空间和应用场景。要充分利用大数据等新一代信息技术，为消费者定制符合个性化需求的数字文化产品和丰富多样的数字文化消费场景，扩大数字文化的消费需求。要高度关注文化发展的不平衡问题，推动数字文化在农村地区及偏远地区的普及，一方面要加大对农村数字基础设施建设和文化公共设施建设的投入力度，用网线拉近农村地区与城市的距离，通过现代信息技术实现文化产品和服务的共享。推动农村地区公共文化设施、文化场馆的配套建设，为数字文化产品的传输、展示和消费提供场所。另一方面要加大农村数字文化产品的创作和供给。我国农村乡土文化资源丰富，孕育了很多有特色的地方文化产品，要积极挖掘特色乡村文化，将其与数字技术密切结合，整合经济信息、农特产品和乡村文化资源，形成更加多样的乡土文化生产、传输和消费模式。通过持续扩大城乡文化消费市场，推动数字文化产业转型升级。

（三）优化政府数字治理环境，夯实数字文化发展的支撑力

良好的数字治理环境是数字文化健康发展的土壤。要创新政府治理模式，探索构建政府、企业、社会和科研院所多方协同参与的服务模式，全面推进数字文化发展环境优化。建立数字思维、提升数字创新能力，推动文化产业向着数字化方向转型，建立数字文化产品创新的容错纠错机制，对于数

---

① 秦开凤、张陈一轩：《新发展格局下数字文化消费的内涵、潜力与发展路径》，《东岳论丛》2022 年第 12 期，第 17~26 页。

字文化的新模式、新业态，坚持包容审慎监管原则。要加强对数字文化知识产权方面的保护，合理运用数字技术保护传统文化产品的知识产权。探索利用大数据、物联网、云计算等技术，加强数字音乐、流媒体视频等新兴文化业态的知识产权保护。①通过数字文化知识产权全链条服务保护文化产品创作者的合法权益和创作积极性。要加强数字文化创新人才的引进和培养，根据数字文化发展的方向和市场需求，制定有针对性的数字文化人才引进和培育政策措施，加大数字文化高端人才和紧缺人才，以及科技领军人才和团队的引进力度。加强对相关团队和人才在文化创作、生产方面的支持，为成果转化、项目落地提供良好的环境，为数字文化产业创新人才的发展提供强力支撑。②完善数字文化产业扶持培育体系。文化企业是数字文化产业高质量发展的市场主体，完善数字文化企业的科技创新支持政策，对数字文化创意、生产、销售、消费等薄弱环节加大支持力度，对数字文化发展中的重点领域加强政策倾斜。建立数字文化产业的科技创新型企业阶梯培育体系，形成从创新创业团队到中小微企业再到龙头企业的全生命周期的培育流程，推动传统文化企业数字化转型，鼓励小微文化企业不断做大做优做强。

（四）加快推动数字文化出海，提升数字文化国际传播力

随着国际经贸交流日益频繁，中国文化对世界的影响越来越大。中国企业"走出去"传播推广具有中国特色的数字文化产品，既是文化企业发展壮大的客观需要，也是建设社会主义文化强国的必然要求。文化企业要立足中国优秀的文化基因，充分运用自身优势创作优质数字文化产品。发掘优势中国文化海外消费的新路径，要充分借助国际展览、国际赛事、国际会议等国际交流和合作平台，将数字产品和活动定位、区域文化有机融合，将数字文化与自身业务、产品和品牌有机结合，融合传播，运用国际视角做好国际文化传播。③要充分借助国内、国际和目的地国的主流媒体的强大传播渠道和

① 李林博、王冉、章激扬：《"双循环"新发展格局下中国数字文化产业发展研究》，《中国市场》2022年第17期，第182~184页。
② 詹绍文、耿鑫悦：《我国数字文化产业高质量发展路径》，《经济研究导刊》2022年第32期，第36~38页。
③ 于凤霞：《开启数字文化消费"蓝海"》，《信息化建设》2022年第9期，第50~52页。

内容创作能力，开展数字文化产业设计、制作、传播等全流程的合作，提升数字文化产品的传播效果。社交平台具有信息传播快、受众覆盖广等特点，企业要充分利用海外社交平台上数字内容传播的独特优势，推动数字文化产品在国外市场的传播。数字文化企业要不断挖掘地方特色文化，提供具有世界意义和价值的内涵，用数字技术将文化的内核价值生动展现出来，依托国际社交平台打造有影响力的中国文化产品。要整合智库、高校、民间机构资源，通过多层次的人才培养、学术交流等活动，宣传推介中国数字文化产品。通过与海外文化机构的对话交流，为中国文化企业"走出去"提供智力支持，营造良好氛围，拓展不同国家、不同民族之间文化交流的新路径，推动中国文化和世界文化的交融互鉴。加强对海外市场数据隐私、知识产权、文化政策等领域的研究，积极参与国际数字文化规则标准制定，不断提升我国文化产业品牌在全球文化产业链、价值链中的地位。

新征程中中国文化产业高质量发展的新使命
——基于文化数字化视角*

陈能军　彭曦阳**

摘　要： 党的二十大报告强调"实施国家文化数字化战略"，文化数字化已进一步成为建设社会主义文化强国、推动文化产业转型升级的战略选择，同时也为中国式现代化新征程中文化产业在国际交往、价值治理和技术融合方面的高质量发展提出了若干新使命。在国际合作层面，文化产业肩负着展形象、通民心、强话语、增互信和促合作的全新使命；在价值治理层面，文化产业要在以文化人、以文育人、以文载道和以文治理等领域积极发力；在技术融合层面，文化产业发展要聚焦夯实技术融合基础、加速文化产业新变革、拓展新业态、培育新路径。

关键词： 文化产业　文化数字化　高质量发展　新使命

建设社会主义文化强国，必须以社会主义文化产业高质量发展作为经济基础。党的二十大报告指出，"全面建设社会主义现代化国家，必须坚持中国特色社会主义文化发展道路，增强文化自信，围绕举旗帜、聚民心、育新

---

* 基金项目：本文系深圳市哲学社科规划重点课题"城市文明典范：丰富拓展人类文明新形态的深圳实践研究"（项目编号：SZ2023A005）的阶段性成果；2019 年上海市哲学社会科学规划一般项目"上海数字创意产业贸易潜力、技术效率及影响因素研究"（编号：2019BJB013）的阶段性成果。

** 陈能军，博士，南方科技大学全球城市文明典范研究院副教授；彭曦阳，硕士，深圳市国元文化产业研究院研究员。

人、兴文化、展形象建设社会主义文化强国，发展面向现代化、面向世界、面向未来的，民族的科学的大众的社会主义文化，激发全民族文化创新创造活力，增强实现中华民族伟大复兴的精神力量"，同时提出要坚持让"中华优秀传统文化得到创造性转化、创新性发展"以及"实施国家文化数字化战略"①，这对中国文化产业高质量发展提出了新的要求。文化产业要勇担全面助推中国式现代化新使命，成为"铸就社会主义文化新辉煌，推进文化自信自强"的主抓手，就必须充分挖掘其精神内核赋能与现代产业构建的叠加属性、功能，在国际合作、价值治理和技术融合等三大领域创新变革、再谱华章。

一 文化产业的国际合作新使命

万物并育而不相害，道并行而不相悖。中国式现代化不是孤立的现代化进程，而是将中国的发展融入国际竞争与合作的新常态，需要通过文化数字化的手段加快中国与世界的交流和共享，全面促进经济与文化的国内国际双循环。

（一）展形象：坚定文化自信讲好中国故事

展形象是新时期我国思想文化宣传工作的重要任务，文化产业要成为这项工作的主要阵地。首先需要明确"向谁展示""展示什么""用什么展示"的问题。我们展示的对象是中国以外的世界，是中国人以外的世界人民，展示的内容是中国的国家形象，展示的手段是文化手段、传播手段和现代技术手段。党的二十大为中国新时期文化事业和文化产业发展指明了新的前进方向："推进文化自信自强，铸就社会主义文化新辉煌。"② 文化产业既要成为中国形象的代言人，又要成为完美展示的器物工具，要在"推进国际传播能

---

① 习近平：《高举中国特色社会主义伟大旗帜 为全面建设社会主义现代化国家而团结奋斗——在中国共产党第二十次全国代表大会上的报告》，《人民日报》2022 年 11 月 1 日。

② 习近平：《高举中国特色社会主义伟大旗帜 为全面建设社会主义现代化国家而团结奋斗——在中国共产党第二十次全国代表大会上的报告》，《人民日报》2022 年 11 月 1 日。

力建设，讲好中国故事，展现真实、立体、全面的中国，提高国家文化软实力"等方面有所作为①。其次要利用好文化数据这一国家、民族的核心信息资源，通过数字化手段构建全媒体传播渠道，通过开放网络向世界传播中华优秀传统文化、中国特色社会主义先进文化。

（二）强话语：建立文化专网发出中国声音

话语权在一定程度上就是各种文化、道路、理论和制度的舆论控制权。现代世界体系形成以来，国际话语权在很大程度上被西方各国牢牢掌控。表现在文化数据上，则是以美国为代表的西方国家对全球互联网的霸权操纵。文化数据，特别是文化基因数据，是一个国家和民族的核心资源，要将文化基因数据放在同生物基因数据同等重要的高度上，像保护生命一样保护文化基因。关键是要完善国家文化专网建设，确保中华文化永远闪耀在世界舞台上，确保党和政府与人民群众之间的联系畅通无阻，确保世界舞台的中国声音越发响亮。

改变国际话语权体系长期以来的"西强东弱"局面，需要构建独立自主的文化产业体系、文化传播体系、文化创新体系，警惕西方文化外衣下的意识形态渗透，"坚定道路自信、理论自信、制度自信、文化自信，以更加积极的历史担当和创造精神为发展马克思主义作出新的贡献"②，以中国式现代化的伟大实践奠定马克思主义中国道路的国际话语权。

（三）增互信：在文化博弈中增进多边互信

相互信任是国际合作的前提，增进多边互信的关键是强化国际主体之间长时段、多频率的重复博弈。多元文化之间虽存在差异，但不必然导致激烈的文化冲突。相反，不同文化之间的兼容并包、相互尊重、求同存异，才是人类文化的共同繁荣之道③，信任源于交互博弈，文化博弈带来的文化认同

---

① 陈能军：《发展数字产业 推进国际传播能力建设》，《中国社会科学报》2017年12月28日。
② 习近平：《高举中国特色社会主义伟大旗帜 为全面建设社会主义现代化国家而团结奋斗——在中国共产党第二十次全国代表大会上的报告》，《人民日报》2022年11月1日。
③ 李凤亮、宇文曼倩：《"一带一路"对文化产业发展的影响及对策》，《同济大学学报（社会科学版）》2016年第5期，第48~54、60页。

和文化包容是更深层次的，影响深远、历久传承、世代铭刻，甚至能够影响民族气质以及文化记忆的相互信任。

在数字化时代，更顺畅地实现文化博弈，必然离不开沟通方式的在场性。以文化数据化为媒介、文化产业为通道、文化消费为依托、文化包容为目标，多重交流、深入了解，夯实各国之间的文化交往"信用基础"，为各国文化"征信系统"积淀更加丰富的博弈记录。文化产业的高质量发展与共同体多边信任机制的构建，在作用形式上有着同一性，促进文化产业高质量发展的制度措施在客观上也能同步促使互信的建立。①

二 文化产业的价值治理新使命

新时期文化数字化引领文化产业高质量发展的价值治理新使命包含了价值孕育、价值蕴含和价值引领三个层面的意义，具体而言分为以文化人、以文育人、以文载道和以文治理四个方面的内容，这几个方面中的"文"均为具体的文化产业，而非抽象的"文化"内涵。

（一）以文化人：让文化产业回归文化的本质

坚持新时期文化产业以文化人的新使命，就是要强化文化产业育才强才的新担当。以文化产业为端口，发挥文化产业在培育人才、价值孕育过程中的启迪心智、陶冶情操作用。

对于互联网时代"数字原住民"的"90后""00后"，创新文化传播形式让中华优秀传统文化、社会主义先进文化入脑入心，成为以文化人的关键。数字化时代为传统文化在青年群体中的现代化传播建立了有效的渠道，比如河南卫视的"奇妙游"系列节目，向世界讲述着中华上下五千年深厚而精彩的中国故事，不只在卫星台播出，还大力借助新媒体的传播方式"出圈"，让年轻受众对国家文化产生空前的认同，这是数字化时代下的成功案

---

① 陈能军、李凤亮：《数字创意产业对于"一带一路"跨区域嵌入的耦合意义——基于区域个体异质性的视角》，《江西师范大学学报（哲学社会科学版）》2020年第4期，第86~95页。

例。文化产业实现以文化人的本质，实际上是让文化产业回归文化的本质。马克思主义关于文化本质问题的探讨强调"文化即是人化"，文化是人的社会实践和自然改造的起点和终点，是"人化的自然"和"自然的人化"的有机统一。

（二）以文育人：人本质上是文化的人

坚持新时期文化产业以文育人的新使命，更加强调人才培育目标结果的产出，更加注重以人为物质基础的价值在孕育成形之后的考量。文化产业担当培育人才的使命，要将人的发展与中国特色社会主义价值体系融为一体进行综合考虑，必须培育符合特定社会期望、符合特定社会价值取向的人才。中国特色社会主义理论以马克思主义为指导，主张人的全面发展是自身一切理论发展的最高目的，"人，本质上就是文化的人，而不是'物化'的人；是能动的、全面的人，而不是僵化的、'单向度'的人"[①]。因而，以文育人还应该包含更深层次的人的自由全面发展这一意蕴。

新时期的文化产业要成为人的全面发展的有力途径，离不开文化数字化这一工具的高效利用，文化数字化要以满足人的多层次需求为根本目的。根据中国互联网络信息中心（CNNIC）25 日发布的第 49 次《中国互联网络发展状况统计报告》，截至 2021 年 12 月，中国网民规模达 10.32 亿人，较 2020 年 12 月增长 4296 万人，互联网普及率达 73.0%，美食博主、网红 IP 接连涌现，短视频、网络文学、直播等新型文化业态不断蓬勃发展，在此背景下，发展数字文化消费新场景、提升数字文化消费新体验成为新时期满足人民美好生活向往的重要载体。另外，育人更是为了可持续的人之"类"的发展及其"自然"的发展环境的协调发展，因此，要丰富数字文化的仓库，并做好类目保存和随时调取工作。

（三）以文载道：以文化原料烹饪中国价值观大餐

士以弘道，文以载道。新时期文化产业肩负着为时代含蕴高尚风范、明

---

① 习近平：《之江新语》，浙江人民出版社，2007，第 150 页。

扬楷模风尚、引领美好风格的历史使命，应该为时代明德。通过文化内容的产品形式加强和改进思想政治工作，以灵活的线上线下方式、鲜活的艺术创新形式推进新时期文明实践中心建设，不断提升人民思想觉悟、道德水准、文明素养和全社会文明程度，坚持以文化的产业之花孕育全社会、全覆盖、全维度的道德之果。

创新文化产品的内容形式、以灵活的线上方式推进新时期文明实践就是文化数字化的工作方式。以海量数据为载体的文化事业得到发展，数字博物馆、数字图书馆、中国古典文献数据库纷纷建立起来，为文化产业和文化事业的发展助力，也为社会主义核心价值观的传播提供更先进的渠道。此外，通过数字化的方式坚持以人民的立场为立场、以人民的表达为表达、以人民的塑造为塑造、以人民的需要为需要来生产、创新、发展人民的文化，人民是文化产业高质量发展最为中心的出发点和落脚点。

（四）以文治理：文化治理内化于国家治理之中

新时期文化产业的高质量发展应该为文化治理提供助力。文化治理既是"文化的治理"，又是"文化地治理"。前者强调文化领域的治理，后者强调治理的文化方式。在治理与文化产业的结构关系中，治理应该符合文化产业的发展规律，"文化治理、国家治理不仅要迎合文化产业的发展趋势，还要深谙文化产业动态发展机理，实施预见性治理"[1]。要实现这一要求，就是要通过大数据的方式找到文化产业发展的普遍规律，并利用这一规律为文化产业的数字化发展服务。

文化是一定治理范围的根和魂，任何区域、任何结构、任何发展程度的社会形态及其运行机制，都不能摆脱文化的制约，治理体系亦然，因而文化治理的作用机制也是多向互动地对社会进行"潜移默化"治理的过程。比如在基层治理结构中，文化治理能够以数字化的方式通过自治、德治、法治三重治理维度发挥多样化的作用，这就是治理的文化方式。

---

[1] 解学芳：《文化产业、文化权益与政府规制逻辑：兼论文化治理》，《毛泽东邓小平理论研究》2016 年第 3 期，第 42~49 页。

三 文化产业的技术融合新使命

当前，人类文明正处在进入数字化、智能化社会的门口，而文化与科技的相互促进与融合发展越来越成为突出特征。党的二十大报告对文化产业高质量发展的精准要求中，"健全现代文化产业体系和市场体系"成为集中表述。现代文化产业体系必须突破传统文化产业结构，通过现代技术及其融合形态，不断创新社会主义文化的内容和形式、提升文化服务效能、增强群众文化体验感，为新的文化产品和文化场景增效、提质、赋能，不断创造出更大的产业价值。

（一）夯实技术融合基础：培育新业态、变革新兴产业

夯实技术融合基础，要用好国家战略性资源，即有线电视网络设施。我国以电信网为基础的公网已建设成熟，现阶段要建设完善以有线电视网络为基础的专网，让有线电视网络永远掌握在我们自己手里。国家文化专网要统筹有线、无线、卫星协调发展，形成一个兼具宣传文化和综合信息服务功能的可管可控、安全可靠的新型智慧融合网络；要加强有线电视网络作为意识形态领域主渠道、主阵地的作用，为更好地满足人民群众多样化的精神文化需求，提高我国文化的传播力、引导力、影响力、公信力服务，真正实现电信网、广播电视网、互联网的"三网融合"。

数字文化产业作为数字经济的重要组成部分，应该承担其时代使命，紧紧迎合并融入包括国家文化专网在内的新型信息基础设施建设，进一步完善数字文化产业发展的基础设施，进一步优化创新环境，加快推进新业态的培育和新兴产业的变革。

（二）加速文化产业新变革：新场景应用、生产模式和价值分配

新技术发展与变革正在加速数字文化产业新场景应用。例如在 VR/AR 领域，利用新一代信息网络能够解决 VR/AR 数字产品在渲染力、体验性和终端移动性等方面的不足，推动数字文化产业转型升级，创新在新闻传播、娱乐游戏、文旅融合等行业的数字化场景应用。

新技术发展与变革正在加速数字文化产业生产模式变革。一是全民创作的模式变革，比如依托数字技术，短视频、自媒体、网红直播等新型内容创作模式将爆发更加强大的生命力，数字创意内容生产具有了更强的移动性、即时性和互动性，人人都可以是内容产品的创造者以及传播者。二是内容定制模式变革，比如粉丝经济作为一种文化创意 IP 的经济形态，本质上就是粉丝群体性"个性化定制"的发展产物，粉丝经济的内容产品（如网红明星）在生产过程中，必须符合粉丝对于被追求对象的一致性精神预期。三是数字化协作模式变革，数字创意消费群体越来越对 IP 生产提出了更为精细而复杂的要求，IP 成为一种有故事内容的人格载体[①]，要满足其需求必然要加强内容生产者的专业性分工，通过新技术增强数字化协作将越发重要。

新技术发展与变革正在加速数字文化产业价值分配变革。文化产业与新技术融合发展下的数字文化产业生态，应该相较传统文化产业更为简洁，即将内容生产端与消费端的关系变得更为垂直与扁平，来保障产业利润分配链的简洁性。此外，新的产业价值分配变革还在内容生产端与技术载体之间产生，在传统的文化创意产业市场，技术载体或技术平台往往占据更有利的位置，而进入数字化成熟阶段，去中心化将大大削减技术平台的价值分配权限，逐渐形成以内容生产端为中心的产业价值分配模式。

新时期文化产业高质量发展促进国际交流与合作，要立足于新的国际经济与社会发展格局，传播中华文明，促使不同文明互融、互学、互鉴。"任何一种文明，不管它产生于哪个国家、哪个民族的社会土壤之中，都是流动的、开放的。这是文明传播和发展的一条重要规律。"[②] 新时期文化产业高质量发展拓展了国家治理新内涵，这既具有深刻的中华优秀传统文化印记，也折射了新时期下新治理理念的光辉。中国史典常以"文成武就""文治武功"作为评判一个历史时代光辉与进步与否的重要标志，文化

---

① 向勇：《"创意者经济"引领数字文化产业新时期》，《人民论坛》2020 年第 7 期，第 130~131 页。

② 习近平：《在纪念孔子诞辰 2565 周年国际学术研讨会暨国际儒学联合会第五届会员大会开幕会上的讲话》，http://www.xinhuanet.com//politics/2014-09/24/c_1112612018.htm?from=timeline&isappinstalled=0&wd=&eqid=eeb22a1f00061be8000000026486d0d8。

发展成就、文化治理功绩是深入人心的评判标准。新时期文化产业高质量发展实际上是文化产业与技术创新双向互动的必然结果，产业与技术的互利共赢也一定是文化产业的新使命。文化产业作为新技术融合创新的重要载体，能夯实新技术在文化产业和文化领域的融合创新的制度基础，持续激发新的文化消费动能。

博物馆"活态化"发展中数字媒介的叙事研究[*]

李 鑫[**]

摘 要： 在新技术推动下人类实现了从信息时代到数字时代，再到人工智能时代的飞跃式发展，这一进程对博物馆提出了全新的挑战。面对挑战，博物馆发展需要汲取非物质文化遗产保护中"活态化"的成功经验，以焕发新的生命力。多感官、可交互、可生产、可共享的数字媒介是博物馆"活态化"发展重要的组成部分，本文通过梳理国内外与博物馆相关的叙事学发展现状，发现当前国内博物馆数字媒介使用中存在的问题。通过借鉴已有的叙事学理论，研究数字媒介叙事结构，分析受众认可度高、体验好的数字媒介作品中的叙事学应用范式，探索提出博物馆"活态化"语境下数字媒介的新型叙事结构，并展望未来博物馆中叙事结构研究的重点、难点和发展趋势。

关键词： 博物馆 活态化 叙事 数字媒介

21 世纪在互联网、大数据、人工智能等新技术的推动下，人类实现了从信息时代到数字时代再到人工智能时代的快速飞跃。元宇宙（Meta）的提出，更将人类沟通交流和信息传播从三维空间拓展到虚拟的四维空间。博物馆作

* 基金项目：北京联合大学 2021 年校级教学科学研究课题"基于学科知识重构的混合式教学模式研究"（项目编号：JK202118）的阶段性成果之一；高等教育学会 2023 年度高等教育科学研究规划课题"以设计素养为目标的混合式课程教学方法研究"（项目编号：23SJ0402）的阶段性成果之一。

** 李鑫，北京联合大学讲师。

为文化传播交流的三维空间，在新技术、新生态、新公众的推动下要面临新挑战，这种挑战促进博物馆的发展和转型。2014 年习近平主席在巴黎联合国教科文组织总部发表的演讲中提出，让"收藏在博物馆里的文物活起来"，而"活起来"明确指出了博物馆未来如何发展和转型。2021 年 11 月 24 日，中央全面深化改革委员会第二十二次会议审议通过了《关于让文物活起来、扩大中华文化国际影响力的实施意见》，再一次强调了"活起来"的重要性。博物馆已经不再是单纯的非营利性机构，而是成为一种创造性媒体，是促进文化参与技术改革的催化剂[1]。"活态化"一词近年来在非物质文化遗产保护中已经初见成效，这也为博物馆发展和转型提出了一个崭新的视角和方法。

从 20 世纪 80 年代开始，博物馆的核心功能逐渐外化，这一趋势在进入 21 世纪之后进一步加剧，进而带来了一系列"新的博物馆现象"[2]。当今时代，人类生态环境转变和重塑，博物馆作为人类文化交流、沟通、传播的空间在面对巨大挑战的同时，也迎来了前所未有的发展机遇。2021 年国际博物馆日以"博物馆的未来：恢复和重塑"为主题。博物馆重塑需要打破传统物理空间静态沟通，努力探索一种"活态化"的沟通途径。叙事表达作为传统博物馆空间展示的主线，其"单向性""线性""单一性""权威性"的特征已经无法适应受众对博物馆多元化、多维度、多感官等的新需求。传统博物馆是给定的、居高临下的、灌输式的叙事模式，应和的是观众对于博物馆的朝圣感体验，是一种"接受性"媒介关系[3]。要研究构建博物馆"活态化"叙事结构，重塑博物馆媒介关系，需要在叙事学理论已有研究成果的基础上，探索博物馆语境下的叙事新理论和新范式。

一 博物馆"活态化"发展的必然性

17 世纪 80 年代，出现了世界博物馆史上第一个具有近代博物馆特征的

---

[1] 简·基德：《新媒体环境中的博物馆：跨媒体、参与及伦理》，胡芳译，上海科技教育出版社，2017，第 5 页。

[2] 中国博物馆协会登记著录专业委员会编《中国智慧博物馆蓝皮书 2020》，中国书籍出版社，2022，第 46 页。

[3] 李彬：《博物馆的媒介关系、媒介叙事与媒介伦理》，《艺术评论》2021 年第 3 期，第 87 页。

博物馆，这就是 1682 年向公众开放的英国阿什莫林博物馆[①]。进入 21 世纪，博物馆发展面临资金短缺、展陈传统、缺乏创新等诸多问题，促使博物馆从业者不断思考和创新。从图 1 所示近十年来世界博物馆日主题的变化，能够清晰发现博物馆发展去中心化、以人为中心、研究人和物之间的关系、破除壁垒、融合新技术新媒体等努力。

图 1　2012~2021 年世界博物馆日主题

博物馆也在进行着自我调整，传统博物馆几乎只关注对物质性遗产的收藏保存，也就是那些在物理意义上存在的实物[②]。博物馆将不是——如果曾经是的话——一个仅仅负责物品搜集、保存、分类和展示的机构[③]。进入 21 世纪，国内博物馆的数量和参观量与日俱增，2020 年国内博物馆已经达到 5788 家，平均每 24.39 万人拥有一座博物馆。博物馆传统静态媒介面临多维

① 王宏钧：《中国博物馆学基础》，上海古籍出版社，1990，第 63 页。
② 中国博物馆协会登记著录专业委员会编《中国智慧博物馆蓝皮书 2020》，中国书籍出版社，2022，第 46 页。
③ 罗杰·迈尔斯、劳拉·扎瓦拉：《面向未来的博物馆：欧洲的新视野》，潘守永等译，北京燕山出版社，2007，第 181 页。

度、智能化、多通道的数字媒介的挑战，受众对博物馆的需求从单一的"接受性、单向性"媒介关系转化为"共创性、共享性、共生性、双向性"的媒介关系（见图2）。而要想构建这种媒介关系，博物馆需要打破物理空间的壁垒，借鉴我国非物质文化遗产"活态化"的发展理念，让文物、文化等真正"活"起来，构建一种"活态化"的发展路径。

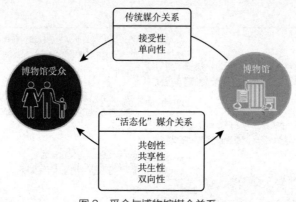

图2 受众与博物馆媒介关系

国内现有博物馆中数字化、虚拟化、互动性、体验性的数字媒介的呈现形式，只是传统实物媒介的拓展和延伸。其中大部分数字媒介都是数字媒介对实物媒介的再媒介化过程，并不能满足当代受众所希望的共创性、共享性、共生性、双向性的媒介关系。比较常见的情况是，博物馆只是简单借助数字技术将实体博物馆换了一个现场，不少采用数字技术的项目出现了信息孤岛现象[①]。出现以上现象的根源在于并没有把博物馆当作一个活态的系统，而仅仅将割裂的实物媒介、数字媒介摆放在物理空间中。叙事学作为建构博物馆"活态化"系统的理论基础之一，它的影响力日益显现，尤其是面对新媒介的介入，在博物馆语境下的叙事学研究显得至关重要。

二 国内外博物馆语境中叙事学的发展概况

叙事学的发展与媒介发展紧密相关，媒介从纸质转变为动态媒介后，叙

---

① 游庆桥、王智玉：《中国智慧博物馆蓝皮书2020》，中国书籍出版社，2022，第49页。

事学也从文学领域延伸到电影领域。英国数字遗产专家罗斯·帕里提出:"博物馆终究是一个媒介,它们拥有一个共同的状态——一个独一无二的、三维的、多感官的社会媒介,知识在其中以空间形态传播。"同叙事学在文学和影视领域取得的丰硕成果不同,直至20世纪90年代前后,叙事学才被应用在博物馆领域,对博物馆空间设计和展示设计等方面产生影响。1992年,米克·巴尔首次将叙事理论中的叙述聚焦、叙事声音和时间等概念运用于分析美国自然历史博物馆的展览,提出了一种新的博物馆阅读方式[①]。2000年以后,伴随着数字技术、互联网和近年来人工智能的发展,国外的研究者也尝试研究新媒体环境中的博物馆。2013年,美国博物馆联盟(AAM)以"故事的力量"为主题召开年会,邀请与会代表一起探索博物馆中故事的力量和影像[②]。2015年出版的《新媒体环境中的博物馆——跨媒体、参与及伦理》一书中,作者简·基德(Jenny Kidd)提出:"我认为博物馆叙事是多样的、不一致的、重叠的,而不是预先设定好的、完整的或者完美的,它们在不同的地方,以不同的方式供人们访问。"

而面对新兴技术,尤其是数字媒介的介入,当代西方最富有理论创新意识的叙事学家 Marie-Laure Ryan 在2005年出版的 *Avatars of Story* 中创新提出了"文本构架"与"互动性模式",为数字文本中的"互动悖论"(即叙事的线性同读者参与的非线性之间的矛盾)提供了一个解决方案[③]。另外的研究者则聚焦于数字化游戏设计中的交互式叙事方法的研究。Chris Crawford 2012年出版的 *Chris Crawford on Interactive Storytelling* 第二版中就对"交互式叙事"与"叙事"的区别做了清晰的解释,并将该范式应用于数字化游戏设计中。但对于数字化语境中博物馆特定空间的媒介融合叙事学新理论和新范式的研究依然处在探索阶段。

国内直到2000年以后,叙事理论才逐渐进入博物馆学的研究视野中。2009年,北京大学的宋向光及其学生刘佳莹共同发表了题为《博物馆的媒

---

① 李明倩:《博物馆叙事研究综述——兼论展览叙事核心议题》,《自然科学博物馆研究》2019第9期,第6页。

② 王芳:《活力与故事的力量——美国博物馆联盟2013年年会纪实》,《中国博物馆》2013年第3期,第122页。

③ 张新军:《数字时代的叙事学》,四川大学出版社,2017,第4页。

介优势——结构主义叙事学视角的博物馆展览试析》一文，由此开启了在实践和理论层面对博物馆叙事的持续研究[①]。特别值得注意的是2014年张婉真的《当代博物馆展览的叙事转向》一书，该书对展览叙事的基础问题，如构成特征、存在限制、真实性和虚构性等展开了系统阐释，是国内第一部从叙事理论出发，针对博物馆展览叙事的学术专著，颇具价值和影响[②]。从2017年至今，越来越多的博物馆领域研究学者、博物馆从业者以及媒体传播、数字艺术设计等相关专业的学者开始更加关注叙事学对博物馆展示、数字媒介新技术的应用、体验式和沉浸式观众体验等方面的研究。2018年，许捷在博士论文《叙事展览的结构与建构研究》中对什么是叙事展览给出了明确的定义，总结了叙事展览的图示化结构，对叙事展览的构建给出了建议[③]。随着沉浸式体验、体感技术等新技术在博物馆中的使用日益增加，对于叙事学在博物馆展览中的研究从展览空间、实物叙事逐渐开始向虚拟叙事、交互媒介叙事等方面拓展。2020年童芳在《数字叙事：新技术背景下的博物馆设计研究》一文中将数字设计建构叙事分为3D场景的互动叙事、历史文化的沉浸叙事、基于学习的游戏叙事和模拟人类思维的AI叙事四类。2021年李彬在《博物馆的媒介关系、媒介叙事与媒介伦理》一文中从媒介关系、媒介叙事与媒介伦理三个角度论述了作为媒介的博物馆的发展现状，强调了博物馆的媒介属性。2021年出版的许捷所著的《故事的力量——博物馆叙事展览的结构与建构》一书在查特曼的叙事结构基础上，提出了图3所示的叙事展览结构。

从现有的国内外关于博物馆叙事理论的研究成果中可以看出，叙事学在博物馆相关内容的研究中已经越来越重要。图4所示的是在知网中以"博物馆""叙事"为关键词进行文献搜索后，用Vosviewer进行文献可视化的结果。通过对201篇相关度高和引用量高的期刊论文、博士和硕士学位论文的分析，可以看出2016年前博物馆叙事学的研究主要是对叙事学理论本体和博物馆空间的研究，2016~2018年拓展到数字化、虚拟现实、叙

① 刘佳莹、宋向光：《博物馆的媒介优势——结构主义叙事学视角的博物馆展览试析》，《博物馆研究》2009年第4期，第5页。
② 李明倩：《博物馆叙事研究综述——兼论展览叙事核心议题》，《自然科学博物馆研究》2019年第6期，第8页。
③ 许捷：《叙事展览的结构与建构研究》，浙江大学博士学位论文，2018。

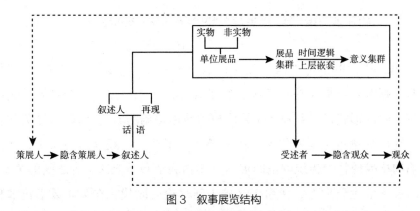

图 3　叙事展览结构

资料来源：许捷：《故事的力量——博物馆叙事展览的结构与建构》，浙江大学出版社，2021。

事设计和传播等方面，2019 年至今则拓展到文化遗产、体验设计和交互等方面。现有的研究沿用了经典叙事学和后叙事学理论中的概念和结构，并没有形成像电影叙事学这种比较成熟的理论体系。传统的以时间为序列的叙事结构正面临数字媒介非线性、间隔化等特点的挑战，需要结合现有的数字媒介研究存在的问题，探索适合未来的"活态化"的博物馆叙事新理论和新结构。

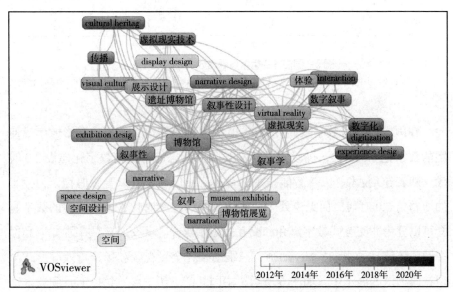

图 4　博物馆叙事理论知网文献可视化

三　国内博物馆现有数字媒介的形式和存在问题

2022 年出版的《中国智慧博物馆蓝皮书 2020》对全国 1090 家博物馆常设展览数字展示应用情况进行了统计，从中可以看出全景展示这种比较成熟的形式已经约有 1/3 的博物馆使用（见图 5），而数字导览和虚拟展厅的数量也呈现逐年递增的趋势。数字技术已经渗透博物馆，不断影响和挑战博物馆传统的空间展示、实物展示和受众这三者之间的关系。在新技术催生新形态、新形态又催生新理论的时代，在关注数字技术和博物馆融合的深层逻辑的同时，对现有数字媒介使用的分类和问题分析也至关重要。

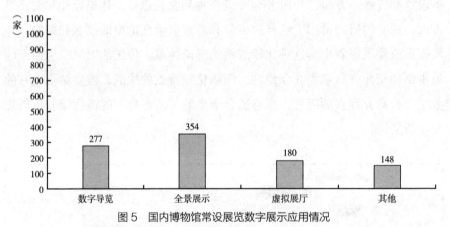

图 5　国内博物馆常设展览数字展示应用情况

资料来源：中国博物馆协会登记著录专业委员会编《中国智慧博物馆蓝皮书 2020》，中国书籍出版社，2022。

在国内博物馆数字媒介介入的 20 年中，博物馆从数字动态影像广泛使用的数字化 1.0 时代，过渡到以移动互联为标志的博物馆数字化建设 2.0 时代。随着 5G 技术、人工智能技术的普及，我们迎来了以智慧博物馆为标志的博物馆 3.0 时代。而无论处于博物馆发展的什么时代，博物馆中的数字媒介可以分为非交互式数字媒介和交互式数字媒介。非交互式数字媒介以影像视频、传统动画视频、MG 动画、三维动画、全景视频和场景特效等形式出现在博物馆的展示中。如图 6 所示，中国共产党历史展览馆以实景和数字动态影像相结合的方式复现火烧圆明园的场景。相比于非交互式的数字媒介，交互式的数字媒介,不仅仅停留在视觉和听觉感受,还拓展到了人的触觉和嗅觉感受,出现了像 VR、AR 和 MR 这种全身交互的形式。如图 7 所示,游客在故宫端门数字馆中佩戴 VR 眼镜体验在养心殿虚拟空间内的沉浸式参观。

图 6 中国共产党历史展览馆展览

(由作者拍摄)

图 7 故宫端门数字馆的 VR 养心殿

(由作者拍摄)

从国内博物馆多媒介融合使用现状和对智慧博物馆建设的规划，能够发现国内博物馆也寻求转型和突破。但现有的数字媒介在国内博物馆中的广泛应用，也显现出以下三个共性的问题。第一，内容服务技术，而不是技术服务内容。国内博物馆中数字媒介的形式一直是被新技术主导的，有些展览甚至为了技术而刻意寻找内容与之相匹配。第二，数字媒介没有构建符合博物馆语境的叙事结构。现有的数字媒介无论是非交互式的还是交互式的，其叙事的结构还是传统的实物类展示。第三，博物馆中数字媒介在开发、应用和迭代的过程中忽视了互联网思维和交互设计方法的使用。应利用新技术和互联网思维，通过小范围实验和快速迭代的方式，研究出适用于智慧博物馆的叙事手段、叙事技巧、叙事类型[1]。

四 博物馆数字媒介叙事研究的重点、难点和现有突破

作为沟通过去、当下和未来的桥梁的博物馆，仅仅将展陈局限在展示过去上会在一定程度上割裂历史与现实、未来发展的联系，降低博物馆自身的当世价值[2]。在对现有的国内外与博物馆叙事理论相关的研究进行梳理后，结合国内现有的数字媒介的形式和存在问题，笔者认为在博物馆语境下叙事学研究需要解决如何构建有效的媒介关系问题，将博物馆物理空间媒介、数字媒介融合共生，增强受众的体验，增强博物馆的社会服务功能，在物理的围墙内构建没有围墙的媒介时空。

在以"活态化"为目标的博物馆语境下，数字媒介叙事研究的重点和难点如图8所示。叙事在博物馆领域中有三个重点研究的方向：第一个是为博物馆"活态化"的发展提供理论支撑，探索研究突破物理空间的时空媒介关系；第二个是在梳理叙事学发展历程中，从经典的结构主义叙事到后叙事学理论以及当代的数字媒介叙事理论的发展，寻找作为媒介叙事的共性和差异

---

① 中国博物馆协会登记著录专业委员会编《中国智慧博物馆蓝皮书 2020》，中国书籍出版社，2022，第151页。

② 钱益汇、谢雨婷、王立铎：《2019~2020 年中国博物馆发展现状、问题及对策分析》，《中国博物馆发展报告（2019~2020）》，社会科学文献出版社，2021，第49页。

性;第三个是构建叙事学研究逻辑,使叙事学在博物馆语境下的研究实现闭环。现有的关于博物馆的叙事研究,最为突出的一个问题就是新理论无法验证,Chris Crawford 所提出的在数字游戏语境下的交互式叙事,通过不同的游戏数据输出最终得到了验证。现有的观众评测主要是引介国外的 IPOP 理论和比德古德(Bitgood G.)的"观众测量"等来实现的①,对于新的叙事理论的提出,并没构建完整的闭环研究模型。

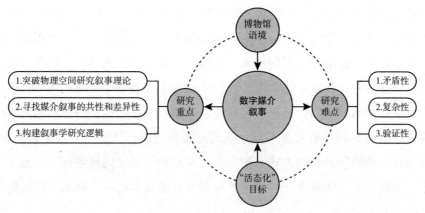

图 8 数字媒介叙事研究重点和研究难点

在对博物馆语境中数字媒介叙事理论的研究中,除了面对以上的重点,也不能忽视研究中的难点。其面临的主要研究难点是矛盾性、复杂性和验证性三个方面。对于叙事来说,数字媒介对于新的叙事理论的构建就存在矛盾性。可通过叙事性干预来治疗"数字文本性的分裂之症":一方面,基于数字媒介的文学实验等严肃艺术曲高和寡;另一方面,电子游戏之类的通俗娱乐大行其道。数字媒介非线性、可编辑、可交互和可反复的特性与传统叙事学所诞生的文学领域的线性、不可编辑、不可交互和不可反复是完全矛盾和对立的。从媒介的发展中能够清晰地看出,数字媒介是在跨学科交融中产生的媒介形式,因此它的本体呈现了技术、艺术和哲学的复杂性,这也就加大

---

① 文中对观众的测评方式的总结参考以下论文内容:彭雷霆、刘婉娜:《基于 IPOP 理论优化我国博物馆观众体验服务研究》,《中国博物馆》2020 年第 3 期,第 68~74 页。

了研究的难度，急需自然科学研究的量化方法也需要社会科学研究中的质性研究方法。

　　针对博物馆语境中数字媒介叙事学研究的重点和难点，国内外博物馆都在探索和实践，尝试构建博物馆语境下的数字媒介叙事。Team-lab 公司2016 年在新加坡金沙科学艺术博物馆举办的主题为"绘制未来智慧城市"（Sketch Smart Town）的展览中突破了博物馆传统的物理空间，将人机交互、数字内容交互和数字内容再生三方面融为一体，实现了"活态化"博物馆所需要构建的共创性、共享性、共生性和双向性的媒介关系。如图 9 所示，整个展览是在一个完整的叙事文本的基础上设计出来的，参加者可以自由地在纸张上描绘出城镇中的汽车、大楼、UFO 等，并通过电子扫描设备实时将画好的内容展现在电子屏幕中，图 10 展示了该展览完整的用户体验流程。可以看出数字媒介的叙事与其他领域的叙事在结构、语法和修辞手法等方面既有相同也有很多差异，策展时需要遵循传统的故事叙事的逻辑，但在话语的结构再现的方式上则突破了物理空间展示的局限性，让数字媒介、物理空间、参观者三者构建了属于各自的叙事结构，而不是传统的统一的叙事结构。

图 9　Sketch Smart Town 展览

（图片来自 Youtube）

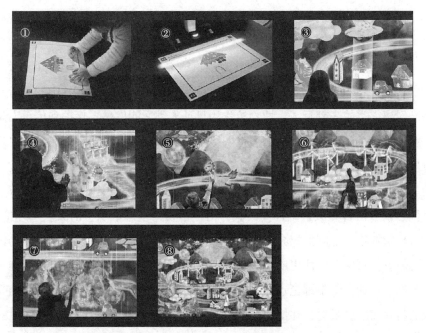

图 10　Sketch Smart Town 展览的用户体验流程
（图片来自 Team-Lab 网站）

这种突破物理空间叙事的成功案例还有位于美国纽约的犹太遗产博物馆
（Musem of Jewish heritage）。博物馆让参观者与大屠杀幸存者进行数字视频
互动交流，从而更真切地感受当年大屠杀的现场。图 11 所示的就是参观者
正在与视频中的幸存者进行交流。

图 11　犹太遗产博物馆

（图片来自 Team-Lab 网站）

五 国内博物馆数字媒介未来趋势的展望

2021 年 10 月 28 日，马克·扎克伯格在 Facebook Connect 年度开发者大会上宣布，Facebook 更名为 Meta，以专注于构建元宇宙。科幻片中的平行空间已经离人类越来越近了，博物馆作为见证人类文明发展、保护和传承人类文明的殿堂，未来的发展面临虚拟四维空间模拟三维空间实现人类足不出户游遍世界的梦想。数字媒介作为实现元宇宙的重要工具，博物馆未来发展与其息息相关。首先，在对中国文化进行阐释时建构具有中国文化基因的叙事语境、叙事语言和叙事结构。其次，构建博物馆生态语境下的大叙事理论，打破局限在物理空间的媒介叙事，将物理媒介和虚拟媒介融合，构建博物馆生态叙事。再次，关注更广泛的受众，博物馆现有的媒介基本是以身体健全为基础设计的，叙事理论也建立在身体健全的基础上，忽视了身体不便的受众的特殊需求。最后，在博物馆数字媒介的发展中，系统的受众评价体系的构建也是一个重要组成部分。

媒体传播

"一带一路"数字出版对外传播对策研究[*]

王　丽^{**}

摘　要：本文分析了数字出版作为"一带一路"建设重要的对外传播手段，在新时期所呈现出的新特征，并指出在数字出版对外传播的进程中面临的问题和挑战。在此基础上指出，要加强"一带一路"数字出版和对外传播的合作，打造"一带一路"数字出版和对外传播的品牌，建立数字出版和对外传播的平台，共同推动"一带一路"数字出版在国际上的发展，促进构建人类命运共同体。

关键词："一带一路"　数字出版　对外传播

随着"一带一路"倡议十年来不断深入推进，沿线各国之间紧密合作，政治、经济、文化交流日益加深。在这个过程中，数字出版成为重要的对外传播手段。它打破文化、语言、地域的限制，为"一带一路"国家人民带来更多优质内容，拓宽了信息传播渠道，实现了文化的交流和互鉴，为"一带一路"建设提供了新的思路和手段。随着数字技术的不断发展和成熟，数字出版在"一带一路"建设中的地位和作用将会越来越重要。

---

*　基金项目：本文系北京市习近平新时代中国特色社会主义思想研究中心项目、北京市社会科学基金项目"北京'双奥之城'国际形象的传播研究"（项目编号：22LLWXC066）的阶段性研究成果。

**　王丽，博士，北京市社会科学院传媒与舆情研究所副研究员，北京市习近平新时代中国特色社会主义思想研究中心特约研究员。

一 "一带一路"数字出版对外传播特征

数字出版是利用计算机技术、网络技术等现代科技手段进行图书出版和阅读的方式，是数字时代出版业的发展趋势。它将内容以数字化的形式呈现，并通过网络、移动平台等渠道传播。数字出版具有时效性、便捷性、互动性和多媒体性等特征，具有生产周期短、成本低、传播速度快等优势，能够满足不同受众的需求，具有广阔的传播空间和潜力。在"一带一路"建设中，数字出版的对外传播，则是通过网络、社交媒体等手段向海外读者普及中国的文化、历史、语言等方面的知识，推广优秀图书、音像制品等数字文化产品，弘扬中华文明。数字出版不仅有助于宣传"一带一路"政策和理念，还能够展示各参与国家的文化和社会发展状况，促进交流合作。

数字出版和对外传播在"一带一路"建设中已经有了显著的发展，截至2020年，我国数字阅读用户达到5.7亿人，占互联网用户总数的57.7%。其中，数字图书、数字音频、数字视频等数字出版物大量涌现，成为文化遗产和当代文化的重要载体。具体表现为以下几个方面。

一是数字出版创新成果丰富。许多数字出版企业加强了技术研发和创新，推出了适应市场需求的产品和服务。例如，中国的 iReader 以其智能阅读器和移动阅读应用，在海外市场取得了一定的市场份额；互联网巨头腾讯公司则推出了"智汇亚洲"平台，为"一带一路"沿线国家提供数字出版服务，推动文化交流。二是数字出版带动文化交流。数字出版能够打破语言和地域的限制，实现文化交流和互鉴。例如，有些数字出版企业将中国传统文化经典作品翻译成多种语言，并通过数字平台进行全球推广。另外，数字出版也能够促进中外作家之间的交流，加深彼此的了解。三是数字出版提升了对外传播的效率。数字出版具有便捷、实时的特点，能够迅速传播信息。此外，数字出版还能够实现多媒体、交互式的内容呈现，进一步丰富了传播形式和内容。同时，"一带一路"数字出版对外传播呈现以下几个重要特征。

（一）"内容输出"与"走出去"并重

中国将优秀的文化资源和数字出版产品通过多种渠道向海外传播，同时引进国外优秀的文化资源到中国。"一带一路"数字出版对外传播是一项多维度、多元化的传媒交流工程，其目的在于让更多世界各国的人民了解和认识中国，宣传中国的文化、科技和经济发展成果。在这个过程中，"内容输出"和"走出去"两种形式紧密结合，在保证信息质量的同时，促进了中外文化交流。

首先，"一带一路"数字出版的"内容输出"是指将优秀的中国文化、历史、科技、经济等方面的信息输出到全球范围内。例如，通过数字出版平台向全球主流的网络媒体提供有关中国文学、艺术、历史、文化建设等方面的精彩报道，这些报道既能够吸引海外读者的兴趣，又能够帮助他们了解中国的发展情况，从而增进两国人民之间的文化联系。

其次，"一带一路"数字出版的"走出去"则是指中国数字出版企业进入世界市场，进行品牌推广，并通过合作、创新推广中国文化和知识产权。例如，在"一带一路"国家建立数字出版合作伙伴关系，展开数字出版与当地媒体、出版机构的合作，并在当地进行市场调研，了解当地读者喜好和需求，以便更好地为他们提供服务。

在"一带一路"国家建立数字出版合作伙伴关系不仅有助于推广中国文化，还有助于促进文化产业的发展。例如，在中非国家建立数字图书馆、知识库等，让当地人能够更好地获取知识，提高自身素质，促进经济和社会发展。同时，这也为中国的数字出版企业提供了更广阔的发展空间，有利于我国数字出版企业国际化、品牌化、专业化等方面的发展。

此外，"一带一路"数字出版还可以结合大数据、人工智能等新技术，充分利用数字媒体的优势，将中国文化传递给更多人群，推动文化交流，创新跨文化传播模式。例如，通过数字出版平台的人工智能算法，对读者的阅读习惯进行深度分析，从而更好地为读者提供个性化的阅读服务和内容推荐。

由此，"一带一路"数字出版的"内容输出"和"走出去"并重，既有助于推广中国文化和提升中国影响力，也有助于促进文化产业的发展和数字出版企业的国际化。未来，"一带一路"数字出版将会更加注重品牌建设、内容创新、技术应用等方面的探索，为推动中外文化交流做出更大的贡献。

（二）平台与内容交相辉映

平台与内容是数字出版的两大核心要素，而"一带一路"数字出版在这两个方面都进行了积极探索和创新。各类数字出版平台竞争激烈，内容质量逐步提升，更多的出版商和作者借助平台打造优质内容。

首先，在平台方面，"一带一路"数字出版借助数字技术和网络技术的发展，构建了多层次、多元化的平台模式。根据实际情况，这些平台可以细分为数字出版平台、数字阅读平台、数字图书馆平台、数字文化产业园区等。其中，数字出版平台是"一带一路"数字出版的核心平台，其主要作用是提供数字化出版服务，涵盖数字化出版流程中所有环节，包括原始文件数字化、数据处理、版式设计、印刷制作、网络推广等。同时，数字阅读平台是"一带一路"数字出版的另一核心平台，其主要作用是提供数字化图书资源的分类、检索、阅读、分享等服务，并为数字阅读用户与出版社搭建了便捷的沟通交流渠道。2015 年 12 月，由中国新闻出版研究院、中国版权促进中心和新华书店联合出品的"数字丝绸之路"平台上线运行。这个平台是一个集数字图书、数字音像、数字期刊和其他数字化产品于一体的"一带一路"数字文化内容平台。该平台向全球提供数字出版物，通过不同语言、不同形式、不同角度来诠释中国文化，让更多的人了解、接受和认同中国文化。

其次，在内容方面，"一带一路"数字出版注重文化多样性和国际交流，兼顾本土文化的传播，将多种形式的内容融入数字出版平台。在数字出版的内容方面，涉及图书、杂志、报纸、期刊等多种出版物类型，而这些内容多以跨国合作的方式进行编纂和出版。同时，"一带一路"数字出版还注重数字化传统文化遗产的保护与传承，通过数字技术的应用将传统文化进行数字化处理，并将之融入数字出版的各个环节和平台中，为数字读者提供丰富多彩的数字出版内容。中国 – 东盟数字阅读平台被定为"一带一路"数字文化产业国际合作平台之一，该平台以"推广中外优秀出版物，加强亚洲文化交流"为宗旨，以数字化出版为基础，重点关注中外文化交流、教育交流和经贸交流。截至 2019 年底，中国－东盟数字阅读平台在中国、东盟国家及其他国家和地区建立了 200 多个节点，共上架了近 4 万种图书、期刊、音像、课程等数字化资源，日均访问量超过 200 万次，形成了一个全球性的数字出版服务平台。

总之，"一带一路"数字出版对外传播呈现平台与内容交相辉映的特征，这既是数字技术和网络技术发展的必然结果，也是多元文化交流和数字经济发展的创新成果。未来，"一带一路"数字出版将进一步拓展涉及领域和深化平台构建，进一步推动数字出版在"一带一路"国家的普及和发展，促进数字文化产业的国际交流和合作，助力数字经济发展。

（三）创新技术与人文关怀同步发展

数字出版呈现多样性、交互性、智能化等特点，既满足了读者新颖的阅读需求，又体现了人文情怀。在实践过程中，"一带一路"数字出版与传统出版业相比，具有创新技术和人文关怀同步发展的特征。

首先，从创新技术来看。一是创新应用数字出版技术。数字出版技术在"一带一路"数字出版中得到了大量应用。即使在某些地区网络不发达的情况下，通过数字出版技术，可以将文化信息传递给更多的人。这种方式代替了传统的印刷出版流程，使得出版周期大幅缩短，减少了成本和环境污染。同时，利用虚拟现实技术也能够将文化产业数字化，让人们在更加生动、形象、具体的场景中感受文化内涵。二是具有自主创新意识。"一带一路"数字出版的推行，需要出版人员具备自主创新意识，面对新技术积极探索。例如在数字内容的制作上，不仅要考虑技术上的实现，同时也需要对内容本身有深刻的理解。只有这样才能够利用创新技术来呈现更加优质的文化产品。三是创新平台建设。要让数字内容在"一带一路"国家广泛传播，需要建立一个稳定的网络平台。相比传统的出版业模式，数字出版可通过门户网站、移动应用等方式实现直接面向读者和用户，减少中间环节，提高效率；建立起注重知识产权保护的平台，保护原创作者的利益和版权，同时促进文化和知识的交流与传播。

其次，从人文关怀角度来看。一方面体现了文化多元性。"一带一路"国家拥有非常丰富多彩的文化和历史遗产。数字出版将能够跨越语言和文化障碍，向全球推广文化遗产，让更多的世界人民了解、欣赏和尊重文化多元性。另一方面体现了真实性。数字出版对"一带一路"国家的出版物进行了深度的挖掘和整理，使得中国的文学、历史、地理、自然科学等方面的知识可以在"一带一路"国家广泛传播。同时，数字出版具有高度的真实性，避免了信息失真现象，并且体现了对不发达地区的支持。在一些发展中国家，由于缺乏基础设施、经济困难等，文化产业的发展相对滞后。数字出版可以提供一种低成本、便捷、快速的方式，将文化产业推广到这些地区。与此同时，数字出版还能够提供一些免费的文化资源，以便更多人体会到精彩的文化内涵。2017 年，中国图书进出口公司与阿拉伯发布公司签署合作协议，共同推进"数字丝绸之路"平台向阿拉伯地区的推广。该计划旨在实现中阿文化的交流合作。同时，中国还向阿拉伯国家提供了一种低成本、高质量、可信的数字资源，从而促进双方人民对文化领域的深入认识和理解。

因此，"一带一路"数字出版是传统出版业模式的创新，具有很强的前瞻性。随着数字化技术的不断更新，数字出版对于"一带一路"的推广将会更加高效、便捷及精准。它以人文关怀为根基，以创新技术为支撑，将通过数字出版这一桥梁使得世界各国能够更加深入地了解中国文化，同时也促进了中外文化之间的互通有无。

二 "一带一路"数字出版对外传播面临挑战

近年来，"一带一路"倡议推动了中国与周边国家的高效互动和交流。数字出版作为文化传播和交流的重要手段，在此过程中起到了举足轻重的作用。在数字出版对外传播的进程中，也面临着一些挑战。

首先，语言和文化的差异是数字出版对外传播的主要挑战之一。不同语言、文化传统和习惯，让数字出版在不同国家和地区的传播面临一定困难。

比如，在"一带一路"国家和地区中，中文并不是普遍使用的语言，这就使得大部分的中文数字出版物在推广和传播时会受到很大的限制。同时，中国文化和西方文化不同，受到文化差异的影响，中文数字出版品在某些国家可能无法被广泛接受。由于不同语言、文化和习惯存在差异，对于原版书在翻译和本地化上都需要重视。这就需要出版机构尽可能了解当地文化，选择合适的翻译人员和编辑团队，确保出版物在跨文化背景下不失其文化内涵；需要针对不同国家和地区的文化传统和特点，开发不同语言版本或进行本土化适配，以提高数字出版品的传播效果和口碑。

其次，版权保护问题也是数字出版对外传播中的挑战之一。在数字出版业务中，版权是一个极其重要的问题。因为数字出版物具有易复制特性，一旦没有有效的版权保护措施，就会面临着盗版、抄袭等问题。这不仅会对数字出版品的传播造成影响，更会对数字出版业的发展产生负面影响。例如，在2019年，遭到盗版的《红楼梦》英文版和《三国演义》英文版都让中国文化形象受到了损害。在"一带一路"国家和地区中，由于法律、法规及知识产权意识的不同，版权保护问题更加复杂。因此，出版机构需要采取多种手段，包括技术手段、法律手段、市场手段等，严厉打击盗版和侵权等违法行为，并与不同国家和地区的相关机构合作，提高版权保护意识和水平，让数字出版在更加公平、透明的环境下进行。

再次，网络环境和技术设施不同也是实现数字出版对外传播的挑战之一。在"一带一路"国家和地区，互联网的普及程度和发展水平存在巨大的差异。部分国家和地区的网络环境落后，网络速度缓慢，网络设施不完善，这就给数字出版品的在线阅读和下载带来了难题。同时，网络环境和技术设施的不同还会影响数字出版品的呈现形式，因此需要根据不同地域的网络环境和技术设施，调整数字出版品的呈现方式，以达到最佳效果。

最后，数字出版对外传播还存在价格和市场营销的挑战。在"一带一路"周边国家和地区中，由于经济水平和支付习惯的差异，数字出版品的价格也存在部分差异。数字出版业态不断变化，需要顺应市场趋势来推广产品，引起读者关注。例如，云阅读、电子书等数字出版形式的出现，使得读者在购买和阅读方面享受到了更多便利。对于数字出版对外传播，出版机构不仅需要更加关注产品本身的质量和内涵，还需要关注营销策略的创新和推广手段的拓展。而且，数字出版品的市场营销方法也需要因地制宜，根据不同地区的特点和需求，采用不同的推广策略和手段，以提高数字出版品的推广和传播效果。

可见，"一带一路"数字出版对外传播面临的挑战主要集中在文化差异、版权保护、网络环境和技术设施、价格和市场营销等方面。为了克服这些挑战，需要加强多方合作，积极采用新技术和市场手段，提高数字出版品的适应性和竞争力。同时，在数字出版业发展过程中，更应该注重本土化发展，深入了解不同国家和地区的文化传统和需求，以便更好地为当地读者提供有价值的数字出版品。

三 优化数字出版对外传播对策和路径

（一）加强"一带一路"数字出版和对外传播的合作

"一带一路"数字出版和对外传播要加强合作，进行文化交流和知识共享，为跨国交流和合作提供更多的机遇和可能。具体而言，国家可以通过签署数字出版和对外传播领域的协议，推进跨境数字出版和对外传播的产业融合，促进信息技术应用和数字出版的相互渗透。

一是加强数字出版技术交流与培训。为了提高数字出版技术水平，各国之间可以加强技术交流与培训。特别是在发展较为落后的国家，可以引入先进的数字出版设备和技术，促进技术转移和创新。同时，建立专业的数字出版人才培养机制，加强数字出版人才的培训和研究，形成人才合作网络，共同推动数字出版业的发展。二是制定统一的对外传播标准。为了更好地推动文化交流，需要建立一个适用于"一带一路"沿线各国的对外传播标准。首先，应该了解各国的文化需求和传播方式，以此为基础制定标准。其次，标准应该包括传播内容的选择、传播渠道的选取以及传播效果的评估等方面，还需要考虑战略意义和长期性的问题。三是建立数字出版协同发展机制。在数字出版领域内，建立良好的协同发展机制，搭建数字出版内容共享和交流平台。各国可以共同开发数字出版产品，创新数字出版模式，以及分享数字出版内容，促进数字文化产业的繁荣发展。四是推广数字出版技术和作品。为了更好地推动数字出版产业的发展，各国可以在国际上积极推广本国的数字出版技术和作品。通过参加国际数字出版展览、出版行业合作会议等形式，展示自己的产品和技术，提高国际知名度，拓展国际市场。

（二）打造"一带一路"数字出版和对外传播的品牌

"一带一路"数字出版和对外传播要注重营造品牌，树立国际形象。具体而言，可以通过制定文化战略规划，创造自身数字出版和对外传播的品牌形象，提升文化软实力和国际竞争力。同时，要抓住人才培养和创新机遇，形成具有核心技术和全球视野的数字出版和对外传播品牌。

要打造"一带一路"数字出版和对外传播品牌，一是要了解市场需求。市场研究可以通过调查问卷、专家访谈等方式进行。从市场需求方面来看，我们可以确定一些重点领域，比如教育、医疗、社会保障等。这些领域具有广泛的需求，因此我们可以在这些领域中开展数字出版和对外传播。二是推进数字化转型。数字化转型是提高数字出版和对外传播品质的重要途径。数字化转型主要包括三个方面：首先是提高数字技术的应用水平，其次是加强数字技术的研究和发展，最后是建设数字化平台。例如，我们可以建立"一带一路"数字出版和对外传播平台，将相关内容上传到平台，通过多种渠道进行推广。三是创新出版模式。要打造品牌，需要创新出版模式。传统的纸质图书出版模式已经无法满足市场需求，因此我们需要探索新的出版模式，包括数字出版、自出版、共享出版等。这些模式可以更好地满足目标消费者的需求，提高市场竞争力。四是加强版权保护。版权保护是数字出版和对外传播品牌建设的重要基础。版权保护涉及整个产业链的各个环节，需要政府、企业、社会组织等多方合作。对于数字出版品牌，版权保护不仅涉及数字内容的保护，还涉及数字化平台的知识产权保护。五是拓展国际交流。在"一带一路"倡议的背景下，数字出版和对外传播品牌需要拓展国际交流。这包括多种渠道的推广，比如互联网、社交媒体、线下活动等。通过国际交流，可以获得更多合作机会，扩大影响力，提高品牌价值。需要把握数字化、网络化和智能化的趋势，通过官网、微信公众号、移动终端、数字书店、数字图书馆等渠道，扩大数字出版和对外传播的受众和影响力。同时，也要注重线下展示和互动，例如展览、论坛、文化节、沙龙、讲座、签售会等活动，增强用户的参与感和体验度。

（三）建立数字出版和对外传播的平台

"一带一路"数字出版和对外传播要建立一些数字出版和对外传播实验室和学术平台，以便于聚集一批出版和媒体方面的专业人才，为双方合作提供专业的指导和技术支持。同时，还要积极与海外出版机构、媒体和学术团体开展良性合作、跨界合作，提升数字出版和对外传播的实战经验。

一是开发配套技术。建立数字出版和对外传播平台需要专门的技术和软件支持，因此，必须开发与数字出版和传播相关的技术，如数字化文献的处理、数字化出版的流程管理系统，以及跨语言、跨文化交流的多媒体技术等。二是加强国际合作。建立数字出版和对外传播平台需要众多国家和地区的贡献和支持，因此需要加强国际合作。可以与各国的文化部门合作，共享数字资源和知识，促进文化交流和合作，同时也可以加强与其他数字出版和传播机构的合作，如国际数字图书馆联盟、亚洲数字图书馆国际会议等。三是支持语言本土化。要实现数字出版和对外传播，必须考虑到不同语言和文化之间的差异，因此需要支持语言本土化。这意味着平台应该具有跨语言的能力，以便用户能够轻松访问和理解内容。包括提供多语种界面和搜索引擎，其中涉及大量的人工翻译和智能翻译技术。四是丰富数字资源。建立数字出版和对外传播平台需要大量的数字资源，如电子书籍、音频、视频等。为此，应该积极收集、整理、开发和维护各种数字资源，以满足用户不同的需求和兴趣。同时，还可以与各国文化机构合作，跨领域拓展数字资源的类型和数量。五是开展国际市场推广。数字出版和对外传播平台必须面向全球发展。因此，需要进行国际市场推广，包括制定适合不同国家和地区的推广策略和营销计划，提高平台的知名度和影响力。在推广过程中需要注意针对不同国家和地区的特点，设计不同的宣传和推广方式。

数字出版和传播是共建"一带一路"的重要内容。在这个时代，数字出版和传播面临诸多的挑战，我们应该增强意识，寻求创新，贯彻落实各项对策，从而更好地传播中华文明，增强对外交流影响力，共同推动"一带一路"数字出版在国际上的发展，让世界更好地了解中国文化，推动构建人类命运共同体。

参考文献：

叶梦雨、周丽：《从"走出去"到"融进去"："一带一路"出版发展新策略分析》，《新闻潮》2022年第9期。

李鸿飞：《"一带一路"倡议下我国出版国际传播的现状、问题及对策》，《出版发行研究》2022年第5期。

胡凤、朱寒冬：《"一带一路"倡议下数字出版"走出去"的关键性问题研究》，《出版广角》2021年第24期。

秦媛：《双循环背景下数字出版产业的转型策略》，《西部广播电视》2022年第12期。

张铁墨：《中国数字出版产业国际竞争力研究》，《中国出版》2021年第22期。

陈丹、郑泽钒：《中国数字出版产品"走出去"：现状、挑战与对策》，《科技与出版》2021年第11期。

媒体深度融合发展语境下如何全面讲好中国式现代化故事*

赵玉宏**

摘　要： 在媒体融合向纵深推进的大背景下，各级主流媒体应加快构建全媒体传播体系，围绕党的中心任务，服务党和国家工作大局，推动经济社会发展，讲好中国式现代化故事。本文旨在阐述主流媒体如何以习近平新时代中国特色社会主义思想为指导，围绕举旗帜、聚民心、育新人、兴文化、展形象的使命任务，巩固壮大奋进新时代的主流思想舆论，为全面建设社会主义现代化强国提供强大的精神力量。

关键词： 媒体融合　中国式现代化　主流媒体

媒体融合是时代所需、大势所趋。围绕如何实现媒体融合发展问题，党的十八大以来，习近平总书记发表一系列重要论述，为推动媒体融合发展指明了方向。党的二十大报告再次对"加强全媒体传播体系建设，塑造主流舆论新格局"作出重要部署，这为新时代新征程上做好媒体融合工作提供了根本遵循。

党的二十大开启了以中国式现代化全面推进中华民族伟大复兴的壮阔征程。在推进中国式现代化进程中，媒体融合发展首先要围绕党的中心任务，服务党和国家工作大局，因此推动经济社会发展，讲好中国式现代化故事是

---

* 基金项目：本文系北京市社会科学院 2024 年院课题"数字技术赋能北京市传统文旅空间转型路径研究"（课题编号：KY2024D0196）的阶段性研究成果。

** 赵玉宏，博士，北京市社会科学院传媒与舆情研究所副研究员。

媒体融合的主战场和主攻方向。主流媒体要以习近平新时代中国特色社会主义思想为指导，围绕举旗帜、聚民心、育新人、兴文化、展形象的使命任务，巩固壮大奋进新时代的主流思想舆论，为全面建设社会主义现代化强国提供强大的精神力量。

一 加强全媒体传播体系建设，增强主流意识形态话语传播

党的二十大报告指出，要"建设具有强大凝聚力和引领力的社会主义意识形态"，并对"加强全媒体传播体系建设，塑造主流舆论新格局"作出重要部署，这说明新时代新征程上做好意识形态工作至关重要。

意识形态工作是党的一项极端重要的工作。以党的二十大精神为指引，不断巩固马克思主义在意识形态领域的指导地位，加强具有强大凝聚力和引领力的社会主义意识形态建设是维持国家稳定发展、增强民族凝聚力和向心力的重要战略任务；是为国家立心、为民族立魂，推动全党全国人民团结奋斗的共同思想基础；是全面建设社会主义现代化国家、推动中华民族伟大复兴的强大精神力量和坚强思想保证。

随着全媒体时代的到来，意识形态话语传播面临复杂性程度加深、互动性日益增强、时效性明显加强、多样性日趋明显等特征。在这一全新背景下，移动舆论场复杂多变，一方面新媒介技术的发展使得信息内容更为碎片化，另一方面各种多元化社会思潮借助新媒体的广泛传播消解着主流意识形态的影响力和公信力。社会主义意识形态话语传播面临新挑战，造成在意识形态传播领域常常出现"有理说不出，有话讲不透，说了传不开"等诸多尴尬情况，以及主流意识形态话语传播的时度效把握"失灵"、结构"失序"等问题。

全媒体时代我们要立足新媒体传播特性和舆论生态，紧密结合主流意识形态传播的规律和特点。首先构建高质易懂的社会主义意识形态话语传播内容，明确话语内容定位，对思想理论进行再"编码"，重点解决"说什么"的问题。其次研究创新诙谐有趣的话语表达方式，包括用贴近群众的方式进行话语创新，用讲故事的方式进行话语创新，用"软传播"的方式进行话语

创新，重点解决"怎么说"的问题。最后探索动态有序的话语传播渠道，包括顺应媒体融合趋势，借助智能互联环境，推动资源优势互补，重点解决"用什么说"的问题。

因此，各级主流媒体应致力于找出行之有效的方法从而创新主流意识形态的传播手段和话语方式，加强官方媒体对舆论的引导力。

一是要构建高质量主流意识形态话语传播内容。例如，2019年以来，从央视到地方各级媒体纷纷聚焦重点主题，以新中国成立70周年、建党100周年、党史学习教育主题活动、党的二十大精神宣传等重大节日、重点主题宣传为契机，依托"1+18+N"全媒体平台联动、线上线下互补优势，紧扣重大主题宣传主线，以老百姓喜闻乐见、贴心有感的方式积极营造"思想旗帜领航向 团结奋斗谱新篇"的良好舆论氛围。

二是要把准人民群众关切点，抓住社会发展关键点，激发思想感情共鸣点，用群众的语言、喜闻乐见的话语方式宣传科学理论、阐释方针政策、传播主流价值，使其入脑入心。例如疫情防控期间，记者第一时间深入封管控区、核酸检测点、街道社区等，深挖抗疫群体背后的感人故事，将疫情防控中一个个优秀集体、鲜活人物的奉献精神展现在公众面前，让受众产生共情，引发广泛关注和传播。

三是要充分运用新技术、新方法创新媒体传播方式，做强网上正面宣传，占领信息传播制高点，让理论武装工作更好体现时代性、把握规律性、富于创造性。例如在开展党史学习教育宣传工作中，创新研发各种党史学习的微信小程序，通过微信框架下的跨平台技术，为广大党员提供党史学习教育线上综合平台，通过数字化助力党史学习教育智慧升级，创新传播方式，取得较好的传播效果。

二 围绕举旗帜、聚民心、育新人、兴文化、展形象的使命任务，讲好中国式现代化故事

（一）举旗铸魂，加强主流思想舆论引领力

旗帜决定方向，道路决定命运。面对新时代新征程上的使命任务，最

根本的就是要高举习近平新时代中国特色社会主义思想伟大旗帜。"坚持中国共产党领导""坚持中国特色社会主义"是中国式现代化道路的本质属性，是对中国式现代化的根本规定。作为意识形态工作和宣传思想工作的前沿阵地，主流媒体在媒体融合发展的大潮中更要发挥引领舆论、正本清源的重要作用，不断推动习近平新时代中国特色社会主义思想深入人心、落地生根。

随着 5G、大数据、云计算、物联网、人工智能等技术的不断发展，移动媒体将进入加速发展新阶段。新时期主流媒体一方面要紧紧围绕党和国家中心工作和重点议题进行报道策划，把党的理论、路线、方针政策和重大决策部署分析好、宣传好、阐释好、落实好；另一方面要充分依托融合技术，以多角度、多形式、多平台进行传播，把准人民群众关切点，抓住社会发展关键点，激发思想感情共鸣点，用群众喜闻乐见的话语方式宣传科学理论、阐释方针政策、传播主流价值，使其入脑入心，充分发挥舆论引导和旗帜引领功能。

（二）用心用情，坚持以人民为中心凝聚力量

人心是最大的政治，人民是党执政的最大底气，是实现中华民族伟大复兴最坚强的依靠。中国式现代化和西方现代化的不同之处是要让现代化建设成果更多更公平惠及全体人民，让广大人民群众的获得感、幸福感、安全感更加充实、更有保障、更可持续。

"以人民为中心"，切实站稳人民立场正是新时代媒体融合发展形势下，主流媒体更好履行新闻宣传工作职责和使命任务的必然要求。应紧紧围绕"聚民心"这一使命任务，坚持"以人民为中心"的舆论导向，奋力以"主旋律""正能量"凝聚群众力量，鼓舞士气、提振信心，不断提高引导群众、服务群众的能力，推动中国式现代化事业不断向前发展。

随着媒体融合的纵深发展，各传统主流媒体纷纷以便民为宗旨，依托"两微一端"新媒体为群众提供多元综合服务。各级主流媒体的客户端已经成为向群众提供全方位生活信息服务和推进政民互动的重要载体。

（三）立德树人，弘扬社会主义核心价值观"育新人"

人的现代化是社会现代化的实质、核心和根本标志。中国式现代化始终以人的现代化为中心，党的二十大报告明确将"丰富人民精神世界"写入"中国式现代化的本质要求"。在建设社会主义精神文明，培育和践行社会主义核心价值观，提高人民思想觉悟、道德水准、文明素养，培养能够担当民族复兴大任的时代新人方面，主流媒体应恪守"育新人"使命，在立德树人方面下功夫。一是大力弘扬社会主义核心价值观。宣传劳动精神、奉献精神、创造精神和勤俭节约精神，弘扬社会主义核心价值观，培育时代新风新貌。二是积极应对自媒体挑战，加强主流媒体舆论引导力。新媒体发展到自媒体阶段增加了不确定性，"用户生产内容"制造出更多的"数据雾霾"，主流媒体真实权威的声音容易被淹没，公信力也容易被消解，一些不实和低俗信息容易影响受众尤其是青少年的价值建构。面对新的挑战，主流媒体应主动创新传播手段，运用动漫视频、SVG 动画、"一图读懂"等新传播手段，让"大道理"变成"小清新"，以润物细无声的方式让主流价值观入脑入心。

（四）以文化之，助力现代化文化强国建设

党的二十大报告指出"中国式现代化是物质文明与精神文明相协调的现代化"。文化繁荣发展，事关民族自信心的确立，对社会全面现代化和民族复兴具有基础性意义。作为肩负着新形势下宣传思想工作"兴文化"使命任务的主流媒体，更是要深刻理解中国式现代化之"尚"、当代中国文化之"尚"，明确"推进文化自信自强，铸就中国特色社会主义文化新辉煌"的重大使命任务。

例如北京市东城区融媒体中心积极做好古都文化、红色文化、京味儿文化、创新文化的宣传工作，围绕"崇文争先"、以文化人、文化惠民的媒体使命，推动"书香东城""大戏东望""故宫以东""会馆有戏"等众多文化品牌更加深入人心，用文化浸润人心、赋能人民美好生活，助力现代化文化强国建设。

（五）内外联动，打造展示国家形象的重要窗口

随着中国的发展，其他国家尤其是发展中国家对我国的成功发展理念和中国式现代化模式有着浓厚的兴趣，世界渴望听到中国的声音，中国故事也需要被更全面更立体地诠释。党的二十大报告强调要加强国际传播能力建设，全面提升国际传播效能，形成同我国综合国力和国际地位相匹配的国际话语权。

例如，北京市东城区融媒体中心积极营造东城"文脉绵延、文明灿烂、文化繁荣、文人汇聚、文坛荟萃"的良好舆论氛围，努力建构"首都风范、古都风韵、时代风貌"的首都核心区城市意象。冬奥会期间，东城融媒推出了《当"非遗"遇上冬奥 把中国文化"讲"给世界听》《摩纳哥亲王"还想要一个"的冰墩墩，出自这位东城"90 后"之手》等讲述非遗文化走向世界的深度报道，促进了东城非遗文化形象的传播。

东城区作为首都功能核心区，是全国政治中心、文化中心、国际交往中心的核心承载区，是历史文化名城保护的重点地区，也是展示国家和首都形象的重要窗口地区。东城区融媒体中心设计推广"东城社工"IP 卡通形象，制作并播出《"东城社工"东城范儿》动画宣传片，制作"东城社工"防疫海报，上线"东城社工"为民服务、庆祝建党百年、喜迎冬奥三个主题系列表情包，并从"关键小事"着手制作"东城社工"垃圾分类四格漫画等"东城社工"品牌系列报道，"东城社工"品牌逐渐形成，成功展示了首都核心区基层工作者可爱、可信、可敬的形象。

三 结论

如今，传统媒体和新兴媒体从"相加"到"相融"，全方位、深层次的媒体融合态势已经初步显现。媒体融合的迅速发展为国际传播提供了新的平台和渠道，我国拥有了一批具备高水平国际传播能力的新型主流媒体。

我国的舆论影响力正在由传统媒介向网络空间延伸，不断由国内向世界范围延伸。主流媒体应在国际传播过程中结合人类命运共同体理念，构建中

国特色叙事，通过内容精良、制作精湛、定位精准、形式新颖的融媒体产品做好中国式现代化故事的阐释和传播，助力我国可信、可敬、可爱的中国形象构建。

参考文献：

彭飞、陈红心：《我国网络意识形态安全的战略思考》，《嘉兴学院学报》2016 年第 4 期。

朱兆中：《论中国特色社会主义意识形态的建构》，《毛泽东邓小平理论研究》2008 年第 11 期。

路爱林：《社会转型时期主流意识形态建构的路径选择》，《求实》2009 年第 7 期。

聂立清：《我国主流意识形态认同的策略定位》，《河南师范大学学报（哲学社会科学版）》2010 年第 5 期。

匡文波：《"刚柔相济"新媒体时代主流意识形态的传播策略》，《人民论坛》2016 年第 8 期。

金国锋：《大数据时代主流意识形态的传播策略》，《沈阳师范大学学报（社会科学版）》2018 年第 2 期。

情绪先行与图像失信：后真相网络舆情生态风险机理研究[*]

摘　要： 本文从舆情风险成因的角度切入，结合情绪传播与视觉传播理论，剖解了"后真相新闻"传播中的情绪先行与图像失信现象，其内在机理来自群体极化效应中的情绪趋同极化与情绪对立极化，以及图像的扭曲性使用和狂欢性使用中的视觉信任风险。本文认为，后真相时代的舆情风险干预与治理应当从网络用户媒介素养入手，借助智能化算法涵化用户媒介素养，着力增强用户理性思考能力与自主识别能力，最终作用于媒介生态的清朗与优化。

关键词： 情绪传播　视觉传播　后真相新闻　舆情风险

"后真相"（Post-Truth）自 2016 年被《牛津词典》选为年度热词后，成为新闻传播领域的关键热词，其定义为"诉诸情感及个人信念，较陈述客观事实更能影响舆论的情况"，反映了当下信息传播呈现整体的情感化趋向与舆情风险走向。

一方面，技术赋权打破了职业新闻人对于新闻报道的垄断，时刻发生的新闻事件可以由任何一个在现场的个人记录并发布于互联网之上，新闻信

---

* 基金项目：本文为北京市社会科学院一般项目"智能算法语境下网络视听内容生产场域的结构变迁及演化机理研究"（项目编号：KY2024B0235）的阶段性成果。
** 倪乐融，博士，北京市社会科学院传媒与舆情研究所助理研究员。

息在数字高速公路上以实时传递的方式扩散开来，观点、情绪等也可以在无时差的人际交往中实现裂变式传播，纷乱的群体情绪和表达欲求冲击着理性逻辑，众声喧哗之中难以寻觅新闻真相的本真考量。另一方面，在传播的权威性被愈加解构的大背景下，人们对于信源、媒介的信任日益下降，只能转而追求信息本身的可信性。由于图像传播的直观性和在场感，图像日渐成为证实可信的重要尺度，"有图有真相"成为互联网上信息传播最直观的诉求，也成为人们判断事件真伪的重要准则。

本文即从群体极化和图像异化两个角度切入，探究情绪与视觉何以造成后真相时代谣言滋生和意义消解，其如何成为加剧公众对新闻行业的不信任感的风险因素，导致舆情风险的生成。

一　从"后真相"到"后真相舆情"

"后真相"一词意指"情感对舆论的影响力超过事实"。2016年8月，《纽约时报》刊发伦敦大学教授威廉·戴维斯（William Davis）的文章，他认为，我们之前奉若神明的"真相"已经从神坛跌落，逐渐失去了主导社会共识的力量，并正式提出，我们已经进入了"后真相时代"。在初始语境下，"后真相"一词主要用于政治领域。政客们对事实进行重新"包装"，隐蔽地设置"观点性"而非"事实性"议题以顺从当下民众的关切热点和情感诉求，由此挑动起人们特定的"情感化想象"，以进一步强化某种观点与偏见。"情感"与"想象"便成为新闻的核心与重点，"事实"和"真相"却逐渐"下旋"，被遮蔽、被忽略、被消解。①"后真相"成为对当下新闻信息传播中主观化、情绪化的隐喻。

其一，新闻事实的滞后性传达是"后真相"的显著体现。当下网络舆情中总是出现的"反转式新闻"，在一定程度上即是混乱甚至虚假信息"遮蔽"真相，是新闻生产和传播主观化、情绪化的表现，具有浓重的"后真相"意

---

① 史安斌、杨云康：《后真相时代政治传播的理论重建和路径重构》，《国际新闻界》2017年第9期，第54~70页。

味。① "后真相"意味着事实核验与理性探讨的滞后性。如果官方机构能够第一时间完成辟谣，或网络空间中能够实现充分理性的探讨，则新闻事件不会迅速滑向虚假化、情绪化的一端。

其二，"后真相"的一种极端化呈现是"去真相"。情绪起于信息，伴随着信息流转，逐渐脱离事件本身；网民情绪由共鸣进而逐渐极化，走向宣泄与不可控。"后真相"呈现显著的情绪传播与群体极化特征。"群体成员在作出判决时，其智力水平无关紧要；他们受着情感因素的影响，很少被证据打动；他们也受到名望的影响，极易被权威左右。"② 而真相就在网民的群体宣泄中被无视、被消解。

二 情绪先行：群体极化中的事实失焦

人们在传播各种信息时，始终伴随着看不见的心理活动，认知、情感和意志这些心理因素相互联系，推动亦制约着传播的广度和深度。③ 陈力丹曾引用恩格斯的"在社会历史领域内进行活动，全是具有意识的、经过思虑或凭激情行动的、追求某种目的的人"，以论证"情感"这一心理要素在传播中的明显作用。情绪具有社会感染性，特别是在具体的舆论场中，这种感染十分迅速，例如大型会议的会场、体育赛事的场地等，往往少数人的情绪表达（鼓掌、叫骂、狂喊等）会在瞬间转变为全场多数人的情绪表达。④

（一）群体聚合中的情绪趋同极化

根据《社会心态蓝皮书》的调查，网民对热点事件的讨论期一般维持在

---

① 董卫民：《挖掘新闻：从后真相出发——"异化"真相下的新闻生产》，《山西农业大学学报（社会科学版）》2017 年第 12 期，第 66~71 页。
② 古斯塔夫·勒庞：《乌合之众：大众心理研究》，冯克利译，中央编译出版社，2005，第 15 页。
③ 陈力丹：《马克思恩格斯的传播心理观》，《现代传播》1994 年第 3 期，第 47~53 页。
④ 毛湛文：《新媒体事件研究的理论想象与路径方法——"微博微信公共事件与社会情绪共振机制研究"开题研讨会综述》，《新闻记者》2014 年第 11 期，第 87~91 页。

24~72 小时，信息发布后的 1~9 小时是讨论的最高峰。[①] 群体极化往往也在这短短的几小时内形成。网络群体的集结具有临时性和时效性，组建得快、消散得也快。群成员之间所达到的认同并非理性上的认同，而是在情绪上受到感染并最终达到的情感上的共通。网络舆情生成中，网民群体更趋于寻求情绪上的爆发、情感的共鸣，单纯而强烈情感的力量比严肃的新闻事实和背后复杂多维的社会现实更富有传播的魔力。

个体与群体的紧密聚合也是造成网络中情绪传播强势的重要原因。利昂·费斯廷格的社会比较论指出：团体中的个体具有将自己与他人进行比较，以从中确定自我价值的心理倾向。在向群体逐渐靠拢的过程中，人们会对外界的信息进行"偏颇吸收"。彭兰提出："网民的意见表达往往不是在一个孤立的环境中深思熟虑的结果，而是在一个复杂的互动环境中完成的。他所表现出来的意见，是其既有倾向与当下情境等各种因素相结合的产物。"[②] 群体传播中的群体压力与群体归属感的双重作用，促使社会热点事件中的网络情绪趋向协同，进而走向极化。

（二）群体争议中的情绪对立极化

网络事件的复杂性同样会导致事实传播出现失焦，网民们的焦虑情绪很容易在对碎片化的事实信息的接受中被激发并快速达到饱和。事实信息的不完整、调查进展的缓慢、真相的模糊不清，为负面情绪的酝酿、群体极化的产生提供了契机，网民在焦虑中等待事实，也在焦虑中扩大情绪。另有不可忽视的一点是，在传统群体传播中，对群体舆论起重要引领作用的意见领袖，却有许多在商业利益的驱动下异化为以煽动情绪为卖点的新型"情绪领袖"，在流量价值的裹挟之下煽动情绪对立与群体对峙，两种或多种群体朝着对立的方向持续极化难以逆转，从而产生社会意识形态割裂的巨大风险。

---

① 王俊秀、陈满琪主编《社会心态蓝皮书：中国社会心态研究报告（2016）》，社会科学文献出版社，2016，第 27 页。

② 彭兰：《关于中国网络舆论发展中几组关系的思考》，《国际新闻界》2009 年第 12 期，第 75~80 页。

在情绪的感染性、事件的复杂性、群体的压力和"情绪领袖"的煽动之下，情绪传播滑向极化，其中，"失焦"就成了最显著的特点：事实焦点模糊、舆论焦点偏移共同成为"后真相新闻"的尴尬注脚和风险走向。

三 图像失信：图像异化下的视觉信任危机风险

一直以来，"文字传播离事实最远，影像传播特别是动态影像的传播其保真性和信息量最大，信息被篡改、误读的可能性也就越低"[①]这一观点被普遍认同。相对于那些需要由主观联想加以重构的语言信息，人们将"亲眼所见"的视觉信息与"真相"直接挂钩。图像因其意义表达鲜明和传播快捷等特征成为舆论生成和传播的有效途径，典型形象和叙事框架成为人们认知社会、形成意见的有效基模。[②]视觉文本可以唤醒人们的意识，人们运用视觉思维把大量丰富的"视觉形象"转化为"意会知识"进而形成知识认知。

图像异化是指人们利用图像视频技术改变过、塑造过的对象，非但不是对实践主体和科技主体的本质力量及其过程的肯定，而是反过来成了压抑、束缚、报复和否定主体的力量，不利于人类生存和发展的一种异己性力量。"后真相时代"的图像异化，指的就是图像不再成为事实的证明，反而成为谣言、煽情的"帮凶"，使得人类传播愈加陷入"后真相"的泥潭。

（一）图像扭曲与事实悖离

传统认知中"有图有真相""耳听为虚，眼见为实"是对于图像自证性的神话推崇，但在网络传播的"后真相"语境下，许多失实报道本身正是由图像扭曲式使用带来的舆情风险。

第一种风险是图像的去语境虚假挪用。虽然图像具有"不证自明"的特性，但是脱离了原有语境的虚假挪用，其本质就是一种"图像谣言"。真实

---

① 杜骏飞、吴洪:《网络视频：国际话语空间的拓展与秩序重构》,《中国广播电视学刊》2009年第 8 期, 第 63~64 页。
② 周勇:《影像背后：网络语境下的视觉传播》, 中国传媒大学出版社, 2014, 第 57 页。

的视觉文本脱离了原有时空后成为谣言的素材，图像传播类似"皮下注射"般的传播效果，极易使得用户信以为真，加剧了事实真相悖离，而一旦受众认知的"首因效应"产生，事实核查和真相辟谣需要花费更多时间与更高成本。

第二种风险是图像的扭曲性修改与注释。通过截图、遮盖、再剪辑等修改方式，对视觉原有信息进行掩盖或扭曲也会改变视觉文本对于真实性的证明。视觉文本一方面具备自证性，另一方面也具有多义性，需要文字的确切注解，才能固定其意义。但是，一旦在传播中对多义性的视觉文本进行扭曲性注释，所带来的结果就是真相的遮蔽。

这些图像的扭曲性使用，还具有的一个特点是放大图像的刺激性与冲击力。视觉传播的情感唤起本就具有天然的非理性特征，传播者总是倾向于选择那些本身就极具吸引力的视觉文本进行所谓的"事实证明"，这些视觉文本也成为争夺注意力的有效资源，加之对图像刺激性的放大，就更加催发舆情风险的产生与扩散。

（二）图像狂欢与情绪宣泄

情感能量的聚集与动员一般通过以下三种叙事方式来实现：仇恨叙事、悲情叙事与恶搞叙事。[①] 视觉文本制作的大众化与使用的便利性激发了网民自主制作和发布图像的热情，网民会将自己的观点、评论、吐槽等制作成格式表情包、小视频反馈于社交平台，呈现群体性、戏谑性的图像狂欢特性，却极易催生事实传播中议题的离散与意义的消解，成为追求真相的掣肘。原有的核心议题讨论行动，偏离为"竞争性的图像狂欢"，理性讨论淹没在对各式图像的围观与猎奇之中，新闻事件的意义也随之消解于追求点击量和流量的"抖机灵""追热点"之中。

对客观的追求、对理性的崇尚等专业准则与职业道德，在"点击率至上"的注意力经济作用下逐渐消弭，曾经作为事物存在直接证据和客观性、精确性典范的图像，不得已产生了相反效应，在人为操作中异化为具有欺骗

---

① 郭小安：《公共舆论中的情绪、偏见及"聚合的奇迹"——从"后真相"概念说起》，《国际新闻界》2019 年第 1 期，第 115~132 页。

性和不确定性的拟象，从"证明真相"到"证明虚假"，从"建构意义"到"消解意义"。

四　结论与反思

本文从情绪传播与视觉传播两个视角，试图厘清"后真相新闻"的舆情风险机理。一方面，情绪先行引发的群体极化和舆论失焦是导致"后真相新闻"发生的重要因素：情绪的感染性、事件的复杂性、传播的群体性和意见领袖的煽动性四个层面，共同催生了情绪传播中的"群体极化"，而极化后的群体，缺乏理性讨论却诉诸感性宣泄，进而事实焦点与舆论焦点均发生偏离，促生了"后真相"的舆情乱象。另一方面，从图像的扭曲性使用和狂欢性使用两个角度来看，人们在视觉传播中信奉的"有图有真相"准则已被颠覆。扭曲性使用使得图像对于真相的证明性被打破，狂欢性使用使得图像对于意义的建构力被消解，网络视觉文化中的图像异化也是"后真相新闻"风险的显著推力。

原有的"真相"时代解构了，而新的"真相"时代尚没有来临。[①] 诚然，在"后真相"的时代，真相的迟到与扭曲只是一种显在现象，在意见表达情绪化和图像证明异化的背后，还有着更为深层和复杂的社会发展逻辑需要探索与思考。借助数据和算法传播作用于整个传播生态、媒介生态、社会生态的再造，"后真相"的舆情风险干预需要审视网络用户媒介素养。如何增强理性思考能力与自主识别能力，如何使网民群体媒介素养与媒介技术的发展应用相匹配，需要在更广泛的层面被关注和研究。

[①] 胡翼青：《后真相时代的传播——兼论专业新闻业的当下危机》，《西北师大学报（社会科学版）》2017 第 6 期，第 28~35 页。

微博异常账号的类型、特性和治理对策[*]

李 茂 张帅康[**]

摘 要: 微博异常账号指的是在微博平台注册的,表现和特征与正常用户行为不相符的账号。微博异常账号数量有限但影响力和破坏性较大,它们是微博平台运营管理的死角和漏洞,是网络舆论空间的现实风险,也是社会稳定的负面影响因素,更是网络意识形态安全中不可忽视的威胁,需要给予高度重视和深入研究。本文在学习借鉴已有研究成果的基础上,尝试分析微博异常账号的具体类型和主要特性特征,明确指出它们带来的风险与危害,并提出相应的对策措施。

关键词: 微博 网络社交平台 网络账号

一 引言

微博①是一个由新浪网推出,提供微博客的社交媒体平台。用户可以通过网页、WAP 页面、手机移动程序等发布动态,并可上传图片和视频或视频直播,实现即时分享、传播互动,是当前中国最大的社交媒体平台之一。

* 基金项目:本文系北京市社会科学院 2024 年院课题"北京城市形象的国际传播研究"(课题编号:KY2024D0248)的阶段性研究成果。
** 李茂,博士,北京市社会科学院传媒与舆情研究所副研究员;张帅康,中国社科院大学新闻传播学院硕士研究生。
① 在中国互联网发展史中,曾出现过新浪微博、搜狐微博、网易微博、腾讯微博。经过激烈的市场竞争,目前只有新浪微博还在运营。因此,本文提及的"微博"指的是新浪微博。

2023 年 3 月 2 日，中国互联网络信息中心（CNNIC）发布的第 51 次《中国互联网络发展状况统计报告》显示，截至 2022 年 12 月，我国网民规模达 10.67 亿人，互联网普及率达 75.6%。[①] 微博官方数据显示，2023 年 3 月微博月活跃用户为 5.93 亿，相比上年同期增加了约 1100 万用户，移动端用户占据了月活跃用户数的 95%；2023 年 3 月的平均日活跃用户为 2.55 亿，相比上年同期增加了约 300 万用户。[②] 由此可见，中国网民的微博使用率处在一个较高的水平。

近年来，微博用户规模保持稳定增长态势，其在权威新闻传达、信息即时传播、网络舆论引导、线上互动沟通等领域发挥着重要作用，有着较强的社会动员功能。随着微博的大面积普及和影响力的显著增强，一些潜在的问题也开始浮出水面。当前，微博海量活跃用户中存在一些主体身份不明、动机目的可疑、行为表现异常的账号，虽然数量有限但影响力和破坏性较大。这些异常账号是微博平台运营管理的死角和漏洞，是网络舆论空间的现实风险，也是社会稳定的负面影响因素，更是网络意识形态安全中不可忽视的威胁，需要给予高度重视和深入研究。习近平总书记指出："没有网络安全就没有国家安全，就没有经济社会稳定运行，广大人民群众利益也难以得到保障。"[③] 因此，本文以微博异常账号为研究对象，全面分析微博异常账号的类型与特性，深入剖析其带来的危害，并针对现实情况提出治理对策，具有较强的理论意义和现实参考价值。

二 文献述评

微博异常账号是一个业务概念，它与具体的平台（新浪微博）有着密切的关系。从内涵角度来看，它指的是在微博平台注册的，表现和特征与正常

---

① 中国互联网络信息中心：第 51 次《中国互联网络发展状况统计报告》，https://www.sohu.com/a/664452731_120708211。

② 《微博发布 2023 年第一季度财报及宣布派发现金股息》，https://baijiahao.baidu.com/s?id=1766857074073462007&wfr=spider&for=pc。

③ 张晓松、朱基钗：《敏锐抓住信息化发展历史机遇 自主创新推进网络强国建设》，《人民日报》2018 年 4 月 22 日。

用户行为不相符的账号。目前，针对微博异常账号的研究大多集中在网络工程领域，这些研究主要是采用具体的数据分析模型识别微博异常账号，刻画它们的网络特征和行为表现①。

微博异常账号是网络社交平台异常账号的一个分支。针对网络社交平台异常账号的研究，主要集中在以下几个方面。一是基于数据模型的异常账号识别。这类研究主要是引入各种大数据分析工具，利用模型分析异常账号的行为特征②。二是研究网络社交平台异常账号管理方法。有学者提出构建账号的风险等级评价体系，实现对异常账号的分级认证，为平台提供有效的信息安全支撑服务③。三是提出应对异常账号的具体措施。刘秀文等人分析了社交网络欺骗、网站欺骗、应用欺骗、邮件欺骗四类攻击场景的攻击特征，并揭示了特定场景的攻击与异常账户交互模式的密切关系，提出了面向不同场景的威胁应对机制④。

"社交机器人"（Bot）、"水军"（Botnet）、"喷子"等则是网络社交平台异常账号的具体表现形式。这方面的研究较为深入，相关成果较为丰富。刘茜等人深入剖析"社交机器人"在人工智能时代的演变逻辑及其对网络社交媒体的系统性影响，他们指出随着 ChatGPT 与"社交机器人"的深度融合，"社交机器人"的智能化内容生成能力大幅度提高，"社交机器人"的部署运营成本显著降低，而识别"社交机器人"的难度明显增大⑤。丁勇、赵岐智指出针对"水军"的相关治理工作仍存在监管主体单一化、法律法规体系缺失和识别技术落后等三方面问题，应从监管主体、法规治理和技术创新三个

---

① 王峥、叶维、邱秀连：《基于特征加权贝叶斯神经网络的微博异常账号检测》，《计算机与数字工程》2018 年第 11 期，第 2323~2328 页。
徐建国、刘梦凡、刘泳慧：《基于 HMM-RF 模型对新浪微博异常账号的识别与检测》，《计算机应用与软件》2022 年第 12 期，第 83~88 页。
② 莫凡、何帅、孙佳：《基于机器学习的用户实体行为分析技术在账号异常检测中的应用》，《通信技术》2020 年第 5 期，第 1262~1267 页。
③ 刘旭、任斌、常宝岗：《基于风险度评价的分级账号管控体系》，《信息安全研究》2020 年第 11 期，第 1003~1012 页。
④ 刘秀文、傅建明、黎琳等：《面向用户交互场景的信息欺骗分类及其威胁抑制机制》，《武汉大学学报（理学版）》2019 年第 2 期，第 126~138 页。
⑤ 刘茜、刘清渭、闵勇等：《AI 赋能与人机耦合：AIGC 时代的社交机器人》，《传媒》2023 年第 10 期，第 23~25 页。

维度出发探索互联网空间下"水军"违法犯罪的治理路径，从而实现全链条打击，铲除"水军"违法犯罪滋生土壤，在自主创新推进网络强国建设框架下不断提升公安机关网络社会综合治理能力[①]。窦东徽、罗明明、刘肖岑分析了"喷子"的嬗变历程，他们指出"喷子"经历了从无害嘲讽到恶意攻击的演变。人格特征、网络无忌效应等是网络"喷子"现象个体层面的成因，而其环境层面的成因主要涉及网络权力中心变化等因素；情绪传染、共同见解及注意和沉默螺旋构成了"喷子"传播的动因。他们认为，情绪疏导、提升共情和强化"把关人"职责有助于预防和阻击"喷子"，净化和改善网络环境[②]。

已有研究为本文提供了充实的前期成果，为本文梳理微博异常账号类型、特征以及风险危害等提供了扎实的理论依据。但已有文献大多集中在网络社交平台异常账号的具体表现形式上，对于具体微博异常账号的分析不够深入，特别是对微博异常账号带来的风险与危害缺乏深入剖析，相关对策措施研究数量有限。因此，本文学习借鉴已有研究成果，尝试分析微博异常账号的具体类型和主要特性特征，明确指出它们带来的风险与危害，并提出相应的对策措施。

三 微博异常账号的类型与特性

（一）"机器人"与"水军"

"机器人"指的是由算法操作的自动的社交媒体账号，它利用社交网络的各种算法自动注册账号、发表网络舆论，其设计目的就是增加社交网络中的网络节点数量，抢占规模优势。"水军"就是由相同的个人或者组织管理的机器人账号的网络，其设计目的是假造出社交媒体参与度，使得话题讨论显得更加"真实"。相关研究指出，海外社交网络各大头部应用中，"机器

---

① 丁勇、赵岐智：《"网络水军"违法犯罪治理路径研究》，《浙江警察学院学报》2022 年第 6 期，第 88~93 页。

② 窦东徽、罗明明、刘肖岑：《网络喷子：演变过程、产生机制及干预路径》，《现代传播（中国传媒大学学报）》2017 年第 10 期，第 138~142 页。

人"账号大约占据了全部注册账号的 20%，"机器人"账号推送的内容大约占据了 30%。微博账号中必然存在一定规模的"机器人"账号和"水军"，其设计者包含境外非法组织和国内某些舆论公关企业。例如，苏州大学东吴智库网络舆情团队的研究表明，2022 年初在微博上大肆炒作所谓"外交抵制"北京冬奥会的言论背后实际上是大量"机器人"，这些"机器人"主要来自美国、日本、加拿大[①]。这类微博异常账号的特性特征如表 1 所示。

表 1 "机器人"与"水军"特性特征

序号	特性	特征
1	自动性	程序自动注册账号，按照算法生成并发表网络舆论，且行为持续
2	伪装性	模仿正常人类用户发言，营造社交媒体参与度，以使话题讨论显得更加"真实"，对外显示人类用户的行为特征
3	集中性	"水军"由统一的个人或者组织管理，形成关联网络，呈现集中性和协同性
4	操控性	通过散布谣言和不实信息，实现操控舆论、挑拨对立，达到影响用户间的交流和社交网络氛围，破坏网络舆论空间的目的
5	规模性	"机器人"账号只有在社交网络中占据一定的比例才能发挥作用

（二）"搅局者"与"喷子"

"搅局者"是利用网络事件、过激言论、极端情绪等事物吸引流量、攫取流量的网络群体，他们往往游走在微博空间规则的边缘，利用微博账号放大自己的声音，借助各种突发事件传播谣言、过激言论和极端情绪，表面上是为了吸引眼球、扩大影响，实质上是为了通过裹挟舆论、攫取网络流量从而获得经济利益。"喷子"[②]指的是胡乱嘲笑、贬低、咒骂他人并缺乏同理心

① 《海外网深一度：起底推特"水军"抹黑北京冬奥会套路》，https://baijiahao.baidu.com/s?id=1723362921675903779&wfr=spider&for=pc。
② "喷子"是"网络喷子"的简略表述。按照《网络喷子：演变过程、产生机制及干预路径》一文定义，"网络喷子"即网络语言施暴者，特指在网络空间中喜欢以侮辱性言论攻击他人或挑起骂战的一类用户。参见窦东徽、罗明明、刘肖岑《网络喷子：演变过程、产生机制及干预路径》，《现代传播（中国传媒大学学报）》2017 年第 10 期，第 138~142 页。

的网络群体。他们在微博空间中用恶毒语言攻击他人、侮辱他人人格、贬低他人存在，又善于拉帮结伙、暗箭伤人。还有一些"喷子"经常在一些讨论时事的帖子中带节奏，为黑而黑，有意误导公众舆论。这类微博异常账号规模不可小觑，影响力颇大，其特性特征如表 2 所示。

表 2 "搅局者"与"喷子"特性特征

序号	特性	特征
1	攻击性	一般通过言语上的嘲笑、贬低、咒骂等方式释放冲动，试图用言语攻击消灭他人或他人在网络空间的言论
2	隐匿性	采取"封号换马甲*、换后更鼓噪"的策略，利用各种办法绕开微博后台实名制漏洞，大量注册微博账号，被封禁后立即换新的马甲大肆发声
3	目的性	传播放大不实消息，开展事件营销，攫取网络流量，扩大粉丝规模，为了获取更多的经济利益

注：马甲泛指同一个用户在同一个平台注册的不同账号 ID。在常用（已用）的用户名外再注册其他用户名的行为，叫"换马甲"。

（三）"僵尸号"与"空壳"

"僵尸号"指的是被盗取的微博上长期不活跃的废弃号，被一些不法分子和非法组织作为后备账号，这种账号并不会主动发表言论，其主要作用只是增加其他账号的关注数。近年来，一些"僵尸号"也被重新更改设置、重新设计，并不定期地发送精心组织的内容，具有了一定的"机器人"属性。"空壳"主要是指长期不活跃但未被盗取的账号，这些账号往往密码设置规则简单且安全维护工作不到位，很容易被字典攻击、撞库攻击、"钓鱼"诱骗后受人控制[1]，成为新的"僵尸号"（见表 3）。

---

[1] 字典攻击是一种蛮力攻击，用于破解密码。攻击者通过尝试数千万或数百万种字典中的英文单词和常见的密码（如 123456、用户姓名、用户生日等）来破解密钥、密码或口令。撞库攻击指的是，攻击者对互联网中遭到泄露的账号信息和密码信息进行收集，并利用收集账号和密码尝试登录不同网站，窃取其他网站上用户信息、密码、财产和使用权等。

表3 "僵尸号"与"空壳"特性特征

序号	特性	特征
1	易盗取	这类账号的密码设置规则简单且缺乏安全维护，很容易受到网络攻击并被他人（组织）控制
2	长期不活跃	这类账号在微博上长期没有任何活动，绝大多数时间被闲置
3	迷惑性	一些"僵尸号"被不定期激活，发送从语料库中精心组织的内容，其目的是混淆视听，迷惑相关识别系统，使得这类账号更难被甄别和管理

四 微博异常账号带来的风险与危害

（一）扩大虚假信息规模，制造虚幻舆论共识

这些异常账号有着高强度的转发、关注、跟帖功能，评论智能化水平也在不断提高，可在微博空间产生巨大流量，营造出各种虚幻的舆情声势和舆论攻势，能够有效影响公众对议题的判断，干扰党和政府决策制定和信息传播。比如在俄乌冲突中，微博上的一些异常账号大肆转发单方面的消息，歪曲解读局势变化，试图通过言论带偏"节奏"和方向，刻意营造出各种二元对立观点（如侵略与反侵略、正义与邪恶等），妄图鼓动舆论，制造所谓的"民意"。

（二）传播不实有害信息，挑动煽动极化情绪

一些不法个人和境外组织通过"机器人"进行信息操弄和传播虚假信息。例如，新冠疫情期间，一些受境外组织操纵的"机器人"账号就有意地在微博空间大肆传播新冠病毒来源、生物实验、武汉病毒所等相关内容，与正常账号关注公共健康信息和疫情防控工作取得的进展形成鲜明对比。社交机器人还可以增加负面或煽动性内容的曝光量，而且不同阶段选择不同主题来扩大负面影响。可以观察到，特殊时段会有一些微博"水军"炒作官员绯闻，煽动官民对立、党群对立；一些"喷子"故意宣扬经济下行和就业压力，贬损高考招生措施以及退休养老政策，传播焦虑情绪，渲染悲观预期，加剧了网民对经济民生、教育就业等领域的负面认知。

（三）组织开展协调行动，实施舆论引导渗透

"水军"可以利用各种算法形成攻守联盟，共同推动某类话题和主题发酵传播，并且具有复杂化分工和动态协调的能力。例如，在 2023 年上半年发生的数起政府官员形象舆情事件中可以明显地发现：在某一话题中大量"机器人"在短时间内重复使用或转发标签内容，形成舆论基础；一些批量意见领袖型账号频繁发声，确保"机器人"在意见传播网络中占据主导位置；一些"机器人"用加强与其他用户的连接等来引导网民舆论，可谓环环相扣、步步推进。需要指出，这些异常账号不仅在微博上具有影响力，在其他网络空间和人际传播中也具有一定的传播力和破坏性，往往成为各类不实消息和谣言"倒灌"的主要入口，是开展社会思潮渗透和意识形态破坏的有力"楔子"。

（四）破坏网络空间秩序，干扰网络社交生态

微博异常账号通过发布大量重复信息或各类不实消息，制造"信息海啸"，降低信噪比，破坏网民获取有价值信息的效率。例如，每逢重大节假日个别账号发布虚假的商业活动信息，宣称某些知名品牌要发放"超级优惠券"，声称只需要关注并转发，就能获得大额优惠券。然而，这些信息绝大多数是虚假信息，既浪费了网民寻找优惠信息的时间，也给这些品牌造成了负面影响。同时，这些账号的行为模式与正常用户存在较大差异，可能引发网络群体间的矛盾和冲突，破坏网络空间的和谐稳定。

（五）威胁个人隐私安全，攫取非法经济利益

少数微博异常账号以收集和出售个人隐私信息为目的，手段方式多样，包括但不限于发布钓鱼链接、植入恶意软件等。在用户不知情的情况下，不法分子和组织窃取用户的个人信息，进而进行诈骗或者非法交易，从而获取非法经济收益。不仅如此，此类异常账号还会利用一些热门的话题或者事件，吸引用户的关注，然后在用户不经意的情况下，获取用户的个人信息。这种行为不仅威胁用户的财产安全，还严重侵犯用户的隐私权。

五 相关治理对策

（一）升级微博"机器人"识别系统

随着技术的快速发展，现有的"机器人"智能化水平不断提高，其人格拟态程度和语义拟真水平又有了新的提升。在这样的背景下，现有微博平台"机器人"识别系统需要进一步升级：从用户基本信息、社交网络特征、发送内容、时间线、地域特征等多个维度建构指标体系；借助最新的人工智能技术，如机器学习、自然语言处理、网络语义识别等，夯实识别系统的技术底座；在政府相关部门的牵头引领下，网络社交平台头部企业共同研发应用大语言模型（LLM）判别工具，准确识别"机器人"利用生成式人工智能（AIGC）模型生成的虚假文本，有效过滤谣言与伪造信息，净化平台传播环境；建立动态反馈机制，根据反馈结果进行系统迭代优化，以确保系统能够适应不断变化的网络环境；有效利用全网算力，提升微博平台算力。通过以上方式，升级平台智能识别系统，提高内容甄别能力和行为判断水平，从而更加准确地进行账号管理。

（二）完善优化规章制度

网络管理部门应加强与各大网络平台的合作，共同制定网络异常账号的治理规范性文件。此类规范性文件应面向境内所有网络信息传播平台、网络社交平台和具有社会动员能力的网络平台，进一步界定异常账号的基本含义和主要类型，精准罗列异常账号的违法行为和危害影响，清晰判定异常账号违法行为的法律性质，明确相关部门和平台的工作义务和法律责任，公开针对异常账号不法行为的惩处措施。规章制度应涵盖异常账号的定义、类型、性质等，覆盖其网络行为的全过程，从而有效应对异常账号带来的风险与危害。

（三）严格落实微博平台主体责任

微博用户规模庞大，其掌握着各种类型的算法和大量用户信息数据，已经成为我国网络空间的重要平台。这种优势使其在网络社交平台竞争中占据重要地位，也赋予其特殊的责任和义务。因此，严格落实微博平台主体责任，成为治理微博异常账号的重要环节。首先，微博平台应进一步加大对异常账号的管理和处罚力度。平台应该建立健全账号行为规则，对于违反规则的账号，应该及时进行警告、限制功能甚至封禁等处理。微博平台还应该加强对异常账号的监测和预警，对于一些频繁发布虚假信息、散播谣言、进行网络欺诈等违法违规行为的账号，及时发现及时处理。其次，微博平台还需要在账号创建时进行严格的人机审查。对于"机器人"创建的账号，平台应在后台对其进行"标签化"处理并在前台进行标注。一方面防止机器人账号的滥用，另一方面让用户在与这些账号交互时，能够明确知道对方的身份属性。最后，依法整治网络暴力行为。平台要主动带起头，积极联合网信、通信管理等部门开展综合治理，注重源头防范，坚持全链条打击、一体化防治、法治化处置，依法惩处一批"搅局者""喷子"，有效保护个人的名誉、荣誉、隐私和相关信息。

（四）开展专项整治活动

网信、工信、公安、国安、文化等部门应定期联合开展专项治理活动。第一，相关部门应重点审查平台账号注册管理制度，确保其合理性和有效性。特别是，应严查网络平台真实身份信息登记情况，有效杜绝异常账号的出现。对于未按要求实名注册的账号，应进行警告、限制功能、注销等处理。第二，相关部门应联合各类网络平台严防违法违规账号在被处罚后通过各种手段"转世"再犯。对于经常发布违法信息、恶意攻击他人、破坏网络环境的账号，不仅要及时封禁，还要加强追踪，防止其通过更换账号、利用他人账号等方式继续进行违法活动。第三，相关部门应联合各类网络平台全面清理"僵尸号"和"空壳号"。对于这类账号，应进行全面甄别与深入清理，并加强日常的监测，防止其再次出现。

（五）加大宣传引导力度

政府应该积极加强宣传引导，通过多种渠道和方式，让广大公众特别是网民能够充分意识到网络中异常账号的表现、特征与危害。首先，政府应通过网络、电视、广播等媒体，进行广泛的宣传教育，引导公众正确认识这些异常账号的特征与特点。例如，可以制作一些教育性的短视频或者动画，生动形象地揭示这些异常账号的运作方式和它们所带来的负面影响，帮助公众了解和识别这些异常账号。其次，政府还应与学校和家长联手，共同提升青少年网络素养，让他们从小就能识别网络中的虚假信息。最后，网民应自觉抵制虚假信息，积极参与网络治理，共同维护清朗的网络环境。

（六）培养公众网络安全素养

一是加强密码安全教育，提高保护个人密码安全的意识。面向广大网民，大强度、多形式、全方位地普及密码安全知识，提高公众保护个人密码安全的意识，让他们了解到密码的重要性，以及如何设置安全的密码。二是培养广大网民及时注销不使用的网络账号的行为习惯。加大科普力度，讲清楚不及时有效注销、删除账号的安全隐患和现实危险。

参考文献：

李林、郝晶晶：《网络社交平台中编造、故意传播虚假信息行为的入罪边界》，《荆楚学刊》2022 年第 3 期。

邓浩钧、孙晓晖：《自媒体时代网络社交平台道德建构的困境与对策》，《甘肃高师学报》2021 年第 6 期。

曹然、王悦：《西方社交平台用户生成内容治理的困境与改革》，《国外社会科学前沿》2023 年第 11 期。

张博：《新时代意识形态工作的理论创新研究》，中国社会科学出版社，2022。

"智慧城市"形象在微信中的 SIPS 传播模式研究[*]

——以杭州市为例

周　侗[**]

摘　要："智慧城市"的出现为城市建设提供了新的模式，本文试图以杭州市在打造智慧城市期间的各项努力和成果为例，采用非结构性深度访谈的研究方法，以 SIPS 模型为基础，对杭州市的城市形象在微信中的传播路径和效果进行研究。研究发现，拥有众多粉丝的微信公众号的相关文章对城市形象的舆论有引导性作用，朋友圈中意见领袖的点评和转发会更加深入地带动讨论和一致性趋向。而危机公关滞后、工作生活的智能性或便捷性不足等，是容易导致城市形象在微信中负面传播的主要因素。因此，采取多种传播策略打造亮眼的城市名片，因地制宜、因时趋利地加快智慧化城市建设，对于城市形象在新媒体中的建构和城市的可持续发展具有积极意义。

关键词： SIPS 模型　城市形象　微信公众号　传播效果

本文采用非结构性深度访谈法，以 SIPS 营销模型为基础，对杭州市在建设智慧城市的过程中利用微信进行城市形象传播的效果进行阐述。

---

* 基金项目：本文系北京市社会科学院 2024 年院课题"北京城市形象的国际传播研究"（课题编号：KY2024D0248）的阶段性研究成果。

** 周侗，博士，北京市社会科学院传媒与舆情研究所助理研究员。

一 研究背景和现状

杭州迅速发展的势头有目共睹，与之相伴的是不断提升的城市品牌形象和口碑。这得益于杭州一直将智慧城市作为城市统筹规划的建设目标，整个城市的便捷性、宜居性大幅度提升。

国内外针对城市形象展开论述的学术研究非常之多，并且大多集中于计算机科学、城市规划、医疗卫生、政府管理、新闻传播等领域，尤其以热门的人工智能、大数据话题为多，本文的研究方法也是对观察所得的经验进行实证探讨。

就国内而言，根据本篇论文的探讨需求，笔者以"城市形象"和"新（含社交）媒体"为主题词在中国知网上进行搜索，共检索到 347 篇相关文章。这些文章涉及的城市范围很广，既关注了一线城市的建设，也关注到了二三线城市的努力，关注点也是众彩纷呈。有的研究关注智慧城市便民 App 的建设、社区传播，如黎军、王倩撰写的《微信：智慧城市社区传播新宠儿——以南昌首个社区微信公众号的运营为例》，就是叙述了南昌市首个社区微信公众号——红谷世纪花园社区微信公众号上线之后的传播影响力，认为社交时代新的社区传播行为模式——AISMAS，即 Attention（认知）、Interest（兴趣）、Search（搜索）、Memory（记忆）、Action（行动）和 Share（分享），有助于提升智慧城市的传播影响力，形成线上线下互动的立体化传播。也有的研究关注城市形象在新媒体中的传播策略，如刘丹的《社交媒体在智慧城市建设中的传播创新》、李琴的《新媒体环境下城市形象传播研究——以大连为例》、杨艺的《新媒体环境下的武汉市城市形象传播策略》[1]、姚利权等的《新媒体环境下杭州城市形象传播策略》[2] 等，但文章理论都较为浅薄，实践结果也不够丰厚。不过《新媒体环境下杭州城市形象传播策略》这篇文章中提出了使用组合式传播策略、互动微传播策略、大数据传播策略等，值得在实践中检验。还有的研究关注了新媒体带来的城市与人崭新的互动模式，如李静宇的《新媒体环境下城市形象塑造中的人·媒·城互动研究——

---

[1] 杨艺：《新媒体环境下的武汉市城市形象传播策略》，湖北大学硕士学位论文，2014。

[2] 姚利权、陈莹：《新媒体环境下杭州城市形象传播策略》，《西部广播电视》2014 年第 22 期，第 156~157 页。

以重庆为例》^①，提出了新媒体环境下政府主导塑造城市主体形象、大众媒介多方面推广、市民发挥能动性进行细节补充的城市形象塑造互动策略。综上可见，在新媒体语境中的城市形象传播研究大多缺乏深刻的理论支撑，多是将调研的数据针对不同的城市进行简单的提炼总结，没有形成系统化、整体化的研究体系。

国外因为智慧城市的概念提出得更早，相关研究也就更为深入，但也多侧重于技术建设和政策探讨，如 *Building a Smart City: Lessons from Barcelona* 一文中就得出结论："智慧城市"的建设不是一蹴而成的，而是需要日积月累地进行财政和政策的支持，同时也提到通过媒体手段把城市营销和城市建设、市民互动结合起来，更有利于智慧城市的建设。因为微信等社交媒体的主要使用范围在国内，国外相关文献较少，故本文不再做进一步梳理。

二 研究假设

无论是通过报纸、电视等传统媒体，还是借助微博、微信等新媒体，对城市形象的每一次传播，都是将城市作为一个有机整体的品牌进行营销和推广，以期得到受众的认可。因此，本文尝试以品牌营销中的 SIPS 模型^②为基础，提出假设：城市形象的推广与传播可以遵循 SIPS 模型。

SIPS 模型（见图 1）是 2011 年日本著名广告公司电通株式会社发布的数字时代消费者行为分析工具。该模型简单来说，是指消费者获得信息后产生共鸣（Sympathize），然后会将这些信息向网络社群或媒体或朋友圈发布、求证并确认（Identify），确认之后选择积极参与（Participate）、产生反馈或是不采取更进一步的行动，若态度积极，则这些信息就会被共享和扩散（Share &Spread）出去，产生新一轮的共鸣。电通株式会社于 2006 年提

---

① 李静宇:《新媒体环境下城市形象塑造中的人·媒·城互动研究——以重庆为例》，重庆大学硕士学位论文，2015。

② SIPS 分别是 Sympathize（共鸣）、Identify（确认）、Participate（参与）、Share& Spread（共享与扩散）的缩写。

出 AISAS 模型①，深入解剖了移动互联网平台消费者行为三个环节 Search—Action—Share 的内在规律，SIPS 模型在该模型基础上进行了延伸和完善，虽然 SIPS 模型在新媒体传播领域尚未被广泛应用，但其为解读新媒体传播的效果和路径提供了新的视角。

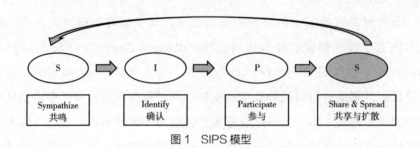

图 1　SIPS 模型

完成一次城市形象的推广亦是如此。只有这个城市的相关信息引起了受众的共鸣，并且经过对话确认产生认同感，才会有越来越多的粉丝参与城市文化的建设和传播，并且形成二次扩散。通过了解 SIPS 模型，我们可以初步判断得出，在移动互联网时代，信息和形象的推广、营销是受众心理和行为共同参与的复杂过程，这与目标受众的年龄、职业及他们所关注或感兴趣的领域有关。因此，依据以上理论和研究，本文假设：城市形象的传播遵循 SIPS 模式，并且与粉丝的年龄、职业和传播的内容有直接相关关系。

三　研究方法

由于信息的认同和分享是一个较为复杂的心理过程，需要在自由的交谈中对研究主题进行深入探讨，因此本文采取了深度访谈法，对被访者进行10 分钟左右的半开放式访谈。本文参照 SIPS 模型，对"新世相"微信公众号推送的文章《杭州杭州，为你我和北京分了手 | 30 岁离开北京的人去了哪

---

① AISAS 分别是 Attention（注意）、Interest（兴趣）、Search（搜索）、Action（购买）、Share（分享'）的缩写。

里》（以下简称《杭州杭州》）进行个案分析，采访的主要问题围绕"是否读过这篇文章？""是否认同文中的观点？""是否参与转发和讨论？原因是什么？"等展开。

本文选取了来自不同城市的 20 名不同职业、学历、专业、性别、年龄的受访者，访谈时间是 2023 年 3 月 27 日至 4 月 27 日（见表 1）。

表 1 受访者基本信息和探讨内容简述一览

编号	受访者	城市	年龄	职业	回复要点
1	潘女士	北京	28 岁	博士生	阅读后不是很认同文中观点，不会参与讨论和转发，因为与自己的体验不符，朋友在杭州做程序员时也非常忙碌，常常加班到深夜，而且因为公司偏僻，距离西湖很远，根本没有文中说的那么有生活情调，反而没有现在在北京生活便利
2	高先生	北京	27 岁	公司企宣	看完转给了杭州分公司的同事，我表示很羡慕他们的生活，但他们说"各有各的甜，也各有各的苦"，我也同意他们的说法。我们公司曾与新世相有过合作，虽然这些拥有较大粉丝群体的微信公众号的广告费也不便宜，但是它的粉丝无论是数量、年龄（25~35 岁）、职业（白领居多、知识分子居多）还是消费城市（以一二线城市为主）、消费观念都和我们公司的目标消费群体刚好匹配。与其把钱分散花在其他媒体或便宜的公众号上，不如就重拳出击，一次成功。今后投放广告也更多倾向新媒体平台
3	胡女士	北京	24 岁	博士生	当时看完觉得很向往这种生活，就分享在朋友圈里了，但后来大家评论、点赞的也不多，而且觉得自己也没可能去杭州定居，北京也不差，就删了
4	孟先生	杭州	28 岁	公务员	看完文章也与周围同事探讨了文中的观点，大家对于环境好、有人情味这两点还是非常认同的，特别是车让人这个小细节，在我从北京来杭州工作的这一年里，感触最深。再就是想补充一点杭州的优势，生活智能化程度高，支付宝上几乎可以完成所有业务，比如地铁和公交买票可以直接刷支付宝，公积金缴纳等各种缴费都设有支付宝通道，还挺便民的
5	王女士	杭州	29 岁	公司职员	看完马上转发到了朋友圈，感到很自豪。文章或许不能代表所有人的想法，但是作为弃京入杭的人，还是对文章的观点很有认同感的。很多朋友也给我这条信息点了赞，这篇文章发出来的头几天在我朋友圈里被转发的次数还是蛮多的，大部分都认同，也有的担心杭州名声越来越响亮之后前来定居的人日益增多，杭州会不会也陷入"城市病"的怪圈？

续表

编号	受访者	城市	年龄	职业	回复要点
6	郭女士	南京	29岁	牙医	没有第一时间看到这篇文章，不过后来身边的朋友也转发给了我，我认同文中的这些观点。我是2016年从北京高校毕业放弃留京机会来的南京，因为不想让自己活得压力那么大那么多辛苦，至少到目前不后悔这个决定。同样是南方，感觉南京和杭州的气质还是很不一样的，相比杭州先进便民的科技，南京还是有些落后了。两个城市现在房价都不低，自己工作也还算稳定，短期内不会考虑去杭州发展
7	周女士	北京	27岁	博士生	第一时间看到了这篇文章并转到了朋友圈，因为自己还是很喜欢杭州的，比较认同文中的观点。经常出差去杭州，每一次去，这个城市的风景都不一样，总能给人惊喜，比如秋天满城的桂花香、冬天的断桥残雪，比北京确实更宜居。一直以为这是篇软文，因为文章的倾向性如此明显，没想到居然不是。但这篇文章真的帮杭州"圈了"很多粉儿，写得还是很有煽动力的，以后杭州市做宣传时可以考虑下这个途径
8	黄先生	杭州	30岁	博士生	看到了这篇文章，朋友圈里有很多人转发。文中有部分观点是认同的，但杭州近两年生活和工作压力也是越来越大，还是更喜欢家乡安稳的生活，因此毕业之后选择回山东
9	张先生	北京	25岁	硕士生	看到了这篇文章，再次被文中描绘的杭州吸引，毕业时会考虑去杭州找找工作，毕竟离家近，对南方人来说这个城市还是很有吸引力的
10	周先生	山东	52岁	公务员	没关注过这个公众号，没看过这篇文章，朋友圈中也没有见过有人转发或点评这个公众号和这篇文章的
11	卢女士	山东	54岁	法官	没看过这篇文章，不过自己之前多次去杭州旅游，确实很喜欢这个城市。特别是文中提到的车让人这点，我自己也是深有感触
12	王先生	北京	31岁	博士生	看过这篇文章，没有转发，大部分观点都认同，但房价不像文中说的那么低，因为女朋友已经在杭州定居，自己以后也打算去杭州发展，房价是我们最关心也最头疼的问题
13	左女士	北京	29岁	银行职员	文章没看过，但是经常听朋友讲起杭州的好，经常看到有朋友在朋友圈中发布杭州的美景图，也有朋友从杭州旅行回来和我们分享那些美好的小细节，都成为我去杭州旅行的原因，旅行后的感受就是这里风景美，生活便利，到处都是24小时营业的便利店，提前进入了"无现金时代"

编号	受访者	城市	年龄	职业	回复要点
14	吕先生	北京	32 岁	外企技术员	看过这篇文章，部分认同文中观点。杭州也是近两年突然快速发展起来的，特别是 G20 峰会召开之后，整个城市面貌焕然一新。两年前从杭州回京，一是为了女朋友，二是北京的工作平台更高，接触国际前沿更多。没有后悔自己的选择，大城市的运转方式都差不多
15	刘女士	北京	28 岁	中学教师	看到了这篇文章，非常认同文中的观点，没有转发评论，因为本身就不爱发朋友圈。在这之前已经有很多人对我进行了"口碑营销"，时常说起杭州的美，因此趁假期我也去体验了一下，确实不错，好吃的很多，也有看不够的美景。有机会一定还会再去游玩的
16	方女士	杭州	32 岁	中学教师	看到了这篇文章，读后转了微信群里。这个微信群是跟我关系最亲密的几个好朋友一起建立的，遇到能引发共鸣的文章、商品、图片、音乐都是第一时间分享给小伙伴。杭州有悠久的历史文化，作为历史老师，每每讲起这段历史都非常自豪。感觉生活成本比北京要低很多，但现在杭州也堵得厉害，工作日也不像文中说的那么惬意
17	吴女士	金华	30 岁	高校教师	看到了这篇文章，没有转发评论，但是为我的家乡感到自豪，整个城市是小而精致的代表。工作压力比北京要小，这儿的人们很会享受生活
18	盛女士	北京	29 岁	公务员	看到有朋友在朋友圈中转发，我点开看完之后，就给这条信息点了个赞！曾去杭州旅行过，印象很好，现在看完还想再去一遍
19	贾女士	北京	29 岁	公务员	没有看到这篇文章，日常工作忙碌，很少有闲暇时间翻阅公众号。刚从杭州出差回来，对这个城市的智能化最刮目相看，特别是我们这一行，对检测设备要求极高，许多在北京都没满足的设备，率先在杭州投入使用了。喜欢西湖的夜风
20	黄先生	乌鲁木齐	30 岁	公务员	没看到这篇文章，之前去过杭州，留下了非常深刻且美好的印象。很羡慕杭州有这么多高新技术企业，能让杭州市迅速成为一个智慧城市，生活和工作品质是内陆城市远远不能企及的

四 研究结果

研究发现，微信公众号对城市形象的传播能起到一定的扩散作用，整个扩散过程基本符合 SIPS 模型，具体分析如下。

（一）共鸣（Sympathize）阶段：找准时机，引发群体关注，打通情感共鸣

公众号通过发布兼具创意、实用与煽情的文章、视频、图片，引发潜在受众对这座城市的关注是共鸣阶段需要完成的主要任务。在海量信息时代，引发共鸣并非易事。每个城市因其不同的风貌特色和人文气质，形成了独特的城市形象。将城市形象打造成文化品牌，并将这一品牌形象快速、精准地传播和推广，公众号需要在发布时找准时机，挑选这个城市最打动人的且与自身粉丝群体相匹配的形象气质加以传播，继而引发群体性关注，实现品牌受众与城市品牌之间的情感共鸣。

新世相目前拥有 800 万粉丝，这些粉丝具有如下几个显著特征：年龄在 25~35 岁，多分布在一二线城市，多为有一定学识和追求的年轻白领或高校学生等。新世相在发布《杭州杭州》这篇文章时，很巧妙地抓住了粉丝的呼声和城市形象扩散的需求，可谓"两头开花"。

针对自己粉丝群体的属性和特点，新世相选准了发布时机。此时正接近春季招聘的尾声，许多毕业生对自己的毕业去向迷茫不定、犹豫不决，到底是留在竞争压力大、机会多的老牌一线城市诸如北京、上海，还是去往稍轻松些的、近两年迅速发展起来的新兴一线城市如杭州、成都等。这篇文章刚好抓住了这部分粉丝群体的困惑，从中抽出北京和杭州进行对比分析。新世相最常用细节打动人，这一篇也不例外。文章的倾向性非常明确，借用被采访人的第三方话语视角和切身经历的细节，抽出房价低、自然环境好、落户易等最易让毕业生和北漂动心的理由进行陈述。这些观点迅速获得了那些想去杭州又舍不得离开北京的粉丝群体的认同，在应聘季稳、准、狠地动摇和获得了"军心"，引发了共鸣。

从深访中也可以看出，接受采访的 20 个人在全部阅读过这篇文章之后，有 15 人非常赞同文中的观点，4 人表示部分赞同，只有 1 人完全不赞同。80% 的被采访者表示一看到文章标题就被吸引了，这种俏皮的、拟人化的语气精准地抓住了好奇心，看完之后又对文章的叙事视角和内容产生了共鸣。

其实新世相一直关注城市形象和城市推广的相关选题，并成功发起过很多次征集和营销案例。2016 年 5 月 13 日就发起过一次征集——讲述凌晨四点的北京，最终有 33 万人参与了这次征集，回复了自己眼中凌晨的北京。2018 年的同一天新世相又做了一次讲述上海凌晨四点的故事的征集，这次活动征集到了 14000 位生活在上海的年轻人凌晨四点的真实故事，其中 91%的故事来自在上海打拼的外地人。新世相选取了其中三个故事做成视频，并将征集到的故事写成文章《差点忘了告诉你，凌晨 4 点的上海有多温柔》。视频最后出现了两行字："我们对于某种生活的向往，来到一座城市，但让我们留下来的，往往是这里的人。"正是这"画龙点睛"的两句字幕，将这些在上海打拼的外地人对于上海的情感共鸣推向了高潮。视频和文章不仅迅速获得了 1000 万人次的浏览，让新世相成为那些一线城市的外地人心目中的"情感树洞"并得到高度关注，而且帮助上海这座城市打出了"人情牌"，营造出一个有人情味的城市形象。

除了满足粉丝群体和商业营销的需要，近年来"抢人大战"不停在各大城市上演，一座城市要想招徕人才，就要拥有自己独特的魅力。而树立这种独特的品牌形象需要不断积累、强化公众对自己的形象认知，从而产生对这一形象品牌的共鸣。如在深访时，被采访人都提到了"西湖美景"，认可杭州丰富多样、得天独厚的自然风景和旅游资源，于是，新世相就在《杭州杭州》这篇文章中重点突出了杭州的这一特质，相比北京雾霾天气多、自然风景大多在市郊且人多，杭州拥有一出门就是绿树成荫、湖水潺潺的精致景致。因此文章直接在小标题中引用了被采访人说的这句话"在北京变僵硬的脸，都能被西湖的风吹软"，完全引起了读者的共鸣和兴趣。

抓准粉丝群体的共同呼声，将城市形象中的特质与其相匹配，利用微信公众号这一具有直接黏性的社交媒体中介，打通情感通道，让粉丝群体对发布的内容和所蕴含的城市形象产生共鸣。

（二）确认（Identify）阶段：搭好对话平台，重视"意见领袖"的二次引导

"确认"其实本身就已经是一种对话形式的参与，它往往是产生共鸣的粉丝小心求证的过程。确认往往有两种途径，一种是通过浏览留言板或口头交流试图寻找与自己一致的观点，另一种则是直接将感兴趣的内容转发给其他好友或发到朋友圈并发布评论以寻求认同。在海量信息面前，人们对于信息的筛选越来越趋于理性，为减少时间的损耗，受众倾向于将来自相关群体的评价作为决策的重要参考依据。留言板的评论就为确认环节提供了很好的空间。

微信公众号有留言刊登功能，后台只要把留言功能打开，每发布一条消息，粉丝都可以直接留言，经过后台筛选之后，部分粉丝的留言就可以显示在留言板上，其他读者若对留言产生共鸣表示认同，就可以通过点赞的方式"声援"这条留言。留言是按照获得的点赞数排序的，获得的点赞数量越多，这条留言就会越靠前。这一留言板功实则也为粉丝和公众号搭建了一个很好的对话平台。

（三）参与（Participate）阶段：深度参与促发自觉分享

参与阶段可以分成两个层次，初级参与是对微信公众号发布的内容产生共鸣之后进行转发、评论，再者是深层次的参与，直接参与到城市建设中去。从营销方即微信公众号团队和城市形象的推广者来看，这种触发了实际行动的参与才是真正的参与。

在笔者访谈的 20 人中，有 6 人最终将想法转化为行动，他们或是直接迁居至杭州工作生活，或是来了一场"说走就走"的旅行——来到杭州，亲身体验了《杭州杭州》一文中提到的杭州的生活模式，并将自己的故事和经历通过朋友圈发布出来与大家分享。在此，节选几个案例与大家分享。

> 孟先生：68 岁的妈妈随我来杭州定居以后已经能够熟练地用微信、支付宝付款，近期又学会了利用医院开发的 App 和支付宝挂号看病，此时正教邻居张阿姨用"杭州智慧医疗"App 预约第二天的门诊。为妈妈的进步而高兴！

> 葛先生：回老家绍兴，因为飞机晚点，到达杭州萧山机场时已是晚

上九点，突然想起正好九点半还有一趟机场直达绍兴的大巴，只要 30 元，打开支付宝的便民服务功能就能订票，刚下飞机票就订好了。现在智慧杭州的建设真是便民呐！

以上案例皆是笔者在杭州调研时发生在身边的真实案例。一直在倡导建设智慧城市的杭州，让居民工作生活的便利度大大提升，而这些点点滴滴的变化被网友直接分享在朋友圈或公众号的留言板上，形成个体间或个体与群体之间的直接对话，意见相仿者很快形成集聚效应，口碑传播效果空前活跃。

2008 年 11 月，在纽约市外交关系委员会发表演讲时，IBM 提出了"智慧地球"这一理念。2010 年，IBM 提出"智慧城市"的概念，进而引发了全球范围内"智慧城市"建设的热潮。在国内，城市建设已经从"智慧城市"走向"新型智慧城市"，这实际上是从 1.0 向 2.0 演进和迭代的过程。作为"新一线城市"的典型代表，杭州市也走在"智慧城市"建设的前列。2017 年 7 月 5 日，杭州市政府印发《"数字杭州"（"新型智慧杭州"一期）发展规划》，规划目标明晰——"到'十三五'期末……推动数据资源成为杭州市经济转型和社会发展的新动能，推动人工智能技术在宏观决策、社会治理、制造、教育、环境保护、交通、商业、健康医疗、网络安全等重要领域开展试点示范工作，利用人工智能创新城市管理，建设新型智慧城市。"[1] 国内金融企业蚂蚁金服这样定义"新型智慧城市"：新型智慧城市是将网络信息技术基础设施化，通过云、网、端实现实时在线、智能集成、互联互通、交互融合、数据驱动，拓展新空间，优化新治理，触达新生活，从而重构人与服务、人与城市、人与社会、人与资源环境、人与未来关系的可持续化经济社会发展新形态。[2] 2017 年 11 月 23 日，《第七届（2017）中国智慧城市发

---

① 杭州市人民政府办公厅：《"数字杭州"（"新型智慧杭州"一期）发展规划》，https://www.hangzhou.gov.cn/art/2017/8/14/art_1302334_4128.html。

② 蚂蚁金服集团研究院、互联网 + 百人会：《新空间·新生活·新治理——中国新型智慧城市·蚂蚁模式白皮书（2016）（节选）》，《杭州科技》2017 年第 4 期，第 28~38 页。

展水平评估报告》出炉，根据数据治理、智慧互联、智慧民生、智慧经济、创新环境等5个指标进行评估，杭州市位列我国智慧城市建设20强榜首①，初步实现了既定目标。

简单来说，这种新的城市发展形态实际上就是以惠民理念为主导价值观，以数据信息为政治、经济、社会（区）建设提供参考，打通政府和民众之间新的沟通、服务、管理渠道，实现城市的智能化、高效化和可持续化发展。可以将其归结为三个"新"：新空间、新管理、新生活。

中国社会科学院信息化研究中心发布的《移动即服务：2017中国城市移动政务服务能力评价研究报告》，对政务App的用户体验、平台运营和服务供给三个指标进行了考察，杭州移动政务全国排名第一②。可见杭州市不仅注重打造智慧民生，也密切关注"互联网+政务"的发展。杭州市民通过支付宝城市服务，绑定社保卡、公交卡等，即可享受政务、医疗、车主等领域的50多项便民服务（见图2）；也可登录由中共杭州市委、杭州市政府主办的官方网站"中国杭州"（http://www.hangzhou.gov.cn），了解最新政策、旅游咨询等，还可以在线轻松办理各项事务。

杭州市经信委相关负责人介绍说，"智慧城市"建设是一项系统的、复杂的工程，为此杭州市制定了智慧杭州建设整体规划，重点打造智慧医疗、智慧城管、智慧交通、智慧社区、智慧养老、智慧教育、智慧旅游以及网上办事等应用③。以杭州市上城区"智慧城管"模式为例，上城区运用RFID物联网技术在排污口、溢流井附近安装电子标签154个，在5条河道沿线安装10块电子河长公示牌。目前辖区内5条河道已全面实现污水零直排，上城区也成为杭州首个污水零直排城区。在河道汛期监控方面，上城区在5条河道各安装一套河水流速监测设备，实现对河水流速的实时监测和自动报警。管理平台可对报警水位

---

① 《第七届（2017）中国智慧城市发展水平评估报告在京发布》，http://www.echinagov.com/news/180822.htm。

② 《移动即服务：2017中国城市移动政务服务能力评价研究报告》，http://www.govmade.com/presentation/2212.htm。

③ 天雨：《杭州：智慧城市重在民生服务》，《人民邮电》2013年8月5日。

图 2　支付宝杭州主页

阈值进行设置，河道水位信息可以直接在平台 GIS 地图显示[①]。这种通过应用高科技手段智慧治理城市的模式，本着"为民服务"的意识实现了环境品质的提升，得到了百姓的认可。在智慧旅游方面，杭州市开发了相应的旅游服务 App，设立了官方微博、微信等，并在"中国杭州"官网中设置杭州旅游的入口，官方口径介绍杭州旅行的攻略、住宿等，以期通过多种途径擦亮杭州"美食天堂""休闲之都"的招牌（见图 3）。

"智慧城市"的建设利民利城，由于便捷性极高，吸引了更多市民参与到城市的实际建设中来。这种便捷又通过 App 和社交媒体的传播，形成了对城市形象良好的舆论引导。

---

① 段鹏琳:《推进杭州新型智慧城市建设的思路与建议》,《杭州科技》2017 年第 4 期，第 24~27 页。

图 3　"中国杭州"智慧旅游 App 推荐

（四）共享与扩散（Share & Spread）阶段：形成快速回流的信息循环系统

参与并亲身体验不是微信公众号发布的内容的终结，而是分享和自觉扩散的开始。参与体验之后，良好的口碑引发二次共鸣。观众在自觉或不自觉的各种联结中分享和扩散信息，从而让更多人关注并"动心"，从而引发二次共鸣，口碑传播得以实现。

发布在朋友圈和微信公众号留言板上的这些内容，一旦被他人转发或关注，便可以在社交媒体中形成经验共享。通过这种共享形式，社交媒体账号的目标受众可以了解到更多与自己切身利益相关的内容，更加关心居住城市的建设动态等，城市形象也在分享中得到了推广和传播。生活者分享是形成信息回流的重要突破口。我们在研究中发现，如果我们的策略能够刺激这种口碑形成一种快速回流的信息循环系统，所谓的口碑营销就形成了。

五 研究结论

研究发现，拥有众多粉丝量的微信公众号的相关文章对城市形象的舆论有引导性作用，朋友圈中意见领袖的点评和转发会更加深入地带动讨论和一致性趋向。而危机公关处理滞后、工作生活的智能性或便捷性不足等，是容易导致城市形象在微信中负面传播的主要因素。因此，针对"智慧城市"在社交媒体中的传播途径，我们可以在 SIPS 模型的基础上加以完善，具体如图 4。采取多种传播策略打造亮眼的城市名片，因地制宜、因时趋利地加快智慧化城市建设，对于城市形象在新媒体中的建构和城市的可持续发展具有积极意义。

对此，我们提出四个步骤。第一，建立聚合目标粉丝的官方微信公众号，形成城市传播的官方品牌。第二，设计有效信息，吸引目标人群成为品牌公众号集聚地的常客，要想尽办法设计话题，营造相同需求人群的"信息茧房"。因为，人总是愿意听与自己一致的观点，所以打造"信息茧房"是非常重要的。第三，策划个性化的、独特定制的说服理由。要及时发现核心人群，推进他参与直接对话。针对潜在目标人群应该说什么、针对一般粉丝群体应该说什么、针对重度粉丝群体应该说什么，要分门别类设计和跟进。第四，刺激粉丝群体在连接中分享体验。针对一般粉丝群体、潜在粉丝群体、重度粉丝群体给予不断的刺激，促使粉丝群体产生参与行为后愿意与他人分享。

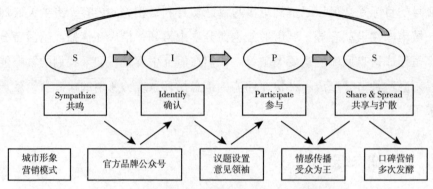

图 4 "智慧城市"在社交媒体中的 SIPS 传播模型

总之，我们在推广城市形象时需要充分利用社交媒体平台，设置议题，让议题形成聚焦，进而引发大家的关注。最能打动观众的是城市真正为民着想的思想内涵。《杭州杭州》一文虽然不是一篇营销广告，却免费给杭州的城市形象树立了标杆。当然，只有一座城市真的拥有能够打动人的人文气质和自然环境，才会吸引更多的人才前来建设。

参考文献：

艾丽蓉、刘云峰：《基于 Hive 的智慧城市数据处理技术研究与实现》，《计算机技术与发展》2018 年第 2 期。

程翠平：《G20 峰会与杭州城市形象传播研究》，北京交通大学硕士学位论文，2017。

李圣权、齐韬、河江：《杭州"智慧城管"建设探究》，《物联网技术》2013 年第 9 期。

刘亚秋：《从传播学角度解析城市品牌的传播路径》，山东大学硕士学位论文，2016。

童潇：《智慧城市与城市治理现代化——基于杭州上城区的案例分析》，《中共浙江省委党校学报》2014 年第 6 期。

王志凯、卢阳阳、Schulze David:《G20 峰会与杭州城市形象及软实力的再提升》,《浙江经济》2016 年第 11 期。

姚利权、唐巧盈:《大数据时代下杭州城市形象传播研究》,《新闻世界》2014 年第 12 期。

赵莉:《当前城市形象传播误区及对策——以杭州为例》,《对外传播》2011 年第 1 期。

新媒体背景下官方媒体防诈反诈宣传状况及改进策略探析*

赵益禛　田欣灵　秦　钰　赵　莹**

摘　要： 随着网络信息技术不断进步，各类依赖网络技术进行诈骗的事件层出不穷，运用大众普及率高的新媒体短视频进行反诈宣传便成了当务之急。当前，新媒体反诈宣传以官方媒体短视频宣传效果最为突出。各官方媒体以其庞大的影响力及权威性，构筑了一个多平台、宽领域的反诈宣传体系。为探究当前官方媒体防诈反诈宣传现状，本文选取文本分析法和数据分析法开展研究。经过分析发现，在当前的宣传中，仍存在针对性不突出、受众注意力较分散等问题。为解决上述问题，各官方媒体在宣传中应秉持"内容为王"策略，把握受众需求，推出专栏内容，并采用适当的话语体系。

关键词： 反诈宣传　官方媒体　短视频平台

习近平总书记在《坚持以人民为中心　全面落实打防管控措施　坚决遏制电信网络诈骗犯罪多发高发态势》一文中强调："要坚决遏制此类犯罪多发高发态势，为建设更高水平的平安中国、法治中国作出新的更大的贡献。"①

---

　*　基金项目：中国传媒大学大学生创新创业训练计划资助（项目编号：202310033010）。
　**　赵益禛，中国传媒大学人文学院汉语言文学专业本科生；田欣灵，中国传媒大学人文学院汉语国际教育专业本科生；秦钰，中国传媒大学人文学院汉语言文学专业本科生；赵莹，博士，中国传媒大学人文学院副教授。
　①　《坚持以人民为中心　全面落实打防管控措施　坚决遏制电信网络诈骗犯罪多发高发态势》，《人民日报》2021年4月10日。

而在大数据、"互联网+"时代，技术在带来便利的同时也俨然成为一把"双刃剑"。

而在经济社会高度信息化的今天，运用新媒体、新技术手段进行诈骗的骗术层出不穷，普法反诈势在必行。目前，借助新技术，以新颖的形式以及有趣的内容进行普法反诈，能够有效扩大反诈宣传的传播效果，增强受众群体的反诈意识。随着技术创新和媒介生态变化，受众的审美和需求不断发生改变。近十年来，"微传播"逐渐成为媒介社会的主流传播方式，用户的观看习惯也发生了深刻的改变，由时间较长、连续性较强的电视节目逐渐转向时间较短、内容较分散、碎片化的短视频。短视频在满足受众快速查询信息需求的同时，实现双向互动，成为受众获取信息的重要渠道①。因此，短视频逐渐成为各平台、各媒体推广、宣传反诈知识的主流途径。而在反诈宣传层面，以"反诈"为关键词在各平台进行检索，相关视频播放量、点赞量大多已破千万次，发展势头良好。其中，各官方账号由于粉丝数量多，且有官方背景托底，民众信任度高，因此官方账号的反诈宣传往往效果更好，更具有影响力。本文以官方媒体账号为研究对象，选取典型反诈宣传案例，全面分析目前官方账号在反诈科普视频运营上的现状、不足及改进空间，同时借鉴私人运营状况良好案例，为官方账号反诈科普视频的改进提供建议。

根据研究需要，本文主要采用文本分析法和数据分析法，收集各热门视频平台中视频的标题、视频时长、播放量、点赞数、转发数、评论数和前五条热门评论，分析、理解标题和评论的文本关键词，得出视频的受众反馈情况，具体做法如下。

第一步，以"反诈"为关键词在抖音、B站、微信视频号三个热门视频平台进行搜索，筛选出抽取数据的主要官方账号。

第二步，在筛选出的各官方账号中以"反诈"和"诈骗"两个关键词进行筛选，选出所有发布过的反诈相关视频。经过筛选，共筛选出抖音视频118条、B站视频74条、微信视频号视频201条。总视频数据达393条。

第三步，对筛选出的视频的标题、视频时长、播放量、点赞数、转发

---

① 周柔静:《互动仪式链视角下抖音短视频新闻生产与传播路径研究》，《传播与版权》2023年第12期，第5~7、12页。

数、评论数和前五条热门评论进行统计，制成表格。

第四步，对表格中的数据展开分析，得到统计图和词云图。

一 目前官方媒体反诈宣传：效果突出，防范有效

在新媒体时代，新技术的出现彻底革新了原有传统媒体的运用场景。随着 5G 技术的发展，信息传播不断高速化、全息化。在网速更快、延时更低、边缘节点处理能力更强大的 5G 架构下，短视频、微电影行业迅速占据视频行业半壁江山，影响力日益增强。

在此背景下，随着信息技术的快速发展，各传统媒体行业纷纷入驻新媒体平台，且其信息发布平台出现多平台融合态势，移动端、微博、微信、抖音、B 站等一批官方新媒体账号开始成为宣传主流。同时，各官方媒体也在积极探索宣传新模式，确保信息更为有效地传播。随着信息化和互联网技术的发展，网络平台诈骗行为多元化的趋势也愈加明显。对此，各官方媒体纷纷运用自己强大的影响力，以各种形式，针对电信诈骗、互联网诈骗等展开反诈宣传。其中，短视频由于其强大的视听效果及其较强的传受交互性，在用户接受度及传播效果上均位于各新媒体平台前列。中国互联网络信息中心（CNNIC）第 51 次《中国互联网络发展状况统计报告》显示，截至 2022 年 12 月，我国短视频用户规模达 10.12 亿人，较 2021 年 12 月增长 7770 万人，占网民整体的 94.8%。

为了探究反诈宣传在不同平台的具体传播效果，本文选取了抖音、微信视频号、B 站三个新媒体视频平台进行分析。

（一）抖音

抖音作为国内头部短视频平台，截至 2023 年，日活跃用户量已超过 10 亿人次，用户年龄分布较为广泛，关注范围也较为多样化。其短视频生产以受众为中心，视频时长和观看时间以秒为单位，制作周期以天为单位。抖音通过算法、大数据等技术手段，分析受众关注账号、搜索题材及点赞视频类型，为用户打造个性化算法推荐模式，迎合受众兴趣。在抖音个性化、流量

化算法的助推下，大量具有娱乐性的短视频得以曝光、传播，促使创作者在创作视频时，向轻松、娱乐的风格靠近。因而一些在大众认知中相对严肃正式的品牌也会在抖音一改创作风格，以一种轻松、更接近民众的方式传播有价值的内容。此外，区别于微信、微博等平台，抖音短视频的内容属性远强于社交属性，相比于把它作为日常的社交工具，用户更愿意在抖音中观看视频，因而视频的质量在平台传播中占有举足轻重的地位。

经过在抖音平台中以"反诈"为关键词的检索发现，"国家反诈中心"抖音官方账号获得的关注度较高，其视频更具有权威性，影响力更广泛。因此，本文摘取了该账号中 118 条视频，对其视频类型、视频调性及受众反响进行了数据收集。

截至 2023 年 8 月，"国家反诈中心"抖音官方账号共有 883.9 万粉丝，总获赞数 1290.9 万，受众范围广，影响力大。在收集到的 118 条视频中，其标题大多与"反诈""骗局"相关，且紧跟时事热点。在缅甸北部电信诈骗团伙逐渐成为关注焦点后，该账号发布了多条有关缅北诈骗的视频。

在视频类型上，混合剪辑 1 条、微电影 5 条、真实案例 28 条、情景短剧 30 条、宣传类型片 42 条、联动 12 条（见图 1）。可以看出，关于反诈的官方宣传以真实案例宣传、针对性专题宣传与剧情性较强的情景短剧为主，其中还夹杂着创新尝试，如微电影及与网红、大 V 联动等新形式。而这些多样的形式也取得了较为良好的宣传效果。抽取样本中，单条视频点赞数集中在 1 万~3 万赞区间，爆款视频甚至破百万赞。同时，高点赞量通常也伴随着高转发量，这说明受众也更倾向于在网络平台上分享自己喜好的内容，这对反诈宣传与推广均有促进作用。

而根据受众反馈，"国家反诈中心"的宣传目的也得到了较好的实现。根据热评与视频标题的高频词比对，高频词均为"反诈""诈骗""骗子""警察""报警"等，说明该账号的宣传已经引起了网友对于各种不同类型的互联网诈骗、电信诈骗的警惕（见图 2）。

（二）B 站

B 站作为国内最大的视频分享网站之一，早期是一个 ACG（动画、漫画、

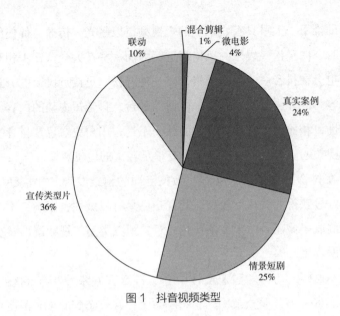

图 1　抖音视频类型

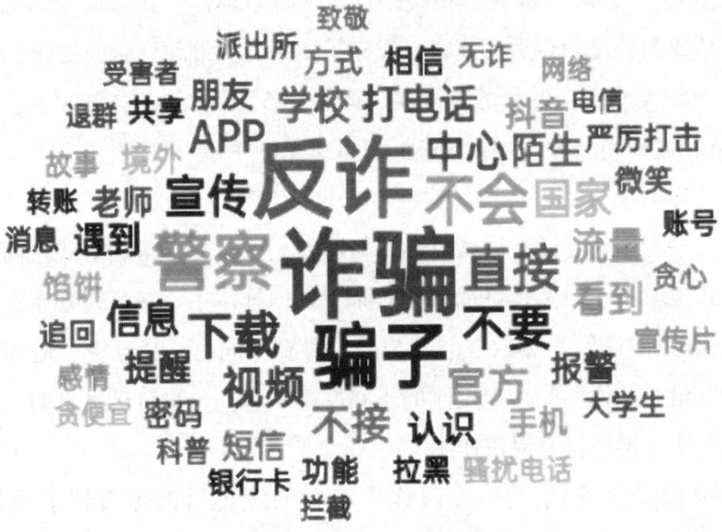

图 2　抖音热评词云图

游戏）内容创作与分享的视频网站。经过十几年的发展，B 站围绕用户、创作者和内容，构建了一个源源不断产生优质内容的生态系统，已经成为涵盖 7000 多个兴趣圈层的多元文化社区。年轻化、多元化及用户导向是其主要特征。

经过在 B 站平台以"反诈"为关键词的检索，我们发现，B 站上关于反诈的宣传较为分散，没有一个专业的、统一的账号。因此，本文选取了点击量最多、影响力最大的几个官方媒体账号——人民日报、新华社、共青团中央、央视频、央视新闻进行数据收集，总共得到 74 条视频。这些视频形式多样，且更为年轻化，时长普遍偏长。以下是详细分析。

在用户群体选择上，B 站的用户主要是年轻人，因此平台上的内容也更加注重时尚、娱乐、动漫等青春文化和"亚文化"元素，一定程度上构建了"Z 世代"人群的集体记忆。从已收集的视频数据来看，在发布的视频中，有 15 条为情景短剧，结合当时最新热点，如"大话西游""苍兰诀"等大火电视剧 IP，推出与爆火 IP 相关的反诈主题短剧，以增加年轻人的点击量和关注度；有 7 条为与各路网红大咖的联动合作视频，借助网红大咖自身的流量，吸引作为"互联网原住民"的年轻人的关注，增加点击量和点赞量，提升视频本身的影响力；为迎合 B 站庞大的"二次元群体"，还推出了 6 条动画类视频，以年轻人喜闻乐见的形式宣传反诈知识。此外，B 站上还有一类独属的原创视频——鬼畜视频，大多以素材混剪的形式完成。作为一种文化媒介，鬼畜视频指的是一种剪辑率、重复率、声画同步率极高的视频形式，旨在实现洗脑或爆笑的效果，吸引广大年轻受众。鬼畜视频大多取材于经典影视作品桥段、二次元动漫等年轻人熟悉的领域，这些素材的文本和配乐在后续制作中被不断地剪拼和重构[①]。而各官方媒体账号的反诈视频充分把握年轻人的喜好与熟悉领域，搬运或原创各种素材，加上混合剪辑的方式，形成鬼畜视频，取得了良好的传播效果（见图 3）。

此外，B 站与抖音、微信视频号等其他视频平台的一大区别就是其社区互动性。由于平台本身轻松、活泼、娱乐的调性风格，B 站的社区互动性要远强于其他视频平台，最突出的表现形式就是其弹幕的评论方式。弹幕是 B 站独特的文化符号。随着弹幕视频的不断发展，弹幕成为新一批的网络流行语之一，指的是基于视频载体、依赖时间轴呈现的评论形式[②]，具有

---

① 徐祥运、徐博昌：《鬼畜视频亚文化现象的生成及其传播研究》，《青岛科技大学学报（社会科学版）》2022 年第 3 期，第 56~63 页。

② 张毅：《媒介情境视角下的 B 站弹幕视频及其受众研究》，《新闻前哨》2022 年第 21 期，第 67~70 页。

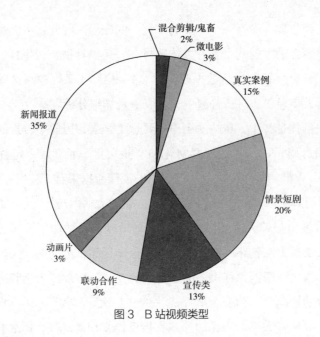

图3　B站视频类型

极强的参与感和互动感。从收集到的数据中我们发现，情景短剧类、真实案例类两类视频的弹幕较多，表明这两类视频的吸引度更高，观众对视频内容的关注度较高，观看注意力较为集中，观众参与感强。此外，B站注重社区建设和互动，用户可以在平台上发表评论、弹幕，进行点赞、投币、关注等，形成了独特的社区文化。B站上的视频内容丰富多彩，包括独立制作的原创视频、动画、游戏、音乐、影视、鬼畜视频等，覆盖多个领域。作为对用户积极互动的反馈，投稿视频的博主本人（B站中称为"UP主"）也以比其他视频平台高得多的频率"下场"，以点赞和评论回复的形式与用户进行互动。从收集的视频数据热评中，可以发现，相当一部分热评尽管评论内容平平无奇，但是均具有较高热度，其中官方媒体账号亲自下场是主要因素。在传统媒体时代，新闻内容的传输一般以单向输出为主，官方媒体也具有严肃性，与普通受众有着天然的距离感。但随着Web3.0时代的到来，新媒体内容逐渐占据主流，各官方媒体纷纷探寻新媒体转型。为了迎合新媒体平台的生态，官方媒体通常会通过下场互动的形式，打破其在公众心中严肃刻板的固有印象，与受众直接对话，拉近与受众之间的距离，以取得更好的传播效果与口碑。B站中官媒的下场便是实例。此外，为了进一步拉近与受众距离，官媒在下场时通常会采取与受众较为接近的话语体系。在收集的反诈视频数据中，B 站中的官方账号通常会采用与平台风格较为贴近的"萌系话语"，即语气较为轻松化、活泼化、幼儿化，配合表情包或颜文字的话语模式，有时还会结合时下热梗。以下是官媒与受众进行互动的内容与反馈一览（见表 1）。

表 1　官媒与受众进行互动的内容与反馈一览

序号	标题	热评	备注
1	上头！为了不被骗，国家反诈中心也是拼了	1. 反诈中心属实是把互联网玩明白了［喜极而泣］（57394 赞 711 回），UP 主觉得很赞 2. 补充几点大学里可能出现的诈骗方式。警惕老……手兼职诈骗等。（8754 赞 182 回复），UP 主觉得很赞	UP 主：人民日报
2	"一定要下载"的国家反诈中心 App，到底是个啥	1. 团团已经下载啦！！［脱单 doge］［脱单 doge］（5882 赞 93 回复），UP 主觉得很赞 2. 已经推广全校下载［热词系列 _ 妙啊］（1368 赞 28 回复），UP 主有回复	UP 主：人民日报
3	一定要看到最后，网络诈骗团伙集体"出镜"	1. "专业人士"的专业建议［笑哭］［笑哭］［笑哭］（6253 赞 9 回复）（UP 主觉得很赞）	UP 主：新华社
4	手机里的女友	1. 警惕网恋套路！（35147 赞 121 回复）（UP 主的评论）	UP 主：央视新闻
5	教育部：警惕"野鸡大学"招生诈骗陷阱	1. 被第一志愿录了！（2355 赞 49 回复）（UP 主觉得很赞）	UP 主：新华社
6	【主持人大赛】撒贝宁回应被骗录音事件：骗子面前人人平等	1. 这是我专门设计考验她的［doge］（1810 赞 11 回复）（UP 主回复）	UP 主：央视新闻

（三）微信视频

微信视频凭借差异化定位、人际传播机制以及微信媒体生态，不仅吸引了各类媒体机构争相入驻，还以独当一面的姿态同抖音、快手分庭抗礼[①]。它是微信生态系统内的一款短视频应用程序，无须下载，可直接于微

---

① 余润坤:《官方媒体入驻微信视频号的意义、经验及方法》,《传媒》2023 年第 6 期,第 53~55 页。

信 App 内部登录使用。同时，微信视频作为主打短视频的媒介平台，其最大的特质是娱乐满足[1]。换言之，轻应用的特点意味着用户需要先打开微信才能进入微信视频来浏览视频。而微信视频本身的短视频平台定位则意味着用户在刷视频的过程中被大量碎片化的信息淹没，很难在长视频前注目停留。因此，微信视频与抖音一样，主打时间短、内容分散、碎片化的短视频。

我们在微信视频平台同样选取"国家反诈中心"官方账号，共收集 201 条数据。经过分析，由于都是主打短视频的平台，微信视频中"国家反诈中心"发布的视频与其抖音号大体重合，运营方式以简单搬运为主，针对微信视频的原创视频较少。

然而，区别于抖音平台主打视频内容的娱乐调性，微信视频更强调其背靠微信的超强社交属性。其推荐机制也有别于其他视频平台。与其他视频平台相比，微信视频的推荐机制更加多元化，也更有社交特色。其采用"算法推荐 + 私域社交推荐"的双螺旋推荐机制[2]。该机制的主要推荐形式有三种：一是订阅，基于用户关注的内容进行推送；二是社交，基于用户社交关系链，即好友的点赞推荐进行推送；三是算法，基于用户兴趣，平台智能推送[3]。在这种推荐机制下，微信视频的点赞就被赋予了双重功能。当用户对某一视频进行点赞，不仅仅表达了对该视频的认可和喜爱，还将该视频传播给了社交圈内的好友。因此，区别于抖音，微信视频中，相当一部分视频的点赞数小于转发数。由于统计数据中，统计的是会推荐给共同好友的点赞数，该现象的出现也就有迹可循。微信视频的点赞一定程度上参与了用户在网络上的自我形象构建。由于点赞的双重功能，微信视频打破了个人空间与公共空间的界限。用户通过点赞，把自己的个人情感和偏好暴露在了社交圈层中。

黑泽尔·罗斯·马库斯和北山忍于 1991 年提出了自我建构的概念，指

---

[1] 万立良、蒲坤：《微信视频号用户持续使用意愿的影响因素探究》，《情报探索》2022 年第 3 期，第 10~18 页。

[2] 贾磊：《学术期刊与视频号融合模式探讨》，《天津科技》2021 年第 9 期，第 16~18+22 页。

[3] 王春枝、邢振刚：《微信视频号的差异化发展探究》，《传播与版权》2022 年第 7 期，第 65~68 页。

个体在认识自我时，会将自我放在何种参照体系中进行认知的一种倾向①。用户点赞、分享过的视频被烙上了用户自我形象的烙印，用户就会更加注重在社交圈层中"集体自我"形象的展示。因此，很多时候，用户为了不在自己的熟人社交圈中暴露自己的私人偏好，会选择放弃点赞，但可能通过转发的形式分享给自己的亲人或者朋友。而对于反诈的科普宣传，相对于以点赞的方式向列表中好友暴露自己的关注取向，用户可能更倾向以转发的形式分享给自己的亲朋，以起到提醒和警示的作用。根据调查，在收集到的 201 个视频中，点赞数多集中在 500~2000 赞区间，明显少于抖音平台的点赞量。而有超过 50% 的视频转发数在 1 万赞以上，部分视频的转发数还超过了 10万，转发数据要显著多于点赞数据。

而在评论数上，相对于抖音号基本在 1000 条以上，部分破万条的数据，微信视频号的评论数略显惨淡，大多为 100~1000 条。探究其原因，可能是二者的属性定位不同。抖音作为主打短视频内容的平台，用户与用户之间处于"弱连接"状态，且抖音主要的就是视频功能，用户专注于视频的同时在评论区进行评论，"掉马"的风险较小；而微信视频是基于微信平台的，其社交属性更强，用户评论过的视频很有可能会被算法"精准推送"给列表中的熟人，从而增加在互联网上暴露自己身份和实际倾向的风险。

从热评关键词来看，由于微信视频中的内容与抖音上重合度较高，因此热评中高频词也大体相似（见图 4）。不过，微信视频评论中表情符号的出现频率要远高于抖音，在热评中频繁出现"捂脸""爱心""旺柴""抱拳""玫瑰"等表情。这与人们在微信平台中的聊天习惯有一定关系，也与微信自带表情的设置有关。在线上交流中，由于缺乏面对面沟通时所能用到的面部表情与肢体语言，单依靠文字无法精准传达说话人所想表达的全部意思与情感，但表情符号弥补了人与人沟通过程中缺失的语境，在将原本的疏离感稀释的同时，从心理机制上带动人们沟通的天性和交流的欲望，

---

① 彭兰:《视频化生存：移动时代日常生活的媒介化》,《中国编辑》2020 年第 4 期，第 34~40、53 页。

从而带动彼此之间的社交①。很显然，微信视频用户也将使用表情符号的习惯带到了视频的评论区。

图 4　微信视频热评词云图

此外，表情符号以其生动形象和多元释义在微信交际中发挥了重要作用。微信中设置的表情符号较为直观，仅一个表情就能直接表达出使用者想要表达的内容，适用范围广，老少咸宜。从高频出现的表情符号来看，这些宣传视频普遍都得到了正面或较中性的反馈，基本没有负面反馈，说明用户在观看中的情感体验较为良好，易于推广。

二　官方媒体反诈宣传中的不足：受众意识及宣传方式均有待提高和改进

（一）平台内容针对性不足

不同平台具有不同的调性，也具有不同的受众，因此，同一媒体在不同平台所展现的内容也应该根据平台特点和受众进行调整。当前，包括抖音、B 站在内的短视频平台均采用算法分发模式，通过算法、大数据等技术手

---

① 段丽杰:《表情符号在微信交际中的传播特征与传播功能》,《传媒》2021 年第 11 期，第 95~96 页。

段，收集和分析受众关注账号、视频完播率、搜索题材习惯和点赞视频等行为情况，精准挖掘受众倾向，实现面向受众的精准内容分发与推送。

从视频类型和视频时长来看，B 站视频与抖音、微信视频的视频具有显著区别。B 站虽然近年来也有向短视频转型的趋势，但其平台中中长视频仍占相当一部分，注重完整度和质量，并构成了其显著特色。而抖音与微信视频都主打短视频，注重瞬时吸引力与爆点。在此基础上，在 B 站视频中，各官方媒体推出了很多反诈主题的新闻报道片段，大多在 3 分钟以上，为的就是全方位展现真实事件始末以及防范措施，以达到全面科普的效果。但在以短视频为主的抖音及微信视频，由于时长的限制，新闻报道较少，大多采用情景短剧的形式，对各类诈骗案件进行演绎，力求以轻松化、娱乐化的形式吸引受众。表 2 是各平台视频类型一览。

表 2　不同平台视频一览

平台	视频标题	视频类型	视频时长
抖音	诈骗电话显示在当地？！警惕电话冒充类骗局新升级！	单向宣传	1 分 34 秒
	请勿尝试刷单，哪怕只是一单！	情景短剧	3 分 46 秒
	遇到这类骗局，银行账户没钱也会损失惨重	单向宣传	8 分 02 秒
微信视频	外卖员接到电话后冲进了警务站！	真实案例	1 分 06 秒
	你接到过这样的电话吗？	情景短剧	0 分 38 秒
	冒充领导、熟人诈骗揭秘	真实案例	1 分 17 秒
	【反诈短剧】大人话反诈	情景短剧	0 分 50 秒
	注意！冒充领导诈骗升级了	专题宣传	1 分 52 秒
B 站	打击"境外诈骗"难在哪？中泰缅老警方启动打击赌诈联合行动，这些细节很	新闻报道	4 分 18 秒
	凭聊天记录就能证明"有硬关系"？这些"包办上学"的幌子，别信！	新闻报道	5 分 06 秒
	明星 QQ 号"泄漏"等你加好友？醒醒！	新闻报道 / 真实案例	2 分 45 秒
	诈骗常见话术手稿曝光！第二个就真相了……	联动	1 分 54 秒
	电话接通后发现是骗子？警察蜀黍教你"硬核回怼"！	专题宣传	1 分 40 秒
	【当东北人遇上电信诈骗】害你面子，样你骗走 300 块我的面子不要的啊？	电话录音	3 分 08 秒

但是，从用户年龄分层来看，单纯基于平台调性的宣传方式显然缺乏针对性。B 站的用户相对年轻化，更喜欢轻松活泼的内容。从视频类型统计数据来看，作为传统宣传方式的新闻报道占了总抽样视频条数的 35%，是 B 站官方媒体宣传反诈的主要方式之一。而在播放量低于 5 万次的 13 条视频中，新闻报道类视频独占 6 条，占低播放量视频（此处指低于 5 万次播放量的视频）中的 46%。这说明，尽管 B 站官方媒体依托 B 站的中长视频宣传调性，推出了很多新闻报道类较长视频，但是考虑到受众为青少年，并没有取得预期的宣传效果。众多年轻人更倾向于有剧情的、融梗的情景短剧类视频。

而抖音平台则正相反。根据调查，在低于 2 万次播放量的视频中，情景短剧和单向宣传类视频占比接近 70%，播放量较高的大多为真实案例。因此，可以看出，微信和抖音用户由于市场范围广、用户下沉程度深、年龄圈层分布广泛，更加注重视频内容本身而不是其娱乐形式，因此较有警示、教育意义的真实案例类视频反而更能获得关注。

（二）传播渠道有限

由于新媒体短视频时长短、网感强的调性，且出于传播效果的考虑，各官方媒体均选择在抖音、微信视频、B 站等契合新媒体短视频基调、用户基数大、影响力大的平台上发布大量视频，而百度视频、好看视频等平台由于视频号粉丝量较少、用户群体较分散，各官方媒体发布的反诈宣传视频也较少。从数据来看，百度旗下短视频产品，与抖音、快手相比，差距较大。实际上，在好看视频中，一些存量用户仍然依赖百度导流而来①。

根据调查，在百度视频、好看视频等平台发布反诈视频的大多是地方公安新媒体账号及自媒体账号，播放量均较低，宣传效果有限。但是，这类平台也绝不容忽视。各官方媒体也需改进简单搬运模式，提高对非热门平台的重视程度，依据用户群体和平台基调设计宣传路径，拓展反诈宣传广度和深度。

---

① 王倩：《跟风短视频，不被看好的"百度好看"》，《商学院》2019 年第 9 期，第 61 页。

（三）受众注意力较分散

尽管已经取得了一定的宣传效果，但是从受众反馈来看，三个平台均存在受众注意力不集中的共性问题，而 B 站的问题尤为突出。

由于 B 站上发布的反诈视频风格较为多样，其热评关键词也较为分散。不同风格的视频会引来不同的评论，而部分视频由于过于注重形式上的创新，导致受众对视频形式和出镜名人的关注度要大于视频宣传内容本身，出现了"喧宾夺主"的现象。

表 3　部分视频评论区

序号	标题	热评
1	【反诈女侠3集全】学反诈，我拿出了追剧的劲头	1. 什么看小姐姐，主要是为了防诈骗［doge］（5001 赞 34 回复） 2. @广州禁毒 我想看这样的禁毒宣传［吃瓜］［吃瓜］（2171 赞 19 回复） 3. 原来 b 站还有反诈连续剧看啊［脱单 doge］（1408 赞 13 回复） 4. 姐姐好好看！［星星眼］［星星眼］（526 赞 3 回复） 5. 封面? 云外镜黑镜?？？［热词系列_知识增加］（321 赞 11 回复）
2	【腾格尔反诈版】爱⚡□情⚡□买⚡□卖	1. 爱情买卖（x） 爱情经贸菜市场（✓）（3400 赞 13 回复） 2. 建议推广到广场舞做 BGM［热词系列_知识增加］（2198 赞 62 回复）（电影频道媒体中心） 3. 就这个 feel，真中！［点赞］（1993 赞 20 回复）（河南共青团） 4. 诈骗就像，你以为爱情买卖是慕容晓晓唱的，其实是腾格尔大爷唱的［doge］（1456 赞 5 回复） 5. 这样的反诈宣传太魔性了，我差点就跳起来了（864 赞 15 回复）（小警聪花）
3	这群"戏精"警察终究是没放过"大话西游"啊……	1. 剧情：唐僧遭如来观音放贷扒干底裤，后又遭白骨精诱骗进入博彩网站亏到入监。 发布者：新华社。 目的：教育 B 站青少年识破网贷博彩诈骗，防患未然。 结果：大家只关心鬼畜戏精，也如标题党所愿。 担忧：小心被佛教合法组织投诉，参考网文大神梦入神机。 评价：★★★ 点评：有待完善宣传方式。（499 赞 7 回复） 2. 小心唐僧肉。。。。。。啊（176 赞） 3. 官方鬼畜，最为致命［热词系列_知识增加］（163 赞） 4. 唐僧：我自己吃自己一块肉可否长生［doge］（133 赞 7 回复） 5. 不来一段大威天龙?［doge］［doge］［doge］（80 赞 1 回复）

续表

序号	标题	热评
4	先交钱后退款?"月尊大人"：要让诈骗尽数伏诛!	1. 我看了一下 up 的名字，陷入了沉思［思考］［doge］（10433 赞 23 回复）（SoleusAir 舒乐氏） 2. 新华社如今这样在座的都有责任［doge］（8311 赞 9 回复）（你猜我当初是为什么关注 UP 主的?） 3. 省流：守护好您的信息网络安全，不听不信不转账，陌生链接不点击。 UP 也要守护好自己的账号安全啊。（3134 赞 3 回复） 4. 退出去看看 up 主的名字，这是新华社吧［热词系列_知识增加］（2427 赞 7 回复） 5. 看到月尊的时候以为是苍兰诀剪辑视频，往下一看三个大字：新华社［笑哭］（2116 赞 10 回复）
5	"董叔"再出手，一秒降劫匪	1. 四平这哥几个的演技秒杀一半以上的演员，说是人民艺术家一点都不过分。（203 赞 8 回复） 2. 西北玄天一片云［doge］（113 赞 18 回复） 3. 恭喜董叔! 别忘记时不时联系海南［doge］（56 赞 6 回复） 4. 我去［妙啊］［妙啊］激动，短视频国家队~（42 赞 3 回复） 5. 董叔有点高啊（17 赞 3 回复）
6	金博洋盘点近期热点骗局	1. 想看你边滑边科普［脱单 doge］（755 赞 12 回复） 2. 这封面搞得，我以为金博洋被骗了［doge］（634 赞 2 回复） 3. 天天我想看你边滑边科普［脱单 doge］（234 赞 1 回复） 4. 天天这语气表情是感觉换了一个人［吃瓜］（132 赞） 5. 宝你是不是刚起床，还没彻底清醒就被拉过来录视频了哈哈哈（131 赞 1 回复）

从表 3 可以看出，表中视频均有"喧宾夺主"、形式大于内容之嫌。这些视频评论区的前五条热评中，大多不是对视频宣传的反诈内容本身的反馈，而是对其创新形式和出现的网红 / 大咖表现出热烈反响。就如序号 3"这群'戏精'警察终究是没放过'大话西游'啊……"视频的评论所说，大家都只关注了鬼畜戏精，正如标题党所愿。使用与满足理论曾指出，大众的媒介接触活动是基于特定的需求动机来"使用"媒介的。心理学家史蒂芬斯提出的"传播游戏理论"提到，除了功利目的传播，还存在一种为传播而传播的超功利的、追求自我愉悦与提升的传播（即作为游戏的传播）。在这种传播中，传递信息本身已经不是主要目的，更重要的是传播主体的快乐与

自由。这很好地解释了当今新媒体短视频用户的使用动机[1]。大多数短视频用户使用短视频的目的是满足其休闲娱乐的需要，不过脑子的短暂快感在刷短视频时远远凌驾于深度思考之上。因此，当视频采用"标题党"或者引流的形式，靠比平台本身和内容本身更具娱乐性的、更具流量的 IP 进行引流，就会造成受传者优先选择满足娱乐需求的现象，而忽略宣传内容本身。

三 官方媒体反诈宣传改进措施：内容为王，受众为本

（一）挂靠热点，内容为王

事实证明，只有坚持长期推出有价值、有意义的内容，账号才能获得口碑，反诈宣传才能取得长期效果。针对调查中部分视频形式大于内容的问题，为了提升其宣传效果，各官方媒体在宣传反诈知识时更应注重宣传内容本身。而各平台在运营时也可以打破平台壁垒及圈层壁垒，打造跨平台互鉴模式，同时借鉴运营情况良好的私人账号/企业账号经验。

短视频平台与中长视频平台同属视频平台，并不存在绝对的平台壁垒。以 ID 为"燃茶哥哥"于 8 月推出的爆款视频来看，该视频于抖音、微信视频、B 站均有发布，在不同平台均获得了巨大的流量和关注度，挂靠热点、直击社会痛点、内容精心是主要因素。该视频于 2023 年 8 月 15 日和 8 月 16 日在不同平台发布，截至 2023 年 9 月 6 日，在 B 站、微信视频、抖音三大视频平台累计获得了超千万次的播放量、超百万次的点赞量与超过 20 万条的评论量，成为爆款视频。视频时长达 10 分 49 秒，属于中长视频范畴，尽管与短视频平台调性稍显不符，但在除 B 站外的短视频平台获得了巨大流量。该视频直击当时频频上热搜的缅北诈骗园区，揭示了诈骗园区的运营全流程与可能使人落入圈套的"千层套路"，紧跟热点，用精彩独家的内容满足了受众对缅北诈骗的求知欲望。

---

① Wiliam Stephenson, *The Play Theory of Mass Communication*, Chicago: University of Chicago Press,1967.

这个"诈骗视频"，我希望14亿人能看到

图 5 《这个"诈骗视频"，我希望 14 亿人能看到》的 B 站页面截图

同样，各视频平台的运营也可充分借鉴该爆火视频的运营模式，培养敏锐嗅觉，紧跟时事热点，满足大众新闻需求，同时利用官方账号的独有资源，与公安等相关部门展开合作，根据大众需要制作精品内容，力求宣传及时、有力，以取得良好的宣传效果。

（二）注重受众反馈，及时调整不同平台宣传策略

根据前文分析，尽管部分视频的受众反馈不佳，但此后账号的运营策略并没有进行较大调整，推出视频类型如出一辙。因此，为了取得更为良好的宣传效果，各官方媒体账号要及时分析后台数据，依据大数据得到受众反馈，并根据受众需求和不同平台的特性，及时作出调整。如，对于抖音和微信视频，应适当减少形式性较强的内容，增加真实案例、相关新闻报道和专业人士分析，不仅可以满足下沉用户群体需求，也便于用户将视频分享给自己的亲友，让他们以直白的方式了解反诈知识。

此外，尽管同样作为短视频平台，但是在抖音和微信视频上的宣传策略也应该有所不同，因此，应该避免现阶段"国家反诈中心"直接搬运的抖微平台双运营模式。微信视频内嵌于微信客户端，短视频主要通过熟人圈层分享传播，这就决定了其具备较强的生活化属性[①]。为此，微信视频的反诈宣传要优选贴近生活、贴近日常、贴近普通人的视频素材，以生活化、平等化的视角展开宣传科普，增加帮助用户打开熟人社交圈的属性。

（三）改进联动方式，推出系列专栏

从三个平台的普遍数据来看，视频内容都较为分散，有"东一榔头，西一棒子"之嫌，没有形成系统化的宣传体系。而从抖音平台来看，除了偶然爆火的"燃茶哥哥"的长视频，一些网友自发整理的专栏也取得了一定的关注度。例如，ID 为"生意邦外呼系统"的博主整理了一个"缅北反诈宣传"合集，累计获得 11.7 万次的播放量。该系列每条视频时长 1~6 分钟不等，聚焦于诈骗形式、缅北真实黑幕等受众关注焦点，分门别类地向受众科普。

而在微信视频上，除了"国家反诈中心"官方账号，互联网自媒体"反诈骗联盟"所做的反诈宣传视频也取得了一定的关注度。该账号以反诈为焦点，视频分为"七大反诈利器""谨防 AI 诈骗""反诈与时俱进""以案警示""官方整活不火系列""4·15 国家安全宣传日""中小学生安全刑警说"7个专栏，进行全方位科普。"国家反诈中心"等官方媒体也可适当借鉴专栏形式，全方位推出科普视频，提高反诈宣传的覆盖度及全面性。

（四）使用多样态话语模式，找准自身基调

为了迎合新媒体调性，吸引数量庞大的年轻受众，各媒体在短视频平台中，尤其是在 B 站平台的运营中大量采用年轻化、娱乐化、"梗化"的网络语言进行宣传，同时与传统媒体相对严肃的官方话语相结合，使用多样态话语模式进行反诈宣传。尽管因打破了官方媒体的严肃调性而吸引了大批粉丝

---

① 余润坤：《官方媒体入驻微信视频号的意义、经验及方法》，《传媒》2023 年第 6 期，第 53~55 页。

关注，但根据前文的分析，难免有"喧宾夺主"之嫌。

因此，各官方媒体首先需要适度使用"萌系话语"，做到"萌而不媚"，适度使用网络流行语、表情包等青年亚文化元素，对待严肃的新闻话题要谨慎使用青年亚文化元素。在运营过程中不能本末倒置，在"引关吸粉"、扩大影响力的同时，必须警惕避免陷入庸俗、低俗、媚俗的网络文化陷阱。还需要找准自身定位基调，在适应新媒体话语的同时不能丧失自身调性，将网络用语与传统宣传话语相结合，以平稳基调达到更好的宣传效果。

要平衡自身宣传科普职责与"蹭热点"之间的关系。寻找与网络热点话题的恰当结合点，但不能为了"蹭热点"而生搬硬套发布与自身职责无关的短视频内容，更不能为了追求网络流量而片面迎合网友低级趣味，发布三俗内容。

随着媒体融合的不断深入，官方媒体短视频宣传模式逐渐走上舞台，在反诈宣传中也占据了重要地位。目前，短视频反诈宣传内容生产与传播仍有待加强。新媒体平台运营者应更好地把握不同新媒体平台的传播运营规律，以受众为中心，建立健全反诈短视频的传播体系，充分改进宣传内容，改进视听语言与联动方式，以更精良的内容、更契合受众需要的模式，打造官方媒体防诈反诈短视频宣传体系。

参考文献：

《坚持以人民为中心 全面落实打防管控措施 坚决遏制电信网络诈骗犯罪多发高发态势》，《人民日报》2021 年 4 月 10 日。

周柔静：《互动仪式链视角下抖音短视频新闻生产与传播路径研究》，《传播与版权》2023 年第 12 期。

徐祥运、徐博昌：《鬼畜视频亚文化现象的生成及其传播研究》，《青岛科技大学学报（社会科学版）》2022 年第 3 期。

余润坤：《官方媒体入驻微信视频号的意义、经验及方法》，《传媒》2023 年第 6 期。

万立良、蒲坤：《微信视频号用户持续使用意愿的影响因素探究》，《情报探索》2022 年第 3 期。

贾磊：《学术期刊与视频号融合模式探讨》，《天津科技》2021 年第 9 期。

王春枝、邢振刚：《微信视频号的差异化发展探究》，《传播与版权》2022 年第 7 期。

彭兰：《视频化生存：移动时代日常生活的媒介化》，《中国编辑》2020 年第 4 期。

段丽杰：《表情符号在微信交际中的传播特征与传播功能》，《传媒》2021 年第 11 期。

王倩：《跟风短视频，不被看好的"百度好看"》，《商学院》2019 年第 9 期。

张国涛、李若琪：《微光成炬·顺时而变：中国短视频发展十年考》，《民族艺术研究》2023 年第 4 期。

贺晴怡：《抖音短视频 App 青年用户使用行为研究》，《中国报业》2023 年第 10 期。

史恒璟：《新媒体政务宣传在抖音平台的传播策略研究》，《记者摇篮》2022 年第 12 期。

Wiliam Stephenson, *The Play Theory of Mass Communication*, Chicago: University of Chicago Press，1967.

政策法规

面向新发展阶段的文化金融政策观察

金 巍[*]

摘 要： 新发展阶段对我国文化经济和文化金融发展提出了新的要求。文化金融要为与文化经济相关的一系列国家战略服务，要承担时代责任，这就是文化金融的战略使命。本文聚焦新发展阶段国家战略及相关政策，从战略中理解政策取向，从政策中理解文化金融的战略使命，从政策中提炼文化金融的重点服务领域以及具体工作路径。

关键词： 文化金融 国家战略 文化经济

文化金融政策是重要的文化经济政策，是促进文化产业发展的重要推动力。从政策角度看文化金融发展，是研究和观察文化金融走势的重要路径。随着我国进入新发展阶段和"十四五"规划周期，文化金融政策的战略背景已经有了巨大的变化，文化金融与国家战略的关系更加紧密，文化金融政策对重大问题的关注更加密切，在服务措施及工具路径方面也更加丰富。本文从战略使命、服务领域与工作路径三个方面对文化金融政策进行解析。

一 战略使命：相关战略背景与时代责任

新发展阶段的第一阶段，要在 2035 年基本实现社会主义现代化。在这

---

* 金巍，高级经济师，北京立言金融与发展研究院副院长，国家金融与发展实验室文化金融研究中心副主任、特聘研究员，上市公司独立董事。

一阶段，文化金融要为建成文化强国作贡献，要为实现铸就社会主义文化新辉煌的任务目标作贡献。在这一阶段，文化金融还要为与文化经济相关的一系列国家战略服务，要承担时代责任，这就是文化金融的战略使命。这是进入"百年之未有之大变局"时代和新发展阶段以来的大局势决定的。文化经济、文化产业、文化金融均不能脱离国家战略环境独居一隅"自娱自乐"，而是要主动融入国家战略当中，服务国家战略。

与文化金融相关的战略图谱之中，建成文化强国是文化金融服务国家发展的战略核心，中国式现代化是新发展阶段国家全面发展的战略目标，这是文化金融相关战略图谱中的两个支柱。就文化与社会经济发展的关系而言，文化金融需要关注的战略至少还有新发展格局[①]战略部署、扩大内需战略、高质量发展战略、共同富裕战略、乡村振兴战略、区域协调发展战略、数字经济发展战略、创新驱动发展战略等。这些既是文化金融发展的战略背景，也是文化金融要服务的战略领域。文化金融相关战略图谱见图1，下文选择部分战略详细论述。

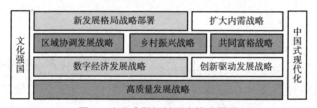

图1　文化金融相关国家战略图谱

第一，建成文化强国。文化金融是否重要，取决于文化发展是否重要。文化在我国"五位一体"总体布局当中据有一席。文化是国家治理之魂，文化金融助力文化发展，就是助力国家治理。文化的重要性落到战略指向的实处，便是文化强国建设这一战略目标。文化强国与文化金融的关系很清晰，那就是：没有文化产业强国就没有文化强国，要建成文化产业强国，就要借助文化金融的强大支撑。根据国际经验，文化强国的建成，都要以发展产业的形式推动，而产业背后都有强大的资本力量。由于服务文化生产的职责所

---

① 以国内大循环为主体、国内国际双循环相互促进的新发展格局。

在，文化强国自然是文化金融要服务的战略核心。

第二，中国式现代化建设。中国式现代化建设是党的二十大提出的重要命题，是新时期我国社会与经济建设的重大战略目标。党的二十大提出："从现在起，中国共产党的中心任务就是团结带领全国各族人民全面建成社会主义现代化强国、实现第二个百年奋斗目标，以中国式现代化全面推进中华民族伟大复兴。"中国式现代化的本质要求是坚持中国共产党的领导，坚持中国特色社会主义，实现高质量发展，发展全过程人民民主，丰富人民精神世界，实现全体人民共同富裕，促进人与自然和谐共生，推动构建人类命运共同体，创造人类文明新形态。中国式现代化包含了几乎所有我国要实现的其他战略目标，是全面发展的总战略。

第三，高质量发展战略。高质量发展是中国式现代化的本质要求之一，也是新发展阶段的基本要求。2020 年 7 月 30 日，中共中央政治局召开会议，全面分析国际国内发展大势，首次明确"我国已进入高质量发展阶段"。党的二十大报告中指出，"高质量发展是全面建设社会主义现代化国家的首要任务"。从高质量发展这个视角上，文化产业和文化金融的任务是要实现自身的高质量发展，其中文化金融还要为文化产业高质量发展服务，要将服务重心放在文化产业体系建设、产业链重构、要素市场建设、基础设施建设等方面。

第四，新发展格局战略部署。构建新发展格局是 2020 年以来我国为了应对国际国内经济格局剧变而提出的战略部署，是经过 40 多年改革开放我国经济社会发展到新发展阶段的必然要求。党的二十大报告再次强调了新发展格局战略部署，提出要把实施扩大内需战略同深化供给侧结构性改革有机结合起来，要增强国内大循环内生动力和可靠性，提升国际循环质量和水平。与此密切相关的是扩大内需战略，中共中央、国务院印发了《扩大内需战略规划纲要（2022~2035 年）》，将扩大内需作为促进我国长远发展和长治久安的战略决策。在新发展格局战略部署下，文化金融一方面要在优化文化供给的同时，结合扩大内需发展文化消费金融；另一方面还要在文化贸易金融这个着力点上下大气力。

第五，区域协调发展战略。2017 年，党的十九大报告指出要"实施区域协调发展战略"。2018 年 11 月，《中共中央、国务院关于建立更加有效的区域协调发展新机制的意见》发布。党的二十大报告再次将"促进区域协调发展"作为国家重大战略提出。为贯彻区域协调发展战略，我国文化发展相关规划都有文化发展和文化产业发展空间布局等方面的具体要求，如中共中央办公厅和国务院办公厅印发的《"十四五"文化发展规划》以及文旅部印发的《"十四五"时期文化产业发展规划》《"十四五"时期文化和旅游发展规划》等。文化金融服务区域协调发展战略，关键着眼点包括：优化东部文化金融创新引领，支持发展中西部特色文化金融；协同绿色金融及普惠金融政策，发展"老少边"地区文化旅游产业；立足主要经济带一体化建设及成渝地区双城经济圈建设，以高标准服务文化产业带；结合城市群和都市圈建设，探索"都市圈文化金融服务模式"。

第六，共同富裕战略。共同富裕是中国特色社会主义的本质要求。中国人民银行、银保监会、证监会、国家外管局及浙江省联合印发了《关于金融支持浙江高质量发展建设共同富裕示范区的意见》，提出了 31 项建设共同富裕示范区的具体措施。与金融和共同富裕的一般关系不同，文化金融促进共同富裕的独特之处是通过助力精神富裕来促进共同富裕，这也是文化金融促进共同富裕的核心点。而所谓精神上的共同富裕，不仅是在整体上实现与物质富裕相匹配的精神富裕，还要实现精神富裕的平衡。文化金融支持共同富裕，不仅要以金融推动文化领域实现物质富裕，还要支持文化供给在各个层面的均等化；还要推动金融支持公共文化服务，促进城乡居民文化供给均等化；推动文化金融服务乡村振兴，以项目带动发展，实现城乡之间文化供给均等化；要防止数字时代出现新的贫富不均。

第七，乡村振兴战略。与共同富裕密切相关的是乡村振兴战略。虽然我国已经基本实现全面建成小康社会的目标，但城乡之间发展上的巨大差距仍然存在。2021 年 1 月，中共中央和国务院印发《关于全面推进乡村振兴加快农业农村现代化的意见》。中国人民银行联合国家乡村振兴局等部门印发了《关于金融支持巩固拓展脱贫攻坚成果、全面推进乡村振兴的意见》，提出在八个方面加大对重点领域的金融资源投入。2022 年 4 月，文化和旅游部、国家乡村振兴局及国家开发银行等部门联合印发了《关于推动文化产业赋能乡村振兴的意见》，文件对金融支持乡村振兴有了较为具体的规定，主要是：

注重发挥重点项目的引领带动作用，注重开发性金融服务保障，鼓励各地创新文化和旅游金融服务。

第八，数字经济发展战略。发展数字经济在 2012 年之后逐步成为国家战略。习近平总书记在 2022 年 1 月 16 日出版的第 2 期《求是》杂志上发表重要文章《不断做强做优做大我国数字经济》，全面阐释了发展数字经济的国家战略。数字经济，是新时期创新驱动发展战略的重要领域，是由数字技术创新以及由此引发的一系列模式创新、业务创新、市场创新构成的新经济形态。在文化方面，中央已经提出了文化产业数字化战略和国家文化数字化战略，推动文化发展领域数字技术应用，推动文化产业领域的新形态、新模式和新业态发展。在数字经济背景下，文化金融要关注如何服务文化产业数字化，如何更好地服务数字文化产业和数字文化企业。同时。金融机构应利用数字技术和金融科技提升自身文化金融服务能力，创新文化金融产品，提升文化金融服务质量。

二 服务领域：完成重要任务，解决重大问题

在新发展阶段，文化金融要服务国家战略、服务好文化领域重要方面，包括重要任务目标、重大战略和重大问题等。党的二十大报告提出"要推进文化自信自强，铸就社会主义文化新辉煌"的文化建设总任务，提出要繁荣发展文化产业，对文化产业提出了五个方面的重要任务，包括：完善文化经济政策，实施国家文化数字化战略，健全现代文化产业体系和市场体系，实施重大文化产业项目带动战略，推进文化和旅游深度融合发展等。结合国家"十四五"规划、"十四五"文化发展各类规划等政策文件，我们可以梳理出文化金融要重点服务的文化经济领域。

第一，助力文化体制改革，推动完善文化经济政策。自 2003 年我国启动文化体制改革以来，我国开始进入文化事业和文化产业协调发展的历史时期。随着文化体制改革深入，文化产业和文化市场得到了较大发展。应该说，文化产业和文化市场的活力实际上是通过文化体制改革逐步释放出来的。在我国文化体制改革中，包括文化经济政策在内的文化经济起到了巨大

的作用。《中华人民共和国国民经济和社会发展第十四个五年规划和2035年远景目标纲要》提出深化文化体制改革，完善国有文化资产管理体制机制，深化国有文化企业分类改革，推进国有文艺院团改革和院线制改革。我国文化体制改革仍任重道远。服务文化体制改革、完善文化经济政策，文化金融需要为文化体制改革松绑的市场主体提供金融和资本市场服务，完成顺利转制，建立新型国有文化资产管理体制。同时文化金融要与文化财政、文化税收、文化贸易、文化土地等政策相协调。

第二，服务健全现代文化产业体系和市场体系。文化产业体系和文化市场体系建设是在文化产业发展历程中逐步提出的。2013年党的十八届三中全会通过的《中共中央关于全面深化改革若干重大问题的决定》，特别强调了"建立健全现代文化市场体系"，并将所有文化产业相关内容置于这个议题之下。《中华人民共和国国民经济和社会发展第十四个五年规划和2035年远景目标纲要》提出了"发展社会主义先进文化、提升国家文化软实力"的文化任务，同时提出要"健全现代文化产业体系和市场体系"。党的二十大报告也提出了文化产业体系和现代文化市场体系建设目标。可以说，现代文化市场体系和文化产业体系建设是文化产业发展诸多重大问题中最为关键的问题，决定了文化产业发展的方向。要在加快完善社会主义市场经济体制基础上推进文化产业体系和现代文化市场体系建设[1]，也要在这个基础上推动文化金融体系建设。产业体系方面，文化金融能够在提供资本资源的同时，助力调整产业结构，鼓励产业创新；市场体系建设方面，金融能够为文化市场提供资源配置、市场价格信号，也能够为市场竞争提供资产市场舞台。

第三，助力国家文化数字化战略，服务数字文化产业。党的十九届五中全会通过《中共中央关于制定国民经济和社会发展第十四个五年规划和二〇三五年远景目标的建议》，明确提出要"实施文化产业数字化战略"，此后国家文化数字化战略逐步成形。2022年5月，中共中央办公厅、国务院办公厅印发了《关于推进实施国家文化数字化战略的意见》，正式提出实施国家文化数字化战略，各地政府开始出台相应的实施意见。国家文化

---

[1] 中共中央、国务院：《中共中央、国务院关于新时代加快完善社会主义市场经济体制的意见》，https://www.gov.cn/zhengce/2020-05/18/content_5512696.htm。

数字化战略落实到产业层面，重要任务是发展数字文化产业。2020 年 11 月，文化和旅游部印发《关于推动数字文化产业高质量发展的意见》，提出了数字文化产业高质量发展战略思路。政策文件对相关文化金融内容有具体的要求，基本是以往政策在数字文化领域进行适用性配置，包括信贷等文化金融产品创新、支持债券融资、支持数字文化企业上市、支持股权投资基金投资文化数字化，比较独特之处为建立文化资源数据价值评估体系等。

第四，服务重大文化产业项目带动战略。投资对优化国民经济的供给结构仍具有关键作用，对文化产业结构也是如此。未来很长一段时间内，"三驾马车"的作用仍然被认可并体现在重大经济决策当中。重大文化产业项目带动战略并非新提出的战略，党的二十大报告将重大文化产业项目带动战略作为繁荣发展文化产业的重要任务之一，有着进入新发展阶段后的深刻背景。虽然《"十四五"文化发展规划》等文件没有"重大文化产业项目带动战略"这一表述，但在建设国家文化产业发展项目库、保障重大工程、重点项目实施等方面有具体要求。这个战略目前曝光率低但意义不容忽视。金融服务重大文化产业项目有三个方面的资本要利用好，一是应充分利用好政策性、开发性金融的支持，二是利用好商业金融的资本和工具，三是要积极引导社会资本参与重大文化产业项目建设。

第五，服务文化和旅游深度融合发展。文化和旅游融合发展已经成为新时期文化发展国家战略的重要组成部分和重要发展路径。除了党的二十大报告外，党的十九届五中全会在《中共中央关于制定国民经济和社会发展第十四个五年规划和二〇三五年远景目标的建议》中也提出了推动文化和旅游融合发展的战略部署。《"十四五"文化发展规划》提出，坚持以文塑旅、以旅彰文，推动文化产业和旅游产业深度融合发展。文化和旅游部等部门正在推动建设国家文化产业和旅游产业融合发展示范区。文化和旅游融合在业态上有以文化为基础的"+旅游"及以旅游为基础的"+文化"两条主要融合路径，另外还有新型文旅综合体建设开发模式等全新融合路径。文化金融服务文旅融合，需要关注文旅融合新业态的新特点，如成本、营利模式以及产业链结构的变化，在新的特点基础上开发金融产品和服务方案。

第六，规范创新发展文化金融，切实服务文化实体经济。金融服务实体经济、防控金融风险和深化金融改革仍是我国金融体系工作的三大重点工作任务，《中华人民共和国国民经济和社会发展第十四个五年规划和 2035 年远景目标纲要》和党的二十大报告在这些方面提出了更加严格的要求。对于文化金融来说，服务文化实体经济和防范文化金融领域风险同样是重要工作。虽然在文化金融政策条文中没有这个方面的明确要求，但因为文化金融是金融活动，需要将相关创新活动纳入整体监管体系当中。所以，文化金融要在规范发展和创新发展中寻求平衡，要在创新中切实服务文化实体经济。落实到微观层面，核心的问题仍是降低融资成本，提高资本使用效率，切实让文化企业获得高质量金融服务。但是，在创新发展文化金融过程中，仍要警惕文化产业资本市场中的虚拟经济成分。

三 工作路径：如何提升文化金融服务能力

所谓文化金融工作路径，是发展措施，是工作要求和具体规划，决定了文化金融能够提供何种服务、如何创新、如何保障。随着进入新发展阶段和"十四五"规划周期，文化政策和金融政策更注重全局性和基础性问题，在文化金融的工作路径上也有新的侧重（见表 1）。

表 1 "十四五"时期文化相关规划中的文化金融政策内容

序号	文件	主要内容
1	《"十四五"文化发展规划》	在"构建高标准文化市场体系"中提出五方面（要素市场、产品与服务、股权和债权融资、中心模式、信用）： ■健全文化要素市场运行机制，促进劳动力、资本、技术、数据等合理流动。 ■加快推进符合文化产业发展需求和文化企业特点的金融产品与服务创新。 ■进一步扩大文化企业股权融资和债券融资规模，支持文化企业上市融资和再融资。 ■探索文化金融服务中心模式，为文化企业提供综合性金融服务。 ■加强文化市场信用体系建设，提升文化市场服务质量，强化文化市场管理和综合执法

续表

序号	文件	主要内容
2	《"十四五"文化产业发展规划》	专门用一章（第八章）对"深化文化与金融合作"进行了较详尽的阐述，提出"推动文化与金融合作不断深化，鼓励和引导金融资本、社会资本与文化资源相结合，健全多层次、多渠道、多元化的文化产业投融资体系，切实提高文化企业金融服务的覆盖面、可得性和便利性"。 1. 完善支持政策体系，主要是金融工具、产品和服务创新，股权融资上市，基础设施建设等。 2. 推动服务机制创新，主要是银行的机构创新、政银合作、文化金融服务中心、国家文化与金融合作示范区、文化产业投融资辅导推介机制等。 3. 引导扩大有效投资，主要分为重点领域和关键环节投资，政府引导与民间资本投资，财政类投资工具，政策性、开发性金融，不动产投资信托基金（REITs）等
3	《"十四五"文化和旅游发展规划》	1. 在"健全现代文化产业体系"一章"专栏4：文化产业培育和消费促进"中提出"文化产业投融资促进"，提出在"十四五"期间推进国家文化与金融合作示范区提质扩容，示范区达到10个；推广文化和旅游金融服务中心模式，文化和旅游金融服务中心达到20个。 2. 在"保障措施"中提出"完善投融资服务"，内容： ■深化文化、旅游与金融合作，鼓励金融机构开发适合文化和旅游企业特点的金融产品和服务。 ■扩大文化和旅游企业直接融资规模，支持符合条件的文化和旅游企业上市融资、再融资和并购重组。 ■支持企业扩大债券融资。 ■引导各类产业基金投资文化产业和旅游产业。 ■推广文化和旅游领域政府和社会资本合作（PPP）模式。 ■完善文化和旅游企业信用体系，健全市场化融资担保机制。 ■推动将文化和旅游基础设施纳入不动产投资信托基金（REITs）试点范围

　　自 2010 年出台《关于金融支持文化产业振兴和发展繁荣的指导意见》以来，文化金融工作路径在基本范畴上没有太大的变化，但具体工作抓手有很多亮点和创新点。根据《"十四五"文化发展规划》《"十四五"文化产业发展规划》《"十四五"文化和旅游发展规划》等主要政策文件的相关内容，我们可以梳理出政策所关注的工作路径，主要有六个方面。

　　第一，继续推动文化金融产品创新、服务创新和组织创新。相关政策一直将产品和服务创新作为文化金融工作的首要内容。产品创新虽然复杂，但基于现有产品进行改造和改进毕竟更直接，能够起到立竿见影的效果。十几年来，我国银行的文化金融专属产品的存续率能够达到 50% 以上，说明很多产品是有生命力的。除了银行的产品创新，还需要持续在文化债券、文化信托、文化融资租赁、文化担保和文化保险等方面设计更多产品。服务创新是金融机构服务流程、效率和机制方面的创新，是面向文化企业的，而非只基于文化金融专属产品。组织创新（或机构创新）是产品创新和服务创新的关键，一般来说，较之一般业务部门或综合业务部门，专门组织（专门事业部、专营机构等）在文化金融专属产品推广和文化金融服务上更具有效率。

第二，继续推动扩大文化企业股权融资规模，鼓励文化企业上市融资。《"十四五"文化发展规划》要求，"进一步扩大文化企业股权融资和债券融资规模，支持文化企业上市融资和再融资"。政策在利用资本市场融资和鼓励文化企业上市方面从未有所变化，但实际上的效果并不尽如人意。目前来看，内容方面的企业上市数量仍然比较少，只是从宽口径的统计上还可以说成绩不错。在当前文化企业私募股权市场低迷以及金融监管日趋严格的形势下，政策鼓励扩大股权融资和文化企业上市具有特别的意义。在这个政策下，寻找新的突破口，尤其是为民营文化企业上市融资提供便利，是需要下大气力进行推动的。

第三，引导扩大有效投资，鼓励社会资本参与文化投资。政府投资与金融关系极其密切，需要运用大量金融工具辅助完成固定资产投资项目。《"十四五"文化产业发展规划》专门用一节来阐述"引导扩大有效投资"，提出了要投资的重点领域和关键环节，包括文化内容创意生产、数字文化产业、文化和旅游融合、文化产业园区基地、文化消费场所设施、文化产业公共服务平台等；同时提出要发挥政府引导作用，激发民间资本投资活力；还提出要利用好财政类投资工具和政策性、开发性金融等。其中关键仍是民间资本如何参与重大文化产业项目问题。民间资本在其他文化领域的投资规模已经有很大收缩，在政府资本引导的重大文化项目投资上也仍存在很多困难。

第四，推动健全文化产业信用体系与文化资产评估体系。《"十四五"文化发展规划》提出"加强文化市场信用体系建设"，《"十四五"文化产业发展规划》提出"推动健全文化企业信用评价体系"和"推动完善文化企业无形资产评估、确权、登记、托管、流转等服务体系"。这两个问题是老大难问题，虽然有所进展，但很少有新的突破。新发展阶段和高质量发展背景下，文化金融服务体系的建设需要完善的文化产业信用体系与文化资产评估体系，这是非常重要的政策任务。

第五，文化金融公共服务模式创新和机制创新，实现文化金融服务综合化。推动金融服务好文化产业，需要切实有效的公共服务作为保障手段。十几年来，各级政府已经探索了由政府部门、行业组织及授权公共服务机构（企业）等多元化主体进行文化金融公共服务的模式，有些模式取得了一定成效，如文化金融服务中心模式。"十四五"期间，文化金融服务中心已经成为政策要求重点推广的服务模式，而国家文化与金融合作示范区创建工作也为文化金融服务综合化提供了新的空间。

第六，文化金融复合型人才培养。"十三五"期间，文化产业投资运营、文化企业管理、媒体融合发展、网络信息服务等方面复合型人才是人才培养的重点。文化金融人才在"十四五"期间进入了政策规定的重点领域清单。《"十四五"文化产业发展规划》提出，以文化产业高质量发展为导向，以内容创作、项目策划、创意设计、经营管理、投资运营、文化金融、国际合作等七个方面为重点领域，做好人才培养工作，这说明文化金融人才已经成为文化产业人才体系的重要支柱。

文化内容规制：一个理论研究框架[*]

文化内容规制：一个理论研究框架[*]

杨传张[**]

摘　要： 文化内容规制涉及法学领域有关规制的公共利益目标实现问题，公共管理学领域的有效的规制组织形式问题，以及经济学领域规制的效率问题，对文化内容规制的研究需要一种跨学科的视角。文化内容规制涉及规制目标的确立、规制组织形式的构建和规制举措的实施。规制目标的确立涉及政治福利、社会福利和经济福利等不同利益类型之间的博弈。规制组织形式的构建与技术分类和行业分系统的产业特征相适应，具有纵向分立的特点。规制举措的实施既包括放松进入管制，也需要加强进入规范。文化领域的进入规制，具有按照行业内产业分工环节实施不同规制举措的特点。我国数字文化内容的规制基本沿用了一直以来文化内容规制的基本框架，这与数字文化生产和消费的特点产生了不适应的问题。

关键词： 文化内容　政府规制　文化产业　市场准入

伴随着高度集中的计划经济体制向社会主义市场经济体制转型，我国文化领域也逐步进行市场化改革。经历了从组织机构调整、所有制结构改革到文化生产和消费全新体系的形成，文化生产力得到了极大解放。在此过程

---

*　基金项目：本文系北京市社会科学院 2024 年院课题"数字技术赋能北京市传统文旅空间转型路径研究"（课题编号：KY2024D0196）的阶段性研究成果。

**　杨传张，博士，北京市社会科学院传媒与舆情研究所助理研究员。

中，一个全新的兼顾社会效益和经济效益的文化内容规制体系逐步形成，成为文化事业单位转企改制、新型文化市场主体培育，以及文化安全和文化繁荣发展的重要保障。但是，在新的发展阶段，文化产业又面临着从传统技术向新一轮数字技术的变革，文化内容的生产传播方式和文化产业的组织形式发生了重要转变，与此同时，文化内容规制也亟待优化。

一　文化内容规制的理论基础

文化领域市场化改革的不断深化，决定了文化内容的规制不仅是简单的成本和收益的技术问题，还是一个涉及国家、市场和社会不同主体相互博弈的复杂关系问题。文化内容规制涉及法学领域有关规制的公共利益目标实现问题、公共管理学领域的有效的规制组织形式问题，以及经济学领域规制的效率问题，对文化内容规制的研究需要一种跨学科的视角。

（一）法学领域关于合法的规制目标的研究

经济学假定效率为规制的唯一目标，但是忽视了公平和自由、正义等价值目标，这就决定了法学研究规制的意义所在。[①] 因此，除了法律规则的制定，为规制寻找合法性理由和依据，是法学领域研究规制的一个核心问题。这一合法性的理由和依据，即规制的公共利益目标实现问题。

政府权力的有限性以及个人自由的不可侵犯性是自由资本主义时期，政府和公民之间权力关系的重要特点。但是当某一发展领域必须要求政府发挥规制作用之时，如何既尊重公民的个人自由，又对其进行一定程度的限制，以提升社会最大福利，就需要政府寻求规制的合法性理由。在西方广播电视领域的法律规制中，这一合法性理由就是公共利益目标的实现。西方国家广播电视法就是建立在实现公共利益这一立法宗旨的基础上的，百年的广播电视法历史也是围绕公共利益而发展演变的。[②]

---

① 董学智：《规制理论的经济法解析及其启示》，《经济法研究》2012 年第 11 期，第 192~208 页。

② 李丹林：《广播电视法中的公共利益研究》，中国传媒大学出版社，2012，第 1 页。

早在平面媒体阶段，西方社会关于新闻自由的思想和观念就已经形成，平面媒体的新闻自由是不允许政府干预的。但是，随着新的无线电频率技术的应用，广播电视媒体开始出现并普遍应用。由于频率资源稀缺，政府必须进行规制，这便产生了政府如何在保障经济自由和遵照宪政制度下，实现对广播电视领域的合理干预问题。

为了从理论上解决政府对广播电视领域进行规制的合法性问题，公共利益这一核心概念被引入广播电视领域的法律规制之中，成为政府权力介入广播电视领域的合法性基础。有学者据此将广播电视领域的公共利益分为理念层面的公共利益和操作层面的公共利益。理念层面的公共利益是指自由、平等和效率等价值目标，而西方的广播电视法在不同时期其价值目标的侧重点也不尽相同。自由、平等的价值目标，促使西方广播电视法领域衍生诸如地方主义、多样性和普遍服务等细化的规制理念。效率的价值目标会衍生出频谱资源的有效利用以及促进竞争、限制垄断等规制理念。操作层面的公共利益是指实现理念层面公共利益的具体举措。例如，对广播电视节目类型、节目内容多样性的要求，对体制和产权结构多元性的要求等。总之，公共利益目标包括："确保言论自由和表达自由、保障信息获取权力并对以上两者恰当调控，以确保未成年人利益、隐私权和名誉权，保障公众服务和公平竞争。管制的着眼点存在以下几个方面：多元化、多样性、公平、公正、社会责任、保证高质量的节目、保护未成年人利益、重大事件报道、防止滥用市场势力、加强民族和地区产业实力、消费者保护、反对色情和暴力、保持高雅品位。"①

西方广播电视法领域规制的公共利益目标有两点。第一，这是政府介入广播电视领域进行规制的合法性的基础。第二，西方国家在广播电视法领域的公共利益目标涉及政治、社会和经济等多个层面，如：政治方面包括与民主政治有关的言论出版自由、平等参与等价值观念；社会方面包括社会秩序、凝聚力，防止公共传播的负外部性；经济方面包括传播媒介作为市场主体存在的诸如效率、盈利、就业等问题。公共利益目标所涉及的不同层面利

---

① 续俊旗、Bernd Holzagel：《中欧电信法比较研究》，法律出版社，2008，第 88 页。

益的博弈，决定了在西方广播电视领域的法律规制制度的演变发展。因此，法学领域强调要动态地审视规制法律法规与所处的政治、经济社会和文化环境等之间的相互变化的关系问题，注重建立规制的学习机制，对已有规制法律法规进行动态调整。①

（二）公共管理学领域关于规制组织形式的研究

拉丰和梯若尔②认为规制政策的形成和执行会受到信息约束、交易约束和行政约束的影响。这些约束表明规制目标的高效实现依赖于有效的组织形式。公共管理学对规制的研究侧重于各类规制组织之间的权力配置及其相互博弈的问题。例如，不同类别、不同层级的规制主体之间的职责、分权关系，涉及政府的行为、各类规制机构的地位以及规制过程中的权力配置等。应通过这些研究来实现有效的规制体制设计，达到良性规制的目的。

西方国家最初建立的规制组织形式是纵向分业的形式，且通常在产业之间实行交叉禁入限制。但是在技术的发展过程中，西方国家逐步改变纵向分业的规制框架，走向横向分层规制。20世纪80年代初，在西方国家第一轮放松规制的阶段里，很多发达国家就开始在纵向分业规制体系下，进行电信和广播电视行业局部横向规制。如在电信行业，美国等发达国家已经将电信的基础业务和增值业务与电信网络和数据传输进行分离规制。在广播电视领域，日本1989年的《电波法》和《广播电视法》，已经将卫星广播电视的硬件系统（信号传输环节）和软件系统（节目传播环节）实行分别许可、分开监管。

20世纪90年代以后，随着新一代数字技术、互联网技术等信息技术的发展，不同产业间融合发展趋势明显。在产业融合的背景下，许多国家开始建构产业间的横向规制框架，尝试对相同技术条件下的不同产业业态，实行网络传输渠道规制、平台规制和内容规制三个层面的分层融合规制。如欧盟

---

① 科琳·斯科特：《规制、治理与法律：前沿问题研究》，安永康译，清华大学出版社，2018，第5页。

② 让-雅克·拉丰、让·梯若尔：《政府采购与规制中的激励理论》，石磊、王永钦译，上海人民出版社，2004，第1~5页。

在 1997 年就发布了《关于电信、媒体及 IT 技术融合的绿皮书》，明确从四个层次构建三个部门之间的产业融合发展体系，而分层融合的规制框架就是其一。2002 年欧盟继续颁布由一系列指令文件构成的《电子通信网络与服务的统一监管框架》，旨在搭建融合规制的框架。除了内容层面之外，该框架在网络渠道和业务两个层面，为电信、广播电视等统一用电子方式进行服务业务传输的产业，建立新的网络渠道和业务横向融合规制框架。而在内容环节，欧盟 2008 年出台的《视听媒体服务指令》，对内容做出专门规定。基于对"线性"和"非线性"①两种不同的视听服务类型的区分，对内容实行两层规制：一是适用所有类型的视听服务的最低限度规制，如未成年人保护、对人类的尊重等；二是对线性视听服务进行更加严格的规制。总之，横向融合的规制框架的典型特征在于对统一技术基础上的不同产业业态，按照网络渠道、内容（业务）的模块化分层进行横向的规制。

（三）经济学领域关于规制举措问题的研究

规制概念在提出之初就具有很强的经济意味，经济学领域的规制，主要源于对自然垄断性产业，如具有较大规模经济、范围经济和成本弱增性的产业，以及具有显著外部性产业的研究。相关研究主要探讨政府规制有效性、放松规制，以及能否通过规制实现公共利益和社会福利最大化的问题，其核心是关注被规制产业的经济效益，主要通过放松规制和再规制相结合的方式保持规模经济效益和竞争活力的统一。

从已有研究来看，经济学界对规制的研究有一个明显的演变轨迹，即从推崇政府加强规制的规制公共利益理论，到质疑政府规制有效性，强调放松规制的规制俘获理论，再到强调再规制与放松规制并存的激励性规制理论。无论是放松规制、加强规制还是激励性规制，经济学领域的规制研究，首要关注的是被规制产业的经济效益提升的问题，同时其注重在供给和需求的经济学分析范式内考察规制的成本和收益，即政府规制的有效性。在经济学领

---

① 其划分的依据就是传统媒介与新型媒介的传播服务特点的差异。传统广播电视、新闻出版、IP 电视等业态，其内容的提供者决定产品的传播频次，并按照固定的时间序列，将内容传递给受众，属于线性传播服务方式。而非线性的视听媒体服务，则是由用户决定产品传播时间、方式、手段，以点播的方式提供视听服务。

域，实施规制的主要原因就是一系列"市场失灵"问题的存在，即在自由市场中存在的种种与公共利益相悖的市场行为，以及在一定条件下出现的市场缺位和低效率问题，如表 1 所示。

表 1　经济学领域规制理由的种类

规制理由	主要目标	举例
垄断性	抑制高价、追求规模经济效益	电力、交通等公共事业
外部性	强制生产者或者消费者承担生产或者消费行为的全部成本，禁止将其转移给社会或者第三方	由生产引发的污染
信息不对称	让消费者获得充分的信息	药品和食品行业的产品信息
服务的均等性	基本公共服务的保障	基本的公共文化服务
削弱竞争或掠夺定价	防止不正当竞争行为	利用企业优势实行低价策略
公共物品或道德风险	利益共享中防止搭便车的现象确保成本共担	国防、安全事务和医疗等
议价能力不平等	保护弱势方的权益	生产中的健康及安全保障
稀缺性	稀缺物品的有效配置	石油短缺
优化与协调	促进标准化、保证高效生产	农业的规模化、工业的标准化
规划	保障可持续发展和后代利益	环境

　　资料来源：董学智：《规制理论的经济法解析及其启示》，《经济法研究》2012 年第 11 期，第 192~208 页。

　　从如何规制来看，日本学者植草益将规制分为"经济性规制"和"社会性规制"。"经济性规制"主要用于自然垄断和存在信息偏在（信息不对称）的领域，主要为了防止资源配置低效率和确保利用者的公平利用。经济性规制的内容大致包括价格规制、进入和退出规制、投资规制、质量规制四个方面。"社会性规制"主要集中于安全、健康和环境领域，以维护健康、安全、环境以及发展教育、文化、福利为目的。

二　文化内容规制的基本框架

　　文化内容规制涉及法学、公共管理学和经济学领域关于政府规制的一般性问题，即文化内容规制是以特定的规制目标为前提的，文化内容规制需要依托特定的组织形式，并制定和实施有效的规制举措。但同时，文化内容规制具有显著的特殊性，是区别于经济性规制与社会性规制的"第三种规制"。文化内容规制目标的确立涉及政治福利、社会福利和经济福利等不同利益类型之间的博弈。规制组织形式具有适应文化产业技术分类、行业分系统的特征。规制举措以产业分工环节为基础，即对创作、渠道、硬件、技术、播出、发行、进口等产业链不同环节实施不同的进入规制。如图 1 所示。

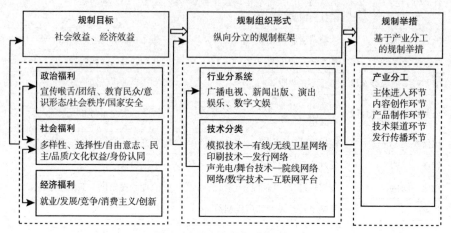

图 1　文化内容规制理论框架

（一）规制目标的转变与确立

库伦伯格和麦奎尔将传播政策的公共利益归纳为政治福利、社会福利与经济福利。政治福利包括与民主政治、民主机制有关的言论出版自由、平等参与等价值观念。社会福利包括社会秩序、凝聚力，防止公共传播的负外部性。经济福利包括传播媒介作为经济的组成部分，存在诸如效率、盈利、就业等问题。[①] 吉姆·麦奎根将文化政策中的力量博弈分为国家话语、市场

---

① 简·冯·库伦伯格、丹尼斯·麦奎尔：《媒体政策范式的转型：论一个新的传播范式》，沈菲译，《国际传播政策新视野》，上海三联书店，2005，第 15~37 页。

话语与市民话语等三种话语力量的对比。[①] 我国文化内容规制目标的转变，也始于不同利益主体相互博弈。

改革开放以来，随着中国特色社会主义市场经济体制的建立和完善，以及人民群众多层次、多样化文化需求的不断增长，文化发展所面临的经济、制度以及社会环境发生了深刻变化，与经济和社会福利有关的经济、社会价值取向开始发挥作用。兼顾多元利益的规制目标在国家层面的正式文件中逐步确定，2002 年党的十六大报告就明确提出"文化生产力"、"文化事业"和"文化产业"分类改制等理念，逐步将发展文化产业作为市场经济条件下，满足人民日益增长的精神文化需求的重要途径。这体现了在政治福利的前提下，社会福利和经济福利的重要程度明显提升。

但是，在此过程中，文化的意识形态属性、保持舆论导向等政治福利的目标仍然是不变的，且重要性始终是先于经济和社会福利价值目标的。各行业的转企改制、放松规制等市场化改革举措，始终是强调坚持党的领导、党性原则、正确导向，以及国家安全和政治稳定。政治福利的价值目标始终在文化产业的体制改革、转企改制、内容监管、投资运营等规制过程中发挥着制约作用，始终是文化产业规制理念和规制框架、举措转变的前提条件。在官方的话语中表述为：把社会效益放在首位，经济效益和社会效益相统一。其中，经济效益主要面向市场作用的发挥和产业属性的建立；社会效益则是一个内涵相对复杂的概念，既包含国家层面的政治稳定、社会和谐，也涉及社会层面的公民基本权利和文化福利的保障。

（二）规制组织形式的设计与构建

文化领域政府规制塑造的是部分领域的有序市场化。在降低准入门槛、引入竞争机制的市场导向变革过程中，必须保障意识形态安全，保证社会效益和经济效益双重目标的实现。这种双重规制目标的实现，在规制组织形式上体现为横向党政关系、纵向政企关系的调整，以及与技术分类特点相适应的"纵向分立"的规制框架。

---

① 吉姆·麦奎根：《重新思考文化政策》，何道宽译，中国人民大学出版社，2010，第 44~79 页。

一方面，调整横向党政关系，厘清纵向政企关系，建立适应文化市场体系运行的宏观管理制度。在确保党对意识形态管理的前提下，适应市场经济发展的要求，扩大政府管理文化事务的职权。改革开放以来，我们国家党政关系的改革取得很大进步，尤其是"归口管理"制度的取消，在文化领域也有所体现。即党委掌握意识形态领导权、统一领导文化、制定方针政策等"文化政治管理职能"，并以规范化和法定化的形式赋予政府部门在文化经济事务和文化社会事务上相对独立自主的管理职权。党的十六大报告明确提出文化管理体制要确立"党委统一领导、政府组织实施、党委宣传部门协调指导、行政主管部门具体落实、有关部门密切配合"的领导和规制机制。

同时，厘清政府部门与文化事业单位、文化企业和社会文化组织之间的权责关系，通过政府职能转变建立适应市场需要的文化管理制度。其核心就是变革国有文化单位单一的产权制度结构，在政策法律层面确定政府规制放松领域，推动国有文化单位向多元产权的法人市场主体转变。以政策性文件的方式对"体制内"的文化单位，放弃统包统揽的绝对保护，如对艺术表演团体实行承包制、双轨制，对文化事业财政经费投入和补贴制度实行差额拨款制度的改革，对文化事业单位进行以现代企业制度为核心的组织改革。以部门规章、法律法规的形式加大对"体制外"市场主体的引入和规范，如在出版印刷、电影、广播电视、音像、演出、娱乐、文物、公共文化以及著作权等领域相继颁布各类法律和行政法规。以法治化、规范化的方式保障文化领域进入形式的规范。如在 20 世纪 80 年代末，国家为规范民间自发兴起的"文化市场"，出台《关于加强文化市场管理工作的通知》，并针对演出娱乐行业专门出台《营业性演出管理条例》《娱乐场所管理条例》。法律法规的出台既是对当时演出娱乐这一新生"文化市场"的规范，同时也是通过对演出娱乐行业市场准入规范的设置，来确定这一新生"文化市场"的合法性。其他诸如出版、广播电视、音像等行业法律法规的实施，实际上也是在规范管理的前提下，确定进入标准，是放松规制和再规制的体现。

另一方面，基于技术类别特点，构建"纵向分立"的规制框架。如图 2 所示，传统文化产业所依赖的印刷技术、卫星传输技术、有线和无线传输技术、声光和舞台技术等，衍生出相应的新闻出版业、广播电影电视业、娱乐演出业等产业业态。各类业态均有相对独立的技术设施、传输网络和终端设备，且文字、音频、视频、图像等高度依附于不同的技术轨道，自成分工体系，各个业态间的边界明确。技术分类、专业分工、行业分系统① 的产业链分工体系，决定了文化产业领域政府规制的基本范式，即顺应纵向的技术结构、垂直分立的产业分工体系，实施纵向分立的政府规制框架。

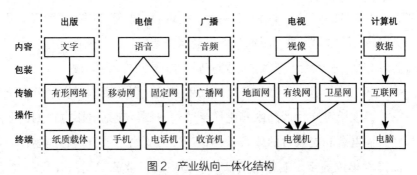

图 2　产业纵向一体化结构

资料来源：肖赞军：《西方传媒业的融合、竞争与规制》，中国书籍出版社，2011，第 56 页。

纵向分立的政府规制框架，主要是指按照纵向的行业边界进行规制，也被称为"竖井式"的规制模式。传统文化行业的管理分工是以传播介质为依据的，广电系统依据的介质是胶片，管理的是影视等音像制品；新闻出版单位依据的介质是纸张，管理的是图书、报刊等；文化系统依据的介质是舞台，管理的是演艺等。

这种规制框架具有相对静态和稳定的特性，主要原因有两点。其一，由于在传统技术条件下，各行业的市场结构是相对稳定的，如电视、广播行业由于其传输渠道的自然垄断特征，以及频谱资源的稀缺性，竞争相对缺失，市场结构相对稳定。其二，在传统技术分类和行业分工的体系中，技术的创新往往是在特定技术轨道和行业边界内的优化提升，或者是在原有技术分类之外新增技术类别以及相应的行业种类，从未对已经建立的技术分类体系和

① 傅才武、申念衢：《当代中国文化政策研究中的十大前沿问题》，《华中师范大学学报（人文社会科学版）》2019 年第 1 期，第 66~77 页。

产业分工格局，形成颠覆式的影响，因此对纵向分立的政府规制框架也很难形成破坏性的冲击。

（三）规制举措的制定与实施

对文化内容规制主要还是由于其较强的外部性特征，通过政府规制来抑制文化内容传播的负外部性，提升其传播的正外部性，实现宣传、引导作用。因此，这一文化的特殊性，决定文化内容规制需解决的核心问题是如何在放宽进入领域的同时，保持对各行业文化内容的监管和引导。明确了政府按照纵向的行业边界，进行纵向分业的规制框架之后，如何在此基础上实现各行业内的经济和社会双重效益，则需要更加精细的规制举措。

一方面，放松进入管制，扩大民间资本或外资等资本投资经营文化领域。第一，放松对文化产品内容制作环节的规制。包括电影电视剧的制作发行，广播电台和电视台的体育、科普、音乐等娱乐节目内容的制作，以及新闻出版单位的广告制作发行。如广播电视行业的"制播分离"制度，其核心就是将广播电视行业的节目内容制作、广告经营的部分分离出来，引入竞争机制，按照市场化的方式运营。第二，放松对文化装备设施和技术环节的规制。如对演出场所、电影院、互联网上网服务场所、广播影视技术开发、游戏游艺设施设备等领域放松限制。第三，放松对文化中介机构的规制。如艺术品的经纪机构、演出经纪机构。目前各自贸区和北京等城市已经放开外资进入演出经纪领域的限制。第四，放松对发行分销环节的规制，如图书报刊、音像制品的发行分销等。第五，允许非公有制资本以非控股的方式投资参股国有文化企业，主要是在影视制作发行放映，出版物的印刷、发行，以及广播电台和电视台的体育、科普、音乐等娱乐节目内容的制作等环节。

另一方面，加强进入规范，对产业链分工各环节实施不同的规制举措。进入管制的放松是与文化内容规制的进一步规范相互结合的。梳理文化产业相关政策法规文件可见，政府在产业链的不同分工环节，进行相应的准入规制，主要分为制作、播出、渠道、发行、销售等环节。在主体进入环节，对市场主体的产权结构、业务范围、主管单位进行规制，尤其是在新闻出版领域，实行较为严格的所有权规制，对进入的市场主体具有严格的国有资本属性要求。在内容和制作环节，实行审查制度、许可制度。内容提供商承担着很强的事前内容的制作或编辑责任，需要对其提供的内容合法合规性承担相应义务。因此，政府对内容提供商的内容制作资质进行许可、登记备案规制，颁发相应的内容编辑、制作许可资质。同时，对于传播的文化内容产品实行严格的事前审查。在渠道和传播 / 发行环节，实行特许经营、许可制度。渠道和传播 / 发行环节主要是指内容承载和传输的通道，主要包括传输网络运营商、内容集成商、平台运营商、技术设备供应商等，它们相对于内容提供商，具有很小的内容编辑责任，主要承担内容的承载、传输和发行等功能。但是，这一环节是内容传播的重要窗口，对于规制主体来说，是管控内容传播最直接有效的途径。因此，在此环节政府对其进行较为严格的进入和退出规制，例如对于书号、频谱资源等稀缺性资源的控制和配给。对于广播电视传输网络实行严格的进入规制，只允许少数特定的市场主体进入。对于广播电视接收终端设备制造和安装进行严格的准入限制等。

以互联网视听行业为例，互联网视听行业的规制制度涉及准入、内容制作和播出等环节，相应地，也形成了市场准入、内容管理、播出管理三个环节的规制制度。从市场准入制度来看，主要以许可证制进行准入限制。《互联网视听节目服务管理规定》明确了经营互联网视听节目内容，必须取得广电部门颁发的"信息网络传播视听节目许可证"；同时规定许可证申请主体必须为国有独资或国有控股单位。对于具有传统媒体性质的视听内容，根据对传统视听内容的管理规定，还有附加许可条件。从内容管理制度来看，对互联网视听节目服务单位招商主推的节目、拟在互联网视听节目服务单位网站（客户端）首页推广的节目、投资超过 500 万元的网络剧或者投资超过 100 万元的网络电影（微电影）、拟优先供网站会员观看的节目和互联网视听节目服务单位资源备案的其他节目等重点网络原创视听节目实行"创作备案"和"上线备案"两个环节的监管，两次备案均属于前置审批条件。《关于网络视听节目信息备案系统升级的通知》出台后，改变了传统平台统一进行备案的做法，改为内容制作方自主备案。同时，从内容的审核标准来看，广电部门发布的《关于加强互联网视听节目内容管理的通知》等文件都进行了较为详细的规定，对互联网视听产品的内容审核，总体上坚持线上与线下标准一致原则。从播出管理制度来看，实行"总编辑负责制""先审后播，自审自播""谁签发谁备案"等系列管理制度，如图3所示。

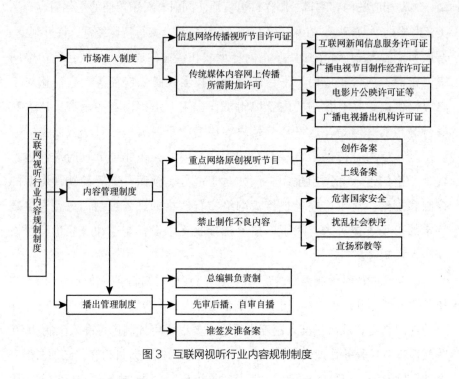

图3　互联网视听行业内容规制制度

三　文化内容规制的特点及困境

文化产业的技术逻辑，决定了文化产业的基本形态。在印刷和电信技术阶段的文化产业，由于不同技术类型具有明显的边界，出版、演艺、广播、影视等不同行业的产品和服务具有明显区别。从产业的生产组织方式来看，明显的垂直一体化产业链分工特征，以及从创作生产者到消费者的线性传受关系，决定了传统文化产业领域主要实行"纵向分立"的政府规制。同时，在特定的技术轨道和行业边界内，按照行业内产业分工环节实施具体规制举措。所谓"纵向分立"的政府规制主线是指按照纵向的行业边界进行规制，也被称为"竖井式"的规制模式，这种规制框架具有相对静态和稳定的特性。所谓按照行业内产业分工环节实施不同的规制举措是指以产业链分工环节为依据，建立文化业务准入制度，即文化产业各行业的规制政策涉及内容、制作、渠道、硬件、技术、播出、发行、进口等产业链不同环节。我国数字文化内容规制基本沿用了传统文化内容规制的规制目标、规制组织形式和规制举措，并具有传统文化内容规制纵向分立、产业分工的特点，如图3所示。但是，新技术的应用带来产业发展组织形式的变化，主要体现为内容、载体以及终端三个环节的横向融合。数字技术条件下，各行业纵向分立、"竖井式"的产业组织形态，转变为数字内容、传输渠道、接收终端三个横向融合的环节，如图4所示。

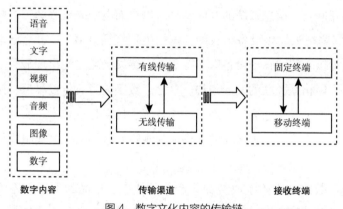

图4　数字文化内容的传输链

资料来源：肖赞军《西方传媒业的融合、竞争与规制》，中国书籍出版社，2011，第36页。

在内容环节，传统的广电行业中，将文字、图片、声音、图像等内容转化为模拟信号，再通过各种接收终端将模拟信号转化为相应的产品与服务，例如，影视节目、广播新闻、电报传真等。在出版行业中，音像出版也属于模拟信号的转化，纸质载体则属于对文字、图像等内容的机械复制。特定的信息内容只能用特定的终端进行接收和还原，且各个终端载体的信息无法相互转换。[1] 因此，各种形式的文化内容产品均独立存在。但是，数字技术阶段，各种形式的文化内容均被转化为二进制的数字信息，并且可以转化为可在不同数字终端商相互传输的数字内容。数字内容打破了传统内容之间的形态壁垒，文字、图像和音视频等在数字化的处理、传输、存储过程中融为一体。

在传输渠道环节，传统内容的传输渠道同样具有明显的技术分类特征，如卫星传输网、广播网、电视网、专用的频谱资源、分发渠道等，而数字内容则只依赖有线或无线的宽带传输渠道。传输渠道的标准化，也促使各类互联网文化内容平台的产生，如互联网视听平台、社交平台、直播短视频平台、新闻信息平台等。这些平台虽然服务类型不一，但是其底层技术逻辑相同，服务内容也可以相互转换。

在终端环节，也可以建立将各类终端相互融合的标准，实现各类终端功能的相互嵌入、信息资源的互联共享。以桌面电脑为核心的"电脑互联区域"、由家庭视听娱乐设备组成的"家用电器广播区域"、以笔记本电脑和智能手机为核心的"移动设备区域"等三大终端区域之间出现显著的内容互联互通、应用相互关联的发展趋势。总之，数字内容、传输渠道、接收终端三个环节，由于通用的数字技术、网络技术和信息处理技术，实现各个环节内的横向聚合连接，三个横向的市场成为观察互联网文化产业组织形态最基本的方面。

因此，数字技术除了改变文化产业的业态、产品的形态，还关乎生产消费、传播方式、组织形态的变化。新的业态以其新的技术属性、产业特征对传统政府规制体系进行着突破。首先，数字文化生产虽然有明显的产业分工环节，但是其更重要的特征仍然是技术创新带来的融合发展趋势，特别是不同行业之间在文化内容、传输渠道、接收终端等不同环节内的相互横向融合，打破了传统政府规制体系明显的"竖井式"纵向分立规制框架。其次，传统文化产业规制的主体主要是政府部门。各行业行政主管部门对文化内容、文化市场主体的准入和退出、市场行为等实行自上而下的规制。但是数

---

[1] 张磊:《产业融合与互联网管制》，上海财经大学出版社，2001，第 21 页。

字技术架构导致创作传播的去中心化，使得传统规制主体和企业组织的内容把关能力弱化，规制权力分散化。最后，很多数字文化市场主体利用政府规制的缺位，迅速发展出各类新的业态、产品和服务，对传统政府严格执行准入规制的领域进行"边缘进入"。传统的文化内容规制体系很难适应文化新业态的发展需求。数字文化内容规制必须重视产业横向分层、融合发展，以及去中心化等一系列新的特征。综合调整政府规制的思路、框架、机构及方式，对规制主体的权力重新配置，对规制制度进行重新构建。探索构建"横向分层"的规制总体框架，建立融合的规制机构，同时充分发挥各主体自治能力，形成复杂数字文化生态系统的适应性规制举措。

经济发展新常态时期的中国对外文化贸易政策分析

吴承忠　牛舒晨 *

摘　要： 进入经济发展新常态时期后，随着文化产业对国民经济发展的推动作用不断增强，我国政府先后出台了多项推进对外文化贸易高质量发展的政策。这些政策的发布对于加快对外文化贸易发展、优化进出口结构和提升文化企业国际竞争力起到了一定的促进作用。本文通过建立文化贸易政策量化指标体系，对 2012~2020 年发布的对外文化贸易政策进行测评分析，研究我国对外文化贸易政策的发展趋势。

关键词： 经济发展新常态　对外文化贸易政策　政策量化

一　引言

（一）经济发展新常态与中国对外文化贸易

自 2012 年起，我国的经济增长速度放缓，进入了经济发展新常态阶段，产业结构调整优化问题亟须解决。在此背景下，文化产业因其独特的反经济周期的特性，不受经济发展繁荣和萧条的影响，逐渐成为拉动经济增长、促进产业转型升级的重要发展方向。同时，经济发展新常态为发展对外文化贸易提供了有利的机会，自国际金融危机之后，文化产业刺激消费、提升经济的作用得到更大的重视，国内对外文化贸易进入蓬勃发展阶段。与此同时，

---

* 吴承忠，对外经济贸易大学政府管理学院教授，博士研究生导师；牛舒晨，对外经济贸易大学政府管理学院博士研究生。

贸易壁垒明显、出口产品竞争力较弱、出口产品类型狭窄等问题越发显现，影响我国对外文化贸易总额（见图 1），引起普遍重视。进入经济发展新常态阶段后，中国文化产业面临巨大的机遇与挑战，需要政策对对外文化贸易发展进行科学调控，实现对外文化贸易的可持续发展。

图1　2012~2019 年中国对外文化贸易进出口额

（二）中国对外文化贸易政策

新中国成立初期，我国曾与苏联在经济、卫生、艺术、教育、新闻、广播、电影等领域开展积极的交流合作。1955 年亚非会议后，我国同第三世界国家也开始了文化交流。1965 年，在建交后的第二年，中法两国签订了十年的文化交流计划，此后，我国又陆续与多国签订了共计 35 项文化交流计划，对扩大新中国的影响力起到了积极作用。

改革开放后，邓小平提出"对外文化交流也要长期发展"，我国在文化政策的制定方面经历了向现代化与国际化的转变。1986 年制定的"七五"计划提出了对外文化交流的具体措施；1994 年中央决定进一步深化对外贸易体制改革，在政策中提出了对外贸易改革的目标；2000 年，"十五"计划将鼓励文化产品走向国际市场作为发展文化产业的一项任务，文化贸易开始进入中央各项文件之中，扩展了我国贸易政策的内容范围。为积极应对加入WTO 后面临的机遇与挑战，2001 年我国相继发布了若干项文化交流与深化改革的政策，新世纪文化贸易的作用得到了国家重视。

加入 WTO 后，我国政府积极推动文化产业的国际化发展，这一时期大量的对外文化贸易政策文件陆续出台，出现政策制定的高峰期。其中，为解决我国对外文化贸易发展落后、逆差巨大的问题，大力发展对外文化贸易成为我国发展文化产业与增强文化竞争力的一项基本任务。多项针对扶持文化企业建设的政策出台，进一步加强和改进了我国文化贸易工作，极大地增强了中国文化企业的海外开拓力。此外，多项与文化贸易相关的专题政策的发布，表明中国对外文化贸易逐渐步入了快速发展期。

进入经济发展新常态阶段后，我国的对外贸易转入战略发展阶段，政策以激励新兴文化产业出口、限制文化产品与服务进口为主，并且更为注重贸易过程中的创新价值与提升产品和服务的质量，体现了政府部门对开展文化贸易的开放态度，对外文化贸易稳中有进、繁荣向好。

二 政策量化标准及统计方法

（一）政策量化标准

本文从政策的文本内容出发，在对我国文化贸易政策进行广泛搜集与系统阅读的基础上，针对政策特点构建了对外文化贸易政策的量化指标体系。指标体系包含三级指标，以政策力度、政策目标和政策措施为基础建立 3 个一级指标，下设 9 个二级指标，共计 45 个三级指标（见表 1）。

1. 政策力度

政策力度代表政府对政策内容的重视程度，以及政策自身能发挥的作用。本文选取的对外文化贸易政策以国家部级以上机构发布的政策为标准，排除省级以下部门及机构发布的相关政策，根据政策类型对政策进行打分。得分越高的政策，内容规定越详细，政策措施的明确性越高。

2. 政策目标

政策目标从文化贸易发展、文化贸易活动、文化企业及平台培育和文化品牌打造四个方向进行赋值，分别根据每项政策对目标的不同描述程度赋予不同的分值。若某项政策没有涉及该目标，则不赋值。

3.政策措施

政策措施从行政扶持、财税扶持、金融扶持和其他措施四个方面进行赋值，分别根据每项政策对措施的不同描述程度赋予不同的分值。其他措施包含人才、科技等方面的配套支持政策。若某项政策没有涉及该目标，则不赋值。

表1　对外文化贸易政策量化指标体系

一级指标	二级指标	三级指标	分数
政策力度	政策颁布力度	规划、计划	5
		办法、条例、实施方案	4
		意见、工作要点	3
		指导目录	2
		通知	1
政策目标	文化贸易发展	拥有详细的发展文化贸易的规划与路线	5
		将文化贸易单独列项，列举措施	4
		提到文化贸易及措施	3
		提到文化贸易，缺少具体措施	2
		仅涉及文化贸易	1
	文化贸易活动	大力推动某一类文化产品进出口	5
		鼓励某一类文化产品出口	4
		支持某一类文化产品进出口	3
		明确提到某一类文化产品进出口	2
		涉及某一类文化产品进出口	1
	文化企业及平台培育	制定详细的培育文化企业或平台的规划与措施	5
		将培育文化企业或平台单独列项，列举措施	4
		提出培育文化企业或平台及建设措施	3
		提出培育文化企业或平台，缺少具体措施	2
		仅涉及文化企业或平台培育	1
	文化品牌打造	制定了详细的打造文化品牌的规划与措施	5
		将打造文化品牌单独列项，列举措施	4
		提出打造文化品牌及建设措施	3
		提出打造文化品牌，缺少具体措施	2
		仅涉及文化品牌打造	1

续表

一级指标	二级指标	三级指标	分数
政策措施	行政扶持	行政方面大力支持，规定详细政策	5
		行政扶持力度较大，放宽限制	4
		给予一定的行政扶持，规定严格	3
		明确给予行政扶持，未说明力度	2
		仅提及行政扶持	1
	财税扶持	通过政府拨款进行支持或税率很低	5
		财税支持力度较大，放宽限制	4
		给予一定的财税支持，规定严格	3
		明确给予财税支持，未说明力度	2
		仅提及税收支持	1
	金融扶持	银行等金融机构提供金融支持，规定详细	5
		金融支持力度较大，放宽限制	4
		给予一定的金融支持，规定严格	3
		明确给予金融支持，未说明力度	2
		仅提及金融支持	1
	其他措施	利用多方面措施进行鼓励，并作出详细规定，支持力度最大	5
		支持力度较大，放宽限制	4
		给予一定的支持，规定严格	3
		明确给予支持，未说明力度	2
		仅提及支持	1

（二）政策得分结果

本文通过在各大政府门户网站进行手动搜集，并参考各类文献记录，共搜集 35 项政策。在阅读政策内容并得到各项指标的评分后，对每一项政策的得分进行累计，政策排名如表 2 所示。

表2　2012~2020 年中国对外文化贸易政策综合得分排名

排名	年份	政策名称	政策力度	政策目标	政策措施	总分
1	2014	《国务院关于加快发展对外文化贸易的意见》	3	17	17	37
1	2015	《国务院关于加快发展服务贸易的若干意见》	3	18	16	37
3	2016	《文化部"一带一路"文化发展行动计划（2016~2020 年)》	5	19	10	34
4	2012	《文化部"十二五"时期文化产业倍增计划》	5	14	13	32
4	2012	《关于加快我国新闻出版业走出去的若干意见》	3	20	9	32
6	2017	《文化部"十三五"时期文化产业发展规划》	5	16	10	31
6	2020	《海南自由贸易港建设总体方案》	4	12	15	31
8	2019	《关于推动广播电视和网络视听产业高质量发展的意见》	3	14	12	29
9	2015	《国家新闻出版广电总局关于大力推进我国音乐产业发展的若干意见》	3	17	8	28
9	2019	《关于推进贸易高质量发展的指导意见》	3	13	12	28
11	2019	《长江三角洲区域一体化发展规划纲要》	5	6	14	25
11	2015	《关于推动网络文学健康发展的指导意见》	3	13	9	25
13	2012	《国家"十二五"时期文化改革发展规划纲要》	5	10	9	24
13	2020	《文化和旅游部关于推动数字文化产业高质量发展的意见》	3	9	12	24
15	2015	《推动共建丝绸之路经济带和 21 世纪海上丝绸之路的愿景与行动》	5	6	12	23
15	2012	《文化部关于鼓励和引导民间资本进入文化领域的实施意见》	3	9	11	23
15	2014	《文化部关于贯彻落实〈国务院关于推进文化创意和设计服务与相关产业融合发展的若干意见〉的实施意见》	3	12	8	23
18	2020	《推进对外贸易创新发展的实施意见》	3	7	12	22
19	2016	《"十三五"国家战略性新兴产业发展规划》	5	8	8	21
20	2014	《国务院关于推进文化创意和设计服务与相关产业融合发展的若干意见》	3	10	6	19
21	2012	《文化产品和服务出口指导目录》	2	10	5	17
21	2017	《关于支持电视剧繁荣发展若干政策的通知》	1	10	6	17
21	2014	《关于深入推进文化金融合作的意见》	3	3	11	17
24	2013	《对港澳文化交流重点项目扶持办法（试行)》	4	5	5	14
24	2016	《财政部 海关总署 国家税务总局关于动漫企业进口动漫开发生产用品税收政策的通知》	1	6	7	14

续表

排名	年份	政策名称	政策力度	政策目标	政策措施	总分
26	2014	《关于支持文化服务出口等营业税政策的通知》	1	6	6	13
27	2019	《鼓励进口服务目录》	2	6	4	12
27	2014	《关于继续实施支持文化企业发展若干税收政策问题的通知》	1	5	6	12
29	2020	《财政部 海关总署 税务总局关于中国国际进口博览会展期内销售的进口展品税收优惠政策的通知》	1	2	8	11
29	2020	《中共中央 国务院关于新时代加快完善社会主义市场经济体制的意见》	3	3	5	11
31	2015	《艺术品经营管理办法》	4	5	1	10
31	2016	《出版物进口备案管理办法》	4	5	1	10
33	2015	《外商投资产业指导目录》	2	3	3	8
33	2018	《文化和旅游部关于实施自由贸易试验区文化市场管理政策的通知》	1	4	3	8
35	2012	《广电总局关于进一步加强和改进境外影视剧引进和播出管理的通知》	1	5	1	7

三 经济发展新常态时期的中国对外文化贸易政策分析（2012~2020 年）

（一）政策数量与政策力度

2012 年以后，我国颁布的对外文化贸易政策情况见表 3 及图 2。根据统计数据，政策发布数量年度分布虽并不均衡，但每年均至少有一部与对外文化贸易相关的政策出台，受 2014 年国务院发布的《关于加快发展对外文化贸易的意见》以及"一带一路"倡议影响，2015 年我国对外文化贸易政策数量达到新高，随后逐渐回落。2018 年以后，我国文化贸易市场健康有序发展，政策数量又呈明显的上升趋势。

（1）政策类型以意见及工作要点为主，内容通常为国务院或文旅部等上级部门对地方及其他相关部门和机构部署与文化贸易相关的工作，对开展相关工作的总体原则、基本方法、主要目标和政策措施进行指导。如2012年出台的《关于加快我国新闻出版业走出去的若干意见》细致分析了我国新闻出版业对外发展的机遇与挑战，明确了发展的主要目标和任务，提出了相应的十项发展措施。

（2）数量排名第二的是通知类政策。此类政策内容较少，主要是根据某一政策的发布，针对特定问题进行详细规定。如2014年发布的《关于支持文化服务出口等营业税政策的通知》是在《国务院关于加快发展对外文化贸易的意见》发布后所制定的对营业税的详细规定。

（3）排名第三的是规划、计划类政策，此类政策是较为长远的计划，是为实现目标而制定的较为全面、整体的一类政策。在此类政策中，发展对外文化贸易通常被列于重点任务或发展目标模块。如2016年发布的《文化部"一带一路"文化发展行动计划（2016~2020年）》中设置了促进"一带一路"文化贸易合作的专栏，提出了文化贸易拓展计划，对这一发展任务进行了详细的说明。

（4）指导目录类政策通常会将政府在这一时期支持发展的文化贸易活动详细列出，但缺少具体的发展措施。如2019年新调整的《鼓励进口服务目录》中明确鼓励创意设计产品的进口。

（5）办法、条例、实施方案类政策行政约束力较强，条款更为细致和完整，均是针对对外文化贸易类问题提出的具体做法及要求。如2015年审议通过的《艺术品经营管理办法》涉及对艺术品的进出口经营行为进行规范的内容。

表3 2012~2020年对外文化贸易政策数量及分布

单位：项

年份	总数	通知	指导目录	意见、工作要点	办法、条例、实施方案	规划、计划
2012	6	1	1	2	0	2
2013	1	0	0	0	1	0
2014	6	2	0	4	0	0

续表

年份	总数	通知	指导目录	意见、工作要点	办法、条例、实施方案	规划、计划
2015	6	0	1	3	1	1
2016	4	1	0	0	1	2
2017	2	1	0	0	0	1
2018	1	1	0	0	0	0
2019	4	1	2	0	0	1
2020	5	1	0	3	1	0
总计	35	8	4	12	4	7

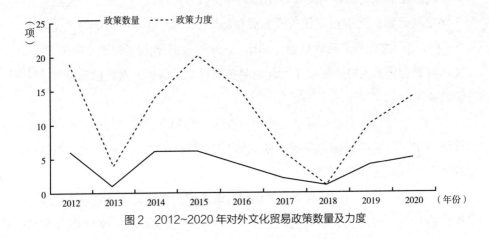

图2　2012~2020年对外文化贸易政策数量及力度

（二）政策发布机构

我国对外文化贸易政策发布机构主要分为五种类型，包括国务院、文旅部、国家新闻出版广电总局、国家广播电视总局以及多部门联合发布。其中，国务院出台的政策占比最大，以规划计划类和意见类政策为主，政策通常起到宏观调控作用。文旅部（2018年之前分别为文化部和国家旅游局）出台的政策涵盖范围最广，涉及对外文化贸易的方方面面，包含具体的实施方案、产业发展规划等。因国家新闻出版广电总局（包含新闻总署）出台的三项政策，发布时间均在2018年国务院机构改革重组之前，因此未划归到中宣部和国家广播电视总局之下。政策涉及新闻出版业、网络文学以及音乐产业，均为意见类政策，以具体明确的建设措施指导文化贸易发展。国家广播电视总局共出台三项政策，内容均与广播电视行业相关，政策类型均为通知类政策，政策力度较小。同时，部分政策是以部门联合形式发布的，包含财政部、商务部、海关总署、国家税务总局等部门或机构，这些政策多与金融、外交、财政等领域相关。此外，指导目录类政策均以部门联合形式发布。多项政策采取了部门联合发布的形式体现了文化贸易产业与其他产业协同融合的发展态势（见图3）。

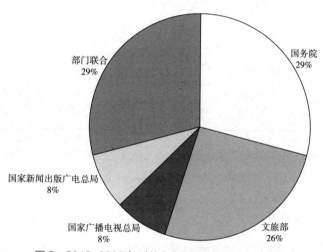

图3　2012~2020年对外文化贸易政策发布部门分布

（三）政策目标

根据图4中的各项目标的得分数据，四项基本目标的发展趋势相同，我国在这一时期制定的文化贸易政策更强调提升文化贸易参与国际竞争的能力，以及逐步推动优化文化产品与服务的进出口结构。可以看出，大力发展对外文化贸易和鼓励优秀文化产品与服务出口仍是今后我国发展文化产业、提升国家文化软实力的主要目标。部分政策同时进一步要求提高文化贸易企业发展水平，支持文化企业"走出去"，打造国际文化贸易平台与国际文化知名品牌。

2012年发布的《关于加快我国新闻出版业走出去的若干意见》在政策目标指标中得分最高。意见明确指出应加快版权、数字出版产品、实物产品、印刷服务等产品与服务"走出去"的步伐，并大力推动新闻出版企业与资本境外发展，培育一系列具有国际影响力的知名品牌。

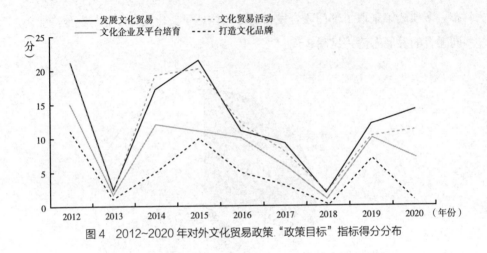

图4　2012~2020年对外文化贸易政策"政策目标"指标得分分布

（四）政策措施

为实现政策目标，需要匹配科学合理的政策措施。根据图5中的各项目标的得分数据，我国的文化贸易政策措施主要是行政措施，辅以人力、科技等其他服务保障措施。近年来，财税支持手段和金融支持手段逐渐得到有关部门的重视。但与金融支持措施相比，对于文化贸易企业的税收优惠以及财政拨款方面相关的扶持规定更为详细具体，现行的文化贸易政策体系中也以给予企业出口奖励补贴和税收支持为主，辅以金融支持服务。

2014年发布的《国务院关于加快发展对外文化贸易的意见》在政策措施这一项指标得分最高。意见在政策措施模块中明确了支持重点，强化了行政支持和服务保障，在提出加强财税支持和强化金融服务两项要点的同时标明了支持数额，发展任务清晰全面。

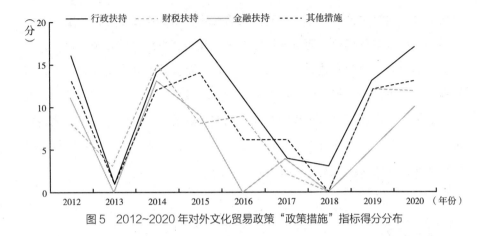

图5 2012~2020年对外文化贸易政策"政策措施"指标得分分布

（五）整体分析

综合各项指标得分排名可以看出，多数与对外文化贸易主题直接相关的政策排名十分靠前。通常这类政策对于发展对外文化贸易的背景环境、目标任务、手段措施等都规定得十分详细，辅以清晰明了的支持力度数据，对于指导我国今后对外文化贸易领域的发展具有重要意义。同时，规划类、办法类、意见类政策因其较大的政策力度与行政效力在排名中位置相对靠前，指导目录类政策因缺乏具体可行的政策措施在排名中普遍靠后。部分排名较为靠后的政策因主题集中于对国外文化产品与服务的进口限制，并对中外合作和外商投资等方面进行严格规定，政策的制定以保护我国文化产业为目的，得分不高。

四　结论

自我国2001年加入WTO以来，我国对外文化贸易政策在数量、力度和内容方面都有了快速的发展，特别是进入经济发展新常态时期，我国的对外文化贸易发展到了新阶段，新时期的对外文化贸易政策更注重推动对外文化贸易创新发展，培育文化产品和企业"走出去"的国际新优势。对外文化贸易是我国发展文化经济的重要组成部分，与贸易发展的繁荣形势相比，文化贸易政策在整体贸易政策中占比不大、数量较少，缺少专项规划，目前仍未形成成熟的政策体系。多年来，我国发展文化贸易的主要目标是鼓励优势产业出口和推进贸易畅通，而对建设贸易平台和培育特色品牌重视不足。并且在我国的对外文化贸易政策中，对于文化贸易企业的财政支持和金融支持依然存在很大不足，我国现行的对外文化贸易政策并不匹配实际的对外文化贸易发展情况。但随着政府对我国对外文化贸易的更加重视以及中华文化国际影响力的提升，我国的对外文化贸易政策体系正在逐步完善，将对推进文化贸易高质量发展发挥更大的作用。

参考文献：

赵雅玲：《数字技术对文化贸易政策的影响及对策研究》，《产业创新研究》2019年第4期。

王传荣、付婷婷：《中国文化贸易政策对文化产业竞争力的影响——基于双重差分法的经验分析》，《山东财经大学学报》2019年第2期。

陈柏福、邓子璇、杨建清：《改革开放40年以来我国对外文化贸易政策变迁研究》，《中国软科学》2018年第10期。

汪颖、黄建军：《当前我国文化贸易政策存在的问题及调整对策》，《国际贸易》2016年第1期。

邢进生、马冉：《试论WTO项下文化贸易政策与文化产业政策的冲突与协调》，《公民与法（法学版）》2014年第3期。

朱春阳：《中国文化"走出去"为何困难重重？——以文化产业国际贸易政策为视角的考察》，《中国文化产业评论》2012年第2期。

方慧、尚雅楠：《基于动态钻石模型的中国文化贸易竞争力研究》，《世界经济研究》2012年第1期。

方英、李怀亮、孙丽岩：《中国文化贸易结构和贸易竞争力分析》，《商业研究》2012年第1期。

曲如晓、韩丽丽：《中国文化商品贸易影响因素的实证研究》，《中国软科学》2010年第11期。

中国影视产业投资人境外投资电影项目的法律问题研究[*]

陈如仪　李晓东　丁　一[**]

摘　要：我国影视产业投资人热衷于投资境外电影项目。但对于境外电影投资项目而言，因其政策限制、审批手续、分账方式等因素，在获得高收益的同时，也存在多种多样的投资和法律风险。本文通过对境外电影投资项目重点法律问题的归纳与研究，并结合专业经验、产业政策及影视行业投资相关案例，从我国影视产业投资人普遍关切的相关重点问题出发，对目前实务中急剧上升的境外电影投资专项法律服务中所需注意的重点法律问题进行梳理、分析及阐释。

关键词：中国电影产业　海外投资　电影走出去　电影投资

我国在 20 世纪 80 年代开启了对外合作拍摄电影的大门。近些年来，为了推动我国电影"走出去"，我国影视产业投资人"出海"以合作拍摄、投资并购等方式在境外投资电影项目，在学习国外先进经验的同时也试图获取高额回报。高收益对于投资者来说是非常有吸引力的，然而这个行业也存在很大的风险，因为从影片生产到发行的每一个阶段，都要求有很多的专

---

　　* 基金项目：本文为国家司法文明协同创新中心 2022 年度"金英培育"项目"中国企业走出去的风险及其司法应对"（项目编号：419021422806）成果之一。

** 陈如仪，吉林大学法学理论专业涉外司法方向博士；李晓东，北京市水务局朝外街道水务专员；丁一，任职于中国工商银行总行战略投资部。

家和强大的资本来支撑，谁也不能担保一部新的电影一定会产生利润。近年来，中国的投资商对国外的影视行业进行了大规模的投资，本文对国外影视行业的投资进行了探讨，以期对中国影视行业的发展提出一些有效的对策和建议。

一　中资影视企业境外投资电影项目概况

（一）我国境外电影产业投资的现状

20世纪80年代，我国便开启了对外电影摄制合作的大门，但是大多以提供拍摄场地、中国演员参与演出为合作方式，如著名的《末代皇帝》就是在故宫实景拍摄的，中国电影创作者们近距离见识到外国大片的工业化生产流程。随着合作的深入，中国企业开始以合拍、投资方式参与海外电影项目，并出现了一些具有一定影响力的并购案例。2011年，中国企业新原野投入1000万美元，与好莱坞电影公司华纳兄弟等成为科幻大片《云图》的投资方[1]。2012年，万达集团投入31亿美元收购了全美第二大院线公司AMC，成为迄今中国最大的一笔海外文化并购[2]。

我国影视产业投资人境外投资电影在2016年达到高峰，光是这一年，就进行了19项220亿美元的投资，之后这一繁荣便消退了。而世界上最受欢迎的好莱坞，也引起了中国投资者的兴趣，华谊兄弟、博纳电影集团等娱乐公司，以及万达和复星等跨国企业，已经在美国的电影和娱乐行业投资了十几个超十亿美元的项目。美国好莱坞的影视公司大多是世界上数一数二的大公司，因此，我国影视产业投资人纷纷涌入好莱坞，从中获取利益，并从它们那里吸取到了更多优秀的影片制作与营销经验，进而将中国影片推向了世界。

电影国际化将成为必然趋势。虽然国内电影市场发展很快，但是相对

---

① 董泽平、林伦豪、廖志峰：《两岸电影投融资渠道创新之探讨》，《中国文化产业评论》2016年第1期，第297~310页。

② 范璐晶：《中国电影产业海外投资的法律风险及争端解决中的文化例外》，《北京电影学院学报》2020年第9期，第49~59页。

于美国、日本和韩国等比较成熟的国家来说，我们的电影产业还处在起步阶段，主要依靠票房来推动，影院以外的其他产业发展相对落后。资本的趋利避害、电影行业的全球化传播等特征，推动着国内电影公司逐渐尝试将其影片推向国际市场。在未来，将有一大批我国影视产业投资人"出海"，在境外投资电影项目。

（二）电影投资基金的投资模式简介

我国影视产业投资人投资境外电影项目的主要模式有两种：对具体电影项目进行投资和对电影公司进行股权投资。

一是对具体电影项目进行投资，直接将资金注入特定的电影项目中，在电影发布之后，根据影片投资合同的约定，对电影收益进行分配，其中包含发行收益及其他后续版权收入等电影项目收益。这是一种目标明确、见效迅速、退出手段较为灵活的投资模式。但是现在，为了能更好地分担投资风险，电影资金很难投入一个单独的项目中，而是倾向于将多个项目进行打包，从而更好地分散投资风险。

二是对电影公司进行股权投资。对电影产业投资更加深入的投资模式便是对电影公司进行直接的股权投资。一方面，可通过收购目标电影公司股权，参与公司运作电影项目而获取股东收益；另一方面，也可通过公司上市或并购等方式获得投资回报。该种投资模式往往需要大量的投资金额，投资和回报周期普遍较长，但收益相对稳定。

二 影片类型与分账

（一）影片类型

作为投资标的的境外电影片以何种方式引入国内进行发行和放映，决定了分账比例的大小和投资收益的多少。因此，有必要了解与掌握影片类型及其各自特点。

一是进口分账片。一部好莱坞电影根据摄制主体的不同，可以分为进口片和合拍片，而进口片又根据发行方式的不同，可以分为分账片和批片。

分账片即电影版权所有者不卖断发行权，而是委托中间机构代理发行，并事先商定收益比例，按照影片的票房收入进行分成，以使制片方、发行机构和放映单位利益共享、风险共担的进口影片。其主要的国内操作方为中影和华夏两大龙头国企。目前，越来越多的分账大片在国内采取全球同步上映的方式。

二是批片。批片是指海外电影版权所有者将某段时间内的国内发行权以固定价格一次性出售，由买方买断、自负盈亏，影片制作方不拿票房分成的电影。

批片是国内民营电影公司切入进口片市场的口子，一般由中方买断影片版权，并在中国市场发行，而电影的审查、审批风险一律由中方承担，所以在国内独特的制度和审查环境下，批片往往带着博弈的性质。批片的引进流程可概括为：买版权—拿指标—过审查—等档期。

在2010年之前，中国的批片市场并不特别引人注目，直到《敢死队》被50万美元买断，并斩获2.16亿元票房，甚至进入当年票房总榜前十之后，巨大的利润空间让批片市场迎来了大批跟风者，也导致版权价格成倍增长。到《敢死队2》时，其版权价格高达800万美元。据统计，2016年全年批片票房已超过45亿元。

三是合拍片。根据《中外合作摄制电影片管理规定》第二条的内容可知，中外合作摄制电影片，是指依法取得《摄制电影许可证》或《摄制电影片许可证（单片）》的境内电影制片者与境外电影制片者在中国境内外联合摄制、协作摄制、委托摄制电影片[①]。

联合摄制是指境内外制片公司共同投资、共同摄制、共享利益及共同承担风险的一种合作形式，其对中外公司各自的出资比例和主创团队及主演的国内外人员占比等有硬性要求。协作摄制只是协助拍摄，即为一部电影的拍摄提供相关帮助，而此电影的投资、版权、收入等与协拍方无关，具有单纯为外方提供服务的性质。委托摄制是外方委托中方在中国境内代为摄制。

---

① 周菁：《2009年中外合拍电影扫描》，《电影评介》2010年第3期，第11~13页。

三种合拍片类型中，仅联合摄制影片能享受国产片待遇，没有配额限制，分账比例较高，甚至能享受相关政策的扶持，在国内上映相对容易，如《狼图腾》《长城》。而协作摄制、委托摄制的影片版权都归外方所有，若要进入我国内地市场，则需要按照进口片的程序进行，成为分账片或者批片。

（二）影片分账的依据

合拍片适用国产片分账比例的认定条件。国家新闻出版广电总局所认定的中美合拍影片，可享受和国产片相同的分账比例，并且不受分账片名额的限制。其认定条件包括三点：中方出资比例一般不少于总投入的1/3，必须有中国演员担任影片的主要角色，须在中国境内取景拍摄。

中美合拍影片需要满足上述全部三个条件，方能享受制片方最高45%的分账权利。由中国公司参与投资，并有中国演员（周迅）参演，由汤姆·汉克斯等好莱坞巨星主演的电影《云图》，因不满足联合摄制片的全部要求，最后只能以批片身份进入中国市场。

（三）合拍片票房分账的标准

参考《财政部、国家税务总局关于国家电影事业发展专项资金营业税政策问题的通知》《关于调整国产影片分账比例的指导性意见》，合拍片票房分账细则如下：电影合拍片票房分账视同于国产片票房分账；国产影片电影票房分账，以制片方占总票房43%、电影院占总票房50%、院线占总票房7%的比例，对影片票房进行分账；影片放映结束后，电影放映单位应当以其取得的全部电影票房收入为营业额计算缴纳营业税金及附加（3.3%）并缴纳电影专项基金（5%）。

按照国际通行的票房分账形式，进口美国影片各方分成的比例为：制片方占35%，中国大陆发行方占17%，中国大陆放映方占48%。其中48%中至少30个百分点会归属电影院，院线最多能拿到18个百分点。

需要指出的是，以上都是基于净票房分账，因为进口片和国产片、合拍片一样，应以全部电影票房收入为营业额计算缴纳营业税金及附加（3.3%）并缴纳电影专项基金（5%）。

三 投资境外电影的相关法律要求

（一）法律限制及要求

一般性禁止情形。根据《境外投资管理办法》及《境外投资项目核准和备案管理办法》相关规定，投资美国、欧洲电影不属于涉及敏感国家和地区、敏感行业的境外投资，通常实行备案管理制。同时也不得存在《境外投资管理办法》第四条规定的禁止情形，主要是指不得危害中国国家主权、安全和社会公共利益，或违反中国法律法规；不得损害中国与有关国家（地区）关系；不得违反中国缔结或者参加的国际条约、协定等。

影片不得载有的内容。根据《电影产业促进法》第四十一条可知，国家鼓励及保护对境外电影项目的投资。但根据该法第十六条、《电影管理条例》第二十五条及《电影剧本（梗概）备案、电影片管理规定》第十三条的规定，所投资的境外电影若要寻求国内发行及上映，首先在内容上不得存在以下事项：违反宪法确定的基本原则，煽动抗拒或者破坏宪法、法律、行政法规实施；危害国家统一、主权和领土完整，泄露国家秘密，危害国家安全，损害国家尊严、荣誉和利益，宣扬恐怖主义、极端主义；诋毁民族优秀文化传统，煽动民族仇恨、民族歧视，侵害民族风俗习惯，歪曲民族历史或者民族历史人物，伤害民族感情，破坏民族团结；煽动破坏国家宗教政策，宣扬邪教、迷信；危害社会公德，扰乱社会秩序，破坏社会稳定，宣扬淫秽、赌博、吸毒，渲染暴力、恐怖，教唆犯罪或者传授犯罪方法；侵害未成年人合法权益或者损害未成年人身心健康；侮辱、诽谤他人或者散布他人隐私，侵害他人合法权益；法律、行政法规禁止的其他内容[①]。

以上这些禁止性内容，都是我们在境外电影投资项目考察及筛选时对影片内容及故事梗概的重点考量对象。

影片制片限制。根据《电影管理条例》第十八条可知：电影制片单位经国务院广播电影电视行政部门批准，可以与境外电影制片者合作摄制电影片；

---

① 《中华人民共和国电影产业促进法》。

其他单位和个人不得与境外电影制片者合作摄制电影片。境外组织或者个人不得在中华人民共和国境内独立从事电影片摄制活动。因此，非电影制片单位的电影项目投资者无法与海外电影制片者合作摄制电影片，且所投电影需在中国境内从事电影片摄制活动的，需要与国内电影制片单位进行合作。

合拍片的立项限制。根据《电影剧本（梗概）备案、电影片管理规定》第十一条，中外合作摄制影片，须报送剧本立项审查，按照广电总局关于中外合作摄制电影片的管理规定办理。根据《电影管理条例》第十九条，中外合作摄制电影片，应当由中方合作者事先向国务院广播电影电视行政部门提出立项申请。国务院广播电影电视行政部门征求有关部门的意见后，经审查符合规定的，发给申请人一次性《中外合作摄制电影片许可证》。申请人取得《中外合作摄制电影片许可证》后，应当按照国务院广播电影电视行政部门的规定，签订中外合作摄制电影片合同。

（二）境外电影项目在国内获得公映的手续

影片的进口发行与纳税。我国《进口影片管理办法》第二条规定："凡属从外国及港澳地区进口发行影片或试映拷贝（包括35毫米、16毫米、超8毫米、影片录相带和影片视盘等，以下统称影片）的业务，统由中国电影发行放映公司经营管理。影片进口时，由海关凭中影公司填报的进口货物报关单核查放行。属于在全国发行的商业性影片，应在进口时办理纳税手续；属于非商业性影片，应予免税；属于非商业性影片，进口后经过批准在全国发行的，由中影公司按章向北京海关办理补税手续。"

目前，需要进入国内院线的进口影片，只有中国电影集团公司及华夏电影发行有限责任公司具有引进及发行权。同时，国内进口的商业电影应当缴纳相应的税费。

电影审查制度。根据《电影管理条例》第二十四条的规定，国家实行电影审查制度。未经国务院广播电影电视行政部门的电影审查机构审查通过的电影片（包含境外电影），不得发行、放映、进口、出口[1]。

---

[1] 李守石、赵燕：《中国电影在"一带一路"沿线国家传播效果及制约因素的实证分析》，《上海交通大学学报（哲学社会科学版）》2023年第4期，第117~132页。

需获得电影公映许可证。根据《电影产业促进法》第十七条的规定，法人、其他组织应当将其摄制完成的电影送国务院电影主管部门或者省、自治区、直辖市人民政府电影主管部门审查。电影主管部门应当自受理申请之日起 30 日内作出审查决定。对符合规定的，准予公映，颁发《电影公映许可证》，并予以公布；对不符合规定的，不准予公映，书面通知申请人并说明理由。

（三）每年进口影片的配额限制

《中美双方就解决 WTO 电影相关问题的谅解备忘录》。中美两国就"中美出版物与视听产品案"（WT/DS363）"的谅解备忘录被电影业内称为《中美电影协议》，其主要内容包括：中国将在每年 20 部海外分账电影的配额之外增加 14 部分账电影的配额，而新增的 14 个配额只能以 IMAX 和 3D 电影格式引进（其中普通分账片即 2D 电影为 20 部，其大部分都来自好莱坞，但这 20 部中必须保证引进 6 部非美国影片，比如 2016 年的《巴黎危机》）；美方影片在中国的票房分账比例从此前的 13% 升至 25%；增加中国民营企业发布进口片的机会；中美合作拍片将享受内地与香港合拍片同等待遇，其在中国内地放映不受引进片配额限制。

《分账影片进口发行合作协议》。为了进一步落实上述备忘录的规定，中国电影集团公司与美国电影协会在 2015 年习近平主席访美期间，达成并签署了中美分账影片进口发行合作协议以及适用于中影集团旗下所有许可合同的标准条款。双方主要达成两项协议：中国引入国际审计机构对票房进行第三方监督，中国逐步取消批片配额限制。

四　主要投资风险

电影作品的成功和很多其他的传统产业相比，更注重作品的创意、创新及娱乐性。虽然通过植入广告、预售等诸多方式可以提前收回一部分投资，但真正的投资收入还是要看放映后的市场反响，很难预估其是否一定会卖座。因此，电影产业投资的风险也较高。

（一）信息不对称风险

在合拍电影或者并购海外影视公司过程中，我国公司与境外的企业都应该自始至终及时地获得实时信息，以保证信息差尽可能地缩小。但是，因为信息不对称的因素一直都是客观存在的，所以一方公司不可能在发展前景、经营计划等方面对另一方公司的计划进行 100% 的预测，所以在合作或并购的过程中，就会出现信息不对称的风险。从万达电影公司收购美国传奇公司的情况来看，中美两个国家的文化市场现状有很大的不同。美国的电影市场很大，也很有竞争力，它的题材很多，而且发展很快、演员很多、产业很完善、衍生品也很多，给社会带来了很大的经济利益，也对美国文化软实力的提高有很大裨益。随着改革开放的深入，中国的电影市场也在逐步发展，生产和竞争能力增强、票房收入提高。中国现在已经是全球第二大的电影市场，但中国影视市场在人才培养、创作氛围、影视科技、产业链完备等方面存在明显不足，加之国内影视公司在生产、经营等各方面与美国公司相比存在明显的差距，所以，尽管有丰富的并购经历，但中国影视公司对于美国的文化产业、影视媒体市场还缺乏足够的认识，同时，被并购公司也有可能隐藏自己的真实信息，从而导致中国影视公司对美国影视公司的真实价值存在误解。

（二）经营风险

电影投资不能完全依靠过去来规划未来。首先，知名演员或知名导演，并不能确保电影作品的质量就一定精良，也无法确保其新的作品一定能够大卖。聘用著名卡司（演员阵容）一定会增加制作成本，但往往新人的一炮而红反而会带来意料之外的投资回报。高成本、大制作最终票房惨淡的案例也不胜枚举。其次，在影片的投资合同中，涉及版权归属、保底发行、票房分成等许多问题，其中的条款十分繁杂，还涉及一些专业人员，如经纪人、律师、会计师等。如果交易内容不清晰，或者不严格，那么在接下来的交易中，就会产生巨大的风险和亏损。比如，周星驰导演的电影《西游·降魔篇》2013 年在中国内地获得了 12.48 亿元的总票房，而华谊是这部电影的发行商。此前，双方达成初步约定，票房达到 5 亿元以上周星驰方面有权获得额外分成，但双方对 5 亿元这个数字的解释存在争议并通过邮件沟通意图达成补充协议。根据双方往来邮件，周星驰方面认为 5 亿元为华谊兄弟收到的院线结算单上显示的金额，而华谊兄弟坚持该金额为其实际收到的票房收入，双方最终并未就分账基数达成一致并签订书面补充协议。最终，此案法院判决华谊兄弟胜诉，周星驰方面因此损失了 9400 多万元的分成收益。

五　防范措施

当前，我国影视产业投资人法治观念相对淡薄，他们在签订合约或进行著作权的约定时，都较为粗心大意，导致了许多没有必要的争议和损失。法律的一个重要功能就是定分止争，只要有合理的安排和律师的协助，许多风险都能被提前发现、预防、遏制、消弭。做好境外电影项目投资风险法律防范的重点在于以下几个方面。

（一）做好流程管理

一是商务条件的确认。确认投资的金额、确认投资的方式、确认投资的周期、确认投资的回报（通常是全球票房分账 + 衍生品收入）。

二是境外基础背景信息调查。其目的为确认项目真实性，主要在于摸清项目信息来源是否可靠，明确投资方式为直接还是间接；了解并掌握制片方公司的基本信息，包括成立时间、地点、股东、过往制片的业绩等；间接方式下，了解并掌握被投资公司的基本信息，包括成立时间、地点、股东以及与制片方的投资或授权关系等。

三是境外知识产权尽职调查。其目的为确认制片方对该部电影有无合法、完整、准确的权利，包括版权获得的方式是原创还是购买；如果是购买，IP 的载体是什么，是电影剧本还是小说等；如果是小说及其他，购买的IP 是否包含改编权以及录音录像制作权（摄制权）；如果是购买，应提供并查验 IP 的著作权人及权利证明材料；通过外部渠道检索该 IP 是否已有纠纷产生。其最终目的是确认票房保证，明确主创人员，包括导演、编剧、主要演员等是否已锁定，是否有限制条件。

四是投资协议审查。无论投资的方式是什么，审查预估是否能确保对项目的投资权益；审查对投资回报有无保障措施，是否有保底发行或其他安排；审查投资权利及义务的具体内容。

五是境内事项确认。首先是政策性审查，弄清是否属于国家广电总局限制性题材，是否满足电影公映所需条件。其次是明确定位，确认是合拍片还是进口分账片，若为进口分账片，明确是否能拿到当年引进配额。最后是需确认其他中方投资人的基本信息等。

（二）用法治化方式防范化解风险

在面临风险的情况下，我国影视产业投资人必须学会利用国际上的法律和条约，来解决问题。我国影视产业投资人要学习如何从政府、国际组织以及东道国的利益相关者那里获得合法的援助，要充分运用我国与有关国家签署的双边投资协议，尤其是投资者待遇、保护投资、征收补偿、投资纠纷等方面的法律制度，维护自己的利益。我国影视产业投资人需要学习如何运用各种手段来维护自己的权益，借助外在的力量对东道国政府施压，迫使其重新衡量利弊，从而为自己争取更多的发展空间。我国影视产业投资人在利用外部力量的情况下，通过妥协让步可以有效地化解危机。此外，还可以在合作协议当中约定，发生纠纷时采用我国仲裁委仲裁。

进阶需求下旅游文创产品开发及其知识产权策略研究*

刘　蕾**

摘　要： 当前消费者各类旅游出行需求高涨，对旅游文创产品的要求也上升到新阶段。目前的旅游文创产品多数还达不到消费者的高要求。旅游文创产品要想提高市场盈利水平，就要在产品的特色开发方面全面提升。当前，旅游文创产品的开发已经不同于过去，其面临的环境既有新技术带来的制作便利、生产专业等有利条件，也有消费结构改变带来的消费者追求新潮、讲究个性等新挑战。对此，除了深入分析深层次市场需求、实施有针对性的开发计划外，用好知识产权策略亦是必不可缺的一环。对此，需要全面衡量，确定适宜的策略，特别是根据企业能力和发展阶段，按照企业的发展状态实施有针对性的策略。

关键词： 旅游　文创产品　知识产权策略

随着文旅融合的深入，旅游特色文创产品被认为是旅游业发展的助推器之一。当前，消费者各类旅游出行需求高涨，其对旅游文创产品的要求也可谓上升到新阶段，本文称其为"进阶需求"：消费者在体验沿途风土人情、自然风光的同时更加在意文创产品的品质、文化内涵以及对个人的

---

* 基金项目：本文系北京市社会科学院 2024 年院课题"数智技术对文化产业知识产权保护的影响及其应对"（课题编号：KY2024C0234）的阶段性研究成果。

** 刘蕾，博士，北京市社会科学院法治研究所助理研究员。

特殊意义。目前的旅游文创产品多数还达不到这样的高要求。加上短视频、直播、社交媒体等的助推，旅游文创产品要想提高市场盈利水平，就要加强产品的特色开发。对此，除了深入分析深层次市场需求、实施有针对性的开发计划外，用好知识产权策略亦是必不可缺的一环。笔者以2023年以来的出行体验结合有关媒体报道、机构研究报告，对相关问题提出浅见。

一 消费者对旅游文创产品需求分析

除了健康、安全，旅游更多满足的是消费者的精神需求，这便决定了消费者对旅游文创产品的需求特殊而多元，具体来说包括以下内容。

（一）记忆需求

不同于其他普通消费品，旅游文创产品不是刚性需求，它只有在消费者置身具体的旅游环境中并产生购买需求的前提下才会有市场。旅游景点附近纪念品商店人头攒动，就从一个侧面反映了当下人们在出游时有购买纪念品这一消费需求。进一步分析，在特定旅游景区购买的纪念品于消费者的意义在于保留关于旅游的记忆，包含了特殊的情感，它一方面可以提示消费者到过旅游景点，另一方面则留下旅途中愉快的心情和难忘的回忆。故而除了质量好可以长时间保存，消费者对旅游文创产品实际带有较高的情感要求，要能够与旅游体验一起形成消费者个体美好的回忆。这也是旅游文创产品开发中需要重视的情感意义：了解消费者的兴趣偏好和想法；为消费者提供一个机会，让他们能够借由文创产品在沉浸式的氛围里获得体验；依托文创产品传递故事，为游客留下持久的回忆。

（二）文化需求

随着旅游市场的发展，人们的旅游需求更加多样化、个性化，从传统的"吃住行游购娱"旅游模式，向更加追求精神文化需求的"文化+旅游"模式转变。当前，人们对旅游的认识不再停留在"看山看水看风景"阶段，开始走向"观文品史、体验生活"的新阶段，需要深度参与并充分感受目的地文化内涵。随之而来的，是消费者对旅游文创产品体现特色文化、感受的需求。尤其是伴随着人们收入水平的提高，旅游成为大部分家庭的重要活动。反映在文创产品的消费上，就表现为越来越多的中高端消费者对旅游文创产品提出了更高的审美情趣和精神文化需求，以往迎合大众市场的旅游文创产品在此时显得吸引力不足。

（三）社交展示需求

随着微信（朋友圈）、小红书等社交媒体的普及，对于许多消费者而言，展示旅游途中的风景、照片、文创产品成为不可或缺的需求。在社交媒体上分享各种新颖的物品、新潮的玩法，为消费者增加了旅游时的愉快心情。旅游文创产品在其中能够扮演怎样的角色、是否可以获得市场，取决于其自身有无新颖性、能否满足消费者的好奇心。这一方面决定了已有的寻常可见的大众旅游文创产品难以吸引眼球，另一方面要求旅游文创产品的开发紧跟潮流，不断更新。

上述需求的出现，并不是偶然或者短期的，它是"第三次工业革命"引发的后果。英国《经济学人》2012 年刊发了《制造：第三次工业革命》特别报告，报告认为人类正在迎接的第三次工业革命是制造业的数字化，以此为基础的"大规模定制"可能成为未来的主流生产方式。"大规模定制"意味着产品种类大幅增加，消费者需求更加个性化，供给方主导的生产创新逐步走弱、需求方主导的消费创新逐步走强。对这种追求个性化的消费创新加以利用，旅游文创产品就可以找到更加适应消费者需求的发展之路，而知识产权作为保护创新的法律制度，无疑可以在其中大有作为。

二 现有旅游文创产品的特色缺陷

难以买到具有特色的产品无疑是当下旅游文创产品消费者的共同心声。原因在于，现有的旅游文创产品市场存在如下问题。

（一）雷同产品多，差异少

现有旅游文创产品多数地域文创元素不够明显，许多产品只是用了一点景区的元素，自身的特点并不突出。从独特性角度说，仅取材于景区元素而非具有实质内容特色的产品，就容易出现雷同的情况。以明信片为例，如果只是展示海洋、沙滩的自然风景，无论是北方还是南方的海洋景区，都难以展现特色。又如，旅游文创产品中常见的冰箱贴，一个城市用了"风景＋红色爱心"表达喜爱，其他各地各景区都用类似表达，只是换个城市或者地址名称，吸引消费者眼球的可能性显然大大降低。

但审视实际的市场，这种文创产品销量不佳、存量极大，每个文创商店都陈列着满满的货品。而生产者、销售者都没有对它予以重视，仅仅是批量生产、批量进货，铺满柜台之后甚至都不会及时整理、检查，存放不当出现损毁也不在意。

（二）更新慢、新意少，细节欠缺

现有旅游文创产品除了知名博物馆文创在尝试不断推陈出新外，其他似乎多数处于更新慢、新意少的状态。以备受追捧的文创雪糕为例，看似各个旅游景区出现多种图案，社交媒体上晒的雪糕图也五颜六色，其实质仍然是简单的"景区元素＋雪糕"模式，新意有限。不同景区元素造型的雪糕乍看之下五彩缤纷，一次两次可以让消费者买单，但久了就不会再对消费者产生强烈吸引力，对于景区来说，显然也不希望只有新游客消费。

同时，对这类已有产品的更新、细化也没有引起必要的重视。仍以文创雪糕为例，多数文创雪糕的大小和规格很少考虑儿童、老人与年轻人等不同消费群体的身体差异。一个75克的冰激凌对于成年人来说或许没有多少身体负担，但对小孩、老人却不是合适的分量。老少同行、精品出游的家庭旅游新趋势对这类细节提出了新要求。消费者既希望自己购买的产品能够体现自己的时尚性、文化范儿，又希望消费的产品造型新颖、品质过关，最重要的是还要适合各个家庭成员，这实际上对旅游文创产品的开发提出了打磨细节的要求。只有从小处着眼，对产品进行细节性改造，才能成为让消费者愿意购买的经典产品。

（三）特色不足，文化内涵停留在表层

人们旅行的目的之一，在于去新鲜的地方，体会不同于日常生活的文化氛围，即包括特殊的语言、习惯以及物品构成的新鲜环境。地域文化作为特定地方的生活方式和传统观念，与地理环境和历史传统有着密不可分的关系，不同区域的文化资源是难以完全模仿和复制的，因而有其特色。"伴随着现代性和城市化的不断深入，区域文化的个性化特征正在被逐渐消解，文化及其表现方式日趋同一化。在此背景下，人们对于具有差异性和独特性的文化更加感兴趣，从而出现了对此类文化更强烈的市场需求。"[①] 因此体现地方特色、富有文化内涵的旅游文创产品能够吸引消费者注意，进而赢得市场份额。但当下的旅游文创产品并未体现这种地域特色，诸如在北京的公园和广州的公园卖着同样的彩色风车一类的事实，只是以醒目的方式提醒消费者，购买文创产品风车这一消费行为并没有让其体会到不同的文化。

前述缺陷的存在，短期内无法克服，但是追溯造成这些缺陷的原因，却可以部分归结于区域旅游文创产品开发缺乏系统性规划，包括缺乏特色产品的专门设计、没有必要的知识产权策略、忽视知识产权的布局与管理。其中，权利人知识产权开发意识、防止被侵权的意识和设计专业能力有待提高是一个突出方面。这主要表现为文化企业在开发创意产品的过程中欠缺对特色产品知识产权的开发和保护，企业内部欠缺相应的知识产权管理规章制度，缺乏知识产权管理人才，以及没有及时采取有效的限制他人非法使用的技术措施等。此外，设计者避免侵权的意识和能力也有待提高。

三 进阶需求下旅游文创产品开发面临的新环境

当前，旅游文创产品的开发已经不同于过去，其面临的环境既有新技术带来的制作便利、生产专业等有利条件，也有消费结构改变带来的消费者追求新潮、讲究个性等新挑战。对此，应当做理性分析。

---

① 杭敏、李唯嘉：《区域特色文化产业发展研究》，社会科学文献出版社，2019，第8页。

（一）新技术发展为文创产品开发带来各种新可能

有研究认为，"基于历史分析可以推导出科技创新与文化产业演化发展内含规律性，即文化产业演化周期随着科技创新周期的缩短而逐渐缩短，文化产业与科技创新协同循环发展以及文化产业受到科技创新双重效应的影响"[1]。文化与科技融合、行业之间的跨界是当代文化产业创新发展的核心动力，以移动互联网、数字媒体技术为代表的新技术的广泛运用，为旅游文创产品的开发提供了技术基础和支持，也为各种创意的表达提供了新的实现条件和实施手段。文化创意产业发展的主要方向是通过技术的发展来带动[2]。而传统制造行业里普遍生产技术水平、设计能力的提升，更是保证了旅游文创产品质量与产量的提升。可以说，只要有好的创意，依托已有和正在发展的新技术，就有变成好的文创产品的可能。

（二）新的消费趋势增加了旅游文创产品的开发难度

德勤管理咨询所出的一份题为《旅游业的未来》的报告指出了未来旅游行业的主要变化，其就"旅行日益大众化"特征指出，"一方面，出游类型、目的地、时间长度、距离和体验多种多样，导致市场严重分散，行业各玩家往往专注于自身的细分市场"，"另一方面，不同出游类型的旅客，愿意支付的价格范围不尽相同，对出游计划灵活程度的偏好也各有不同。尤其在休闲旅游市场，旅客行为和需求的多样性更加明显"。因此，"为了产出高价值的内容，行业必须建立合作伙伴关系和生态体系，让整个创造流程更加创新灵活"。置身这种旅游行业的发展之中，旅游文创产品的开发难度显然也与日俱增。以消费者的体验多样性为例，多样的体验意味着旅游者对旅游产品的个性化要求越来越多，大规模预制产品就难以受到欢迎，而精致的个性化产品，既需要用心的设计，更需要适宜的时机正好满足消费者的需求，这

---

① 解学芳：《论科技创新主导的文化产业演化规律》，《上海交通大学学报》2007 年第 4 期，第58~65 页。
② 周世明、吴昕阳：《浅谈数字媒体在文化创意产业发展中的地位及作用》，《数码世界》2017年第 1 期，第 42 页。

使得旅游文创产品的开发，不仅要有 IP、有设计，还要有完整的产业链条，各个环节都要专业化运作。

（三）知识产权意识的缺位阻碍特色旅游文创产品的开发

旅游文创产品多数是在旅游景点售卖的，希望通过消费者各种形式的宣传增加销量。过去很长时间，消费者和企业对旅游文创产品的知识产权保护意识普遍都不够强。一方面是没有尊重他人知识产权的意识，一个景区开发出"爆款"产品很快就会被复制出相似的产品；另一方面是不懂得如何利用知识产权保护自身创意，只能眼看产品被模仿复制。对于寻常可见的产品，这样并无太大问题，但对于真正投入资源进行文创产品开发的企业、景区而言，这就是危及生存的灾难。尤其是旅游产业出现新变化，产生了"旅游新资源"，即"旅游资源已经不仅仅局限于原有旅游景区，而延展到与旅游相关的、各类型能吸引人们选择前往目的地的内容，比如演出、展览、特色文化体验、建筑、商圈等"[1]，其中的特色之处如果任由行业内各企业随意模仿复制，不对其给予充分保护，必然会很快导致同质泛滥，对特色旅游产业造成巨大打击。

但旅游文创产品的特色保持，并不是容易的事。一方面，旅游文创产品的表面特色容易模仿，这既是因为旅游消费者本身会被流行元素吸引，自发去模仿，也是因为旅游景区会学习行业成功经验，主动去模仿。这就导致旅游文创产品呈现侵权者众多、维权困难的特点。另一方面，旅游文创产品的文化内涵表达方式还没有被充分、深入挖掘，因而呈现出来的形式有限、更新不够，这对旅游文创产品的设计者要求很高，不仅要有创意，还要采用合适的形式。

四　旅游文创产品开发的知识产权策略

旅游文创产品的开发，说到底是以富有特色的产品吸引消费者，以特色

---

[1] 中国演出行业协会：《春天里的新文旅——2023 后疫情时代文旅发展大数据报告》，https://www.163.com/dy/article/I6G2H61T0511B3FV.html&wd=&eqid=b884232b000081db000000066489266a。

满足消费者变化的需求。消费者需求处于变化、进阶状态，只有旅游文创产品的开发随之升级才能达成平衡。因此，对旅游产品特色的挖掘、保护，是旅游文创产品开发的重中之重。这些问题，一定程度上可以通过企业综合运用知识产权策略来解决。

（一）全面衡量，确定适宜的知识产权策略

选择以何种方式保护旅游文创产品中的创意、是否申请知识产权保护，是每项旅游文创产品开发活动在立项之初就应当综合各种因素全面衡量考虑的内容。这是由旅游文创产品本身的特点所决定的：多数寻常、追求快销的旅游文创产品市场变化极快，一个产品生产两三批卖完就会创作新的产品，产品生命周期短，除非具有特殊功能，需要知识产权保障，否则没有必要申请知识产权。一些经过深度挖掘才设计、创作出来的体现当地特色的旅游文创产品，则需要专业的知识产权策略实施系统管理。本文所做的旅游文创产品知识产权策略研究，主要是针对后面这种产品进行。

（二）根据企业能力和发展阶段，制定不同策略

旅游文创产品的本质是一项产品设计，除功能与人性化使用界面外，产品的外观、图案、颜色、造型以及符号意象都是产品引领时尚、获得消费者青睐的重要原因。因而产品非常依赖外观上的独特性对于消费者的吸引作用，然而此部分正是最容易受到抄袭、模仿的部分，这也是文创产品知识产权保护需要发挥作用的环节。

理想的文创产品知识产权保护发挥作用的模型是文创产品设计公司为了保护自身权益，或防堵竞争公司的产品上市，在产品开发完成后迅速取得专利、商标权，这样即使产品尚未生产流通，已足以有效阻止对手的类似产品生产或上市，增强自身主导市场的优势。更理想的状态是文创产品设计主体借着提起知识产权侵权诉讼，在诉讼中以保全证据为手段使他方产品无法上市，或形成资金压力迫使对方放弃竞争。

但是，当下我国旅游文创产品的设计者、经营者知识产权管理与应用水平与这个理想状态还有一定的距离，起步阶段或者规模较小的文创厂商对于

知识产权的重要性较为轻视，大多保持可有可无的态度，而规模较大的文创厂商已经开始重视知识产权的获得和维持，但对于后续知识产权的纠纷处理多认为不易办理，又由于要消耗大量时间与资金（大部分案件整体办下来不划算），所以对知识产权诉讼和运用也未给予高度重视。对此，我们认为，需要根据企业的能力和发展阶段制定不同的策略。

（三）不同知识产权策略及其应用分析

1. 初创阶段或者规模较小企业

对于处于初创阶段、规模较小的文创产品设计、经营主体，产品与企业的市场前途尚不明朗，需要在知识产权管理方面做如下工作。

重视产品品牌的建立，除了为企业建立整体品牌，还要考虑到产品扩展的可能性，为产品建立能够成体系的子品牌，尤其要注意公司名称与企业标志应事先取得登记和商标注册。当产品的创意内容具有高度创新性时，可以考虑同时提出外观设计专利申请。注意要加强产品著作权的知识产权管理，强调著作权的取得时间与证明方式。

之所以只强调上述工作，是因为处于初创时期、规模较小的企业，产品制造成本及销售价格都会偏高，因此无法立即被消费者接受，大部分的消费者都需要一段观察时间。当消费者接受时，这些企业就会进入成长期，产品销售量会稳定增长，一旦创新产品被市场接受、产生商业价值，竞争者就会出现，并且开始生产销售相似或相同的产品，这时候的市场会因为加入新的竞争者，出现价格降低和利润减少的情况。处于这一阶段的企业，资金有限，技术还有改进加强的空间，特别是在市场接受度还未知的情况下，其对于知识产权的保护，无力投入太多资源，所以符合最低限度即可。尤其是此时初创公司还不具备市场威胁性，遭遇知识产权诉讼的可能性也较低，只要多注意细节，就可避免不必要的诉讼。

2. 成熟企业

对于发展成熟的旅游文创企业，因其产品已被市场接受并产生商业价值，一般而言知识产权诉讼风险较多。因此，成熟的文创企业产品影响力强，市场上替代产品也较多，需要有更特别的技术功能、外观特色，以吸引消费者目光，因此新技术能否成功使用在商品上就是对企业的挑战。此时，必须着手进行下一种产品的研发或是升级现有产品，拓展市场，更要重视知识产权的国际保护与全球布局，在不同的国家依照当地的法规提出申请，避免创意内容在国外遭抢注。在新产品研发阶段遇到同行创意相似的情况，要注意在造型上做一些更改，规避侵权风险，也应尽量避免仿冒问题。而对于同行业者的仿冒问题，除了不断地创新以维持竞争力，还要多层次利用著作权、专利权、商标权对新创意的内容进行多重保护。

需要特别指出的是，旅游文创产品申请专利可分为商业目的与法律目的两种不同的专利申请策略。出于商业目的申请的专利权主要为广告营销使用，因此多数只需申请1~2件专利即可，这样会有专利法保护效果，只是比较薄弱，多数为企业宣传自己的研发具有独特性、科技性，宣示效果强，可为广告主打效果。出于法律目的的专利申请策略，则是以能发挥专利法律保护作用为优先，因此为旅游文创产品申请专利，需要配合公司研发产品在商业目的和法律目的上不同的侧重点进行布局。

文旅综合

乡村文旅发展的理论反思

薛雄星　陈少峰*

摘　要： 乡村文旅是乡村振兴的重要内容，不能将乡村文旅窄化为经济增长，也不宜过于具体地讨论特定乡村。对乡村文旅的反思需要更深层次地考虑理论层面上更具普遍性和始基性的因素。协调好经济因素和文化因素的关系，一方面需要培育好乡村文化价值；另一方面政府需要回归公共服务角色，资本需要在重视市场底线标准和乡村在地性的前提下进行乡村文旅资源开发。应调整好发展中的义利关系，应用新技术，但应警惕技术万能或以想象替代实际的做法。只有这样，才有望形成稳定的乡村文旅产业模式。

关键词： 理论反思　在地性　整体视野　文旅模式　乡村文旅

关于乡村文旅的讨论日渐频繁，学者从多层次、多角度分析乡村、文化与旅游三者关系，取得了卓有成效的理论成果。一些学者剖析新技术如何助力乡村文旅产业升级，加速文化资源的数字化转换，促进乡村文旅的融合发展[1]。一些学者从具体实例角度切入，运用新的理论范式，建立多维度的分

---

*　薛雄星，北京大学哲学系博士研究生；陈少峰，北京大学哲学系教授、博士研究生导师，北京大学文化产业研究院学术委员会主任。
①　芦人静、余日季：《数字化助力乡村文旅产业融合创新发展的价值意蕴与实践路径》，《南京社会科学》2022年第5期，第152~158页。

析框架，指出乡村文旅的发展现状和未来有待提升的不同面向①。一些学者则强调乡村文旅产业中文化与旅游的双向互动关系，通过例证表明乡村文旅的关键是展示乡村文化，实现文化与旅游的融合，形成生成乡村情感和体验乡村生活的空间②。这些研究为现实的乡村文旅实践提供了理论基础。

本文认为目前关于乡村文旅的研究，多数着眼于数字化甚至元宇宙等新兴趋势对乡村文旅的影响，或者是倾向于具体的、有强操作性和落地性的讨论。诚然，技术因素的革新会给文旅产业带来新的提升契机，讨论中具体实例的引入作为扎实的论据会增加论点的说服力。但是技术讨论本身在文旅产业中的地位是从属性的，并非文旅产业最核心的因素，研究者需要论证新技术在何种程度上有助于乡村文旅的发展。同样的，具体实例在增加说服力的同时，不可避免地限制了研究的普遍适用性，因为地理、风土人情等差异，适合南方小镇的文旅发展路径很难直接移植到北方乡村。进一步讲，理论层面进行实例讨论的逻辑预设在于某一城镇的发展路径在很大程度上是可以复制、可以重复的。但是，文旅产业，甚至旅游资源本身吸引游客的因素就在于其具有某些特异与新颖因素，这些因素的独特性意味着其往往不能被复制和仿效，建基于其上的文旅模式应当内生于特定乡村的具体条件之中。上述性质提示我们，一方面，乡村文旅本身具有很强的内生性和个体性，很难通过例证性的展示，在具体层面上被借鉴或复制；另一方面，对乡村文旅的反思需要更加理论化，更进一步挖掘其中的深层次因素，展示乡村文旅发展中更具普遍性和始基性的因素。

正是基于上述考量，从这一角度出发，本文试图做出初步尝试，不是从技术革新等外部契机出发，而是聚焦于乡村内部因素；不是着眼于具体枝节、具体措施，而是基于原则方法来讨论乡村文旅发展的关键性理论问题。这一尝试有意规避实践层面的可行性问题，而着重在理论层面讨论与乡村文旅相关的诸问题。

---

① 陈波、刘彤瑶：《场景理论下乡村文旅融合的价值表达及其强化路径》，《南京社会科学》2022 年第 8 期，第 161~168 页。
② 罗大蒙、吴理财：《文化为魂：乡村文旅融合中的空间重构》，《南京社会科学》2023 年第 3 期，第 143~160 页。

一　乡村振兴与乡村文旅

审视乡村文旅的发展需要将其放在历史和现实语境之中，也即理解乡土在中国的重要性和乡村振兴战略的重要意义。

历史地看，乡土是中国社会的文化基础，"中华文明的源头在乡村，社会秩序的根基也在乡村"[①]。在很长一段时间内，从功能上讲，乡村提供了人们几乎全部的生活、生命与生产的最基本的物质基础。只有理解乡村在文化与物质两方面的重要性，我们才能理解 20 世纪初以来开展的各种乡村建设运动的内在追求。这些运动虽然发生在乡村，但无一例外都有着大的视野和背景。乡村运动的关注者深层次的关注是在古今中西交叉点上"中国社会的现代转型"和中国民族的前途问题。

正是因为乡村在中国社会的重要性，新时代党和国家对乡村的关注有增无减。如何解决"三农"问题始终是全党全国工作的重点，历年中央一号文件都高度重视乡村高质量发展。党的十九大首次提出实施乡村振兴战略。党的二十大报告明确指出全面推进乡村振兴。2018 年 1 月，中共中央、国务院发布《关于实施乡村振兴战略的意见》，提出实施乡村振兴战略是决胜全面建成小康社会、全面建设社会主义现代化国家的重大历史任务。2022 年文化和旅游部印发《"十四五"文化和旅游发展规划》《"十四五"文化产业发展规划》。这一系列文件为乡村振兴擘画出顶层设计。

乡村的振兴是全面的振兴。一方面是产业振兴，释放乡村经济活力，推动乡村经济体系结构的多元化，缩小城乡发展差距，促进国内经济大循环；另一方面是文化振兴，彰显乡村的主体性，促进乡村在完善经济产业体系，提升收入的同时，挖掘乡村文化资源价值，发展出丰富多彩的生活方式。在乡村发展产业是振兴乡村的重要手段，对于解决"三农"问题中的困难起到重要作用。其中，对于具备一定资源条件的乡村地区来说，乡村文旅是"赋能乡村振兴的重要抓手"[②]。文旅产业能显著整合第一、第二、第三产业的不同要素，通过不同产业的联动与辐射，实现乡村高质量发展。

① 邓小南等：《当代乡村中的艺术实践》，《学术研究》2016 年第 10 期，第 52 页。
② 杨小冬：《文旅融合赋能乡村振兴的机制与路径》，《人民论坛》2022 年第 24 期，第 81~83 页。

　　值得注意的是，高质量的乡村振兴、乡村发展文旅产业的意义，并不仅仅是经济层面的高质量发展，不仅仅是乡村居民的脱贫致富。乡村文化不仅是重要的旅游资源，还是文旅资源的核心与命脉。但是，目前很多关注乡村振兴的讨论有两种窄化倾向：一是将乡村振兴战略窄化为经济方面的增长，讨论的重点是政府政策倾向和物质水平的提升；二是就事论事地，甚至割裂地讨论某一具体特定乡村的文旅发展。但是，如何振兴乡村必然是综合而全面的问题，乡村内部有土地流转、农业转型、乡村分化等问题，外部涉及城乡互动、土地问题等，牵涉诸多层面。无论是从历史角度还是从现实角度出发，无论是着眼于经济还是着眼于政治、文化，乡村在中国社会中都有着至关重要的地位。如何呈现新的乡村风貌、新的礼俗，塑造出适应现代文明的新社会结构和新生活方式，不仅仅是乡村文旅产业面临的问题，也是我国现代化面临的问题。乡村振兴不仅关乎经济发展，乡村文旅建设也不仅关乎经济增长，需要将培育文化产业与壮大旅游业放在乡村振兴的整体之中，以综合全面的整体眼光规划和考量文旅产业发展。

　　这启示我们，深化乡村文旅首先需要解决的问题是如何协调经济因素与文化因素的关系。诚然，发展乡村文旅的关键在于经济，但悖论之处是，片面着眼于经济发展，反而不利于长久地释放乡村文旅的经济潜力，甚至会与全面乡村振兴的目标南辕北辙，因为我们不能割裂地就经济本身而谈论乡村文旅发展。乡村处在大的文明系统之中，任何对乡村的谈论，都是对乡村与城市等整体社会关系的综合性讨论。

二　乡村文旅的文化因素

　　乡村文旅产业本质上是一种生活方式的体验，其核心吸引力在于其独特的文化性，因此发展乡村文旅的关键就是要深入挖掘乡村文化内涵，呈现乡村的文化特征。那么，如何理解乡村文化旅游产业中的文化因素？乡村文旅中的文化因素的意涵是什么？是不是所有乡村都适合发展文旅产业？

　　最后一个问题的答案显而易见是否定的。事实上，仅仅有部分乡村具有成体系的乡村文化系统，而乡村文化中仅有相当小的部分具有开发成乡村文旅项目的潜力。主动将乡村生态环境、自然资源和文化价值转化为旅游资源是非常晚近才出现的，甚至乡村向社会敞开，不再作为封闭单位呈现，是最近三四十年以来才发生的改变——在此之前，是城乡的二元对立与区隔。正是乡村打破隔绝封闭，外来资源才进入其中，文旅产业才在乡村落脚。而相比于在乡村中直接发掘可利用的资源，当前文旅产业发展首先面临的是存在种种问题的乡村，诸如随着劳动力入城而产生的乡村空壳化、商业资本与市场经济侵蚀改变乡村面貌、人与人之间陷入冷漠的现代关系，等等。因此，修整和恢复乡村的信仰、血脉和价值，是发展乡村文旅的前提。那么修复的乡村文化应当是何种样态？

文化因素是研究乡村文旅的重点。文旅产业开发不同于政府层面的乡村日常改造。乡村改造着眼于厕所革命、电器下乡、道路硬化和水电气等基础设施的完善或者环境的美化。文旅产业的发展则致力于发掘乡村的旅游资源，偏向于精神和价值取向，比如发掘和展示传统村落的文化价值。物质的发展并不能取代精神文明建设。硬件设施的完善也并不能带来乡村文旅的发展。乡村文旅的建设关乎文化与精神，而非简单的物质与技术。

乡村文旅的核心价值是淳朴、真实与自然，这一点非常重要。虚假花哨的关于文化遗产的假故事注定无法招徕游客，因为以发展经济为目的临时编造的故事本身完全没有旅游价值。很多乡村文旅模式之所以失败，原因就在于强行制造名人或者神话故事 IP，比如某些地方声称是哪吒或者孙悟空的故乡，希望借助神话传说故事为旅游带来噱头。这样的做法风险性很大，前期可能会因为政府政策支持而在短期内取得不错的社会效应和经济回报，最终却很难形成稳定持续的文旅产业模式。培育 IP 并获得影响力是一个长期的过程，资本投入或者政策倾向甚至某种兴之所至的噱头并不能带来质的变化。

三 乡村文旅的诸关系

乡村文旅发展涉及乡村、政府与资本三个方面，而这三者的关系问题可以简化为"乡村建设中谁具有主体性"的问题。

历史上的做法大多为外来力量介入乡村，以城市化或者商品经济冲击乡村传统结构与伦理生活，在这一过程中，政府或者资本是主动介入因素，乡村是被动的接受者，乡村的变化是现代化因素对其单方面的强制干预。一些当下的乡村文旅项目也或多或少延续这一思路，对乡村进行大面积改造和粗线条的规划。但是，必须抛弃上述做法，若要发展乡村文旅，则需要遵从乡村的传统，以乡村本身为主体，避免外在性的规划，避免生搬硬套，避免将文旅产业发展成为一种浪漫化的构想，而应重视乡村的在地性，重视乡村自身的内生性力量。

理想状态下，资本、政府等因素与乡村的关系，并非外来因素对乡村社会的强行介入，也非自上而下或自外而内的改造，而应该是一种相互之间的有机融合——融合的前提是尊重乡村本身的意义价值，不能将乡村文明视为历史的陈迹或者过时的遗产，要以新的、不僵化的态度对待民俗民风。融合的结果是有望培育出具有鲜明在地性的现代乡村文旅产业的基础文化形态。这样的形态不是某一方力量主导形塑的结果，而是政府、资本与乡村三方在物质利益、精神文明方面做出的协调与平衡。当然，在实际操作层面，这种协调与平衡是巨大的挑战，并不是顺其自然就能产生的现实。

在这一过程中，政府需要回归公共服务角色，在乡村文旅开发过程中制定底线标准，推动形成有序的外部整体环境，避免传统文化资源被不当开发。优秀的文旅企业需要与政府和乡村通力合作，尊重商业逻辑，尊重乡村的在地性。对政府不能"等靠要"，对乡村不能抹杀特定乡村本身的独特性。

需要给乡村文旅找到可持续的出路。外力只能促进和引导，最终需要重视乡村的在地性，有志于乡村的文旅企业必须扎根乡土，尊重乡土的历史文化基础，以内生力量促进乡村文旅的可持续性发展。否则，政府与资本的介入最终会给乡村发展带来负面冲击。

四 乡村文旅的在地性

党的十八大以来，文化自信、文化统一体等概念逐渐流行，这是中国自站起来、富起来、强起来之后的更高的追求。上述两条强调乡村文旅发展中文化的重要性、强调乡村的主体地位，综合来说就是强调乡村文旅的 IP 培育需要重视在地性，也即重视乡村文化在新时代的创造性转化。这种文化培育需要注意两个问题。

第一，这种乡村主体的文化因素不完全是将乡村建设成为旧的传统形态，而是发现那些至今留存乡村传统的村落，将之发掘出来，视为活的机体，从文化角度实现新的综合。要点在于，乡村在其中具有主体地位，是主动性的内容的输出者，而不是被资本或者行政意志所改造的被动客体。

第二，需要摆脱以往从现代范式或者西方范式来理解中国乡村的做法。西方对中国的理解或者按照西方思路来理解中国的学者，要么将中国乡村丑陋化，要么将之苦难化，要么视其为僵化的符号，就像将中国简单化为太极、阴阳、大熊猫等简单符号。乡村文旅产业发展有赖于内生视角下对乡村文化的发掘。

理想状态下，发展起来的在地乡村文化和文旅产业既不是对传统文化的照搬，也不排斥西方文化和流行文化及其生活方式。文化的在地性并不意味着区隔或排斥，而是能平等地与西方和现代的生活方式产生交流与融合。

五　乡村文旅发展的义利关系

目前情况下，乡村最大的问题是受市场资本冲击，产生空心化，稳固的价值观被颠覆。这就需要在重塑乡村文明的基础上重视义利关系——发展乡村文旅，如果仅仅着眼于旅游民俗或者物质利益，可能村民之间的矛盾、村民与企业或政府之间的矛盾就会使得文旅项目从一开始就无法落地。因此，在乡村文旅建设中，必须首先重视精神文明建设，发掘中国传统美德和淳朴乡风，物质性建设与精神性建设双管齐下。这不仅能保障文旅项目的开展，也能保障乡村富裕起来不会变质变样。

六　新技术的应用与局限

很多研究关注的重点是科技如何赋能乡村文旅发展；乡村如何面对新兴技术，利用好元宇宙、数字化等带来的文旅发展机遇。面对技术的升级，需要警惕技术万能，以想象替代实际的流行做法。

有些研究者认为乡村文旅的发展方向是数字化，或者元宇宙化。相应的措施一是建立数字博物馆，二是建立乡村智慧旅游平台，三是建立乡村旅游电商平台，四是依靠传媒的技术化升级让乡村文旅资源突破时空限制保持"虚拟在场"，五是开展"云旅游"和建设"数字影像中的乡村"。利用数字技术将丰富多彩的乡村优秀文化资源转变为现代旅游吸引物，发展数字文旅。必须承认，将新技术融入文旅是乡村文旅发展的必由之路，措施一、二、三确实能方便游客。但运用技术创造虚拟空间，制造线上旅游的方式，其有效性和可操作性值得怀疑。前文提到乡村文旅资源的核心价值是淳朴、真实与自然，虚假的体验很难带来真实的游客。

在新兴技术与文旅发展的关系上，声光电技术、VR、5G 等数字技术是手段，需要服从于具有鲜明在地性的特色乡村的整体旅游结构。否则，游客完全可以在家或者城市中体验特定技术带来的变革，为什么要去遥远而陌生的乡村去体验高新科技呢？毕竟，游客在乡村旅游中首要和核心的诉求，并非先进技术带来的极致体验，而是亲近自然环境，感受民风民情，领略另一种生活方式。升级技术始终是第二位的，不能喧宾夺主。将文旅规划沉浸在元宇宙等有待技术成熟的想象之中，在规划或者实施中强调新技术应用的便利当然会丰富乡村文旅产品体系、提升乡村文旅产业的整体服务质量，但是对游客具有吸引力的始终是有鲜明特色的乡村本身。舍本求末地追求技术升级，并非乡村文旅的持续发展之道。

总　结

总而言之，发展乡村文旅产业并不适合每一个中国乡村，而仅仅适合有少数特殊资源优势的乡村。乡村文旅发展需要具有整体性的综合眼光。在经济发展与文化重塑的关系上，应当以在地性的乡村文化培育为核心，逐渐孵化出有影响力的 IP，进而带动经济发展。在深层次上，具有可持续性的乡村文旅项目是从乡村在地性出发自发生长的东西，而不是在外在政策或资本刺激下所产生的。真正成功的乡村文旅项目需要对当下中国做出介入，对现代中国和古代中国的关系做出响应与反思。

扎实推进乡村公共文化建设

陈移兵[*]

摘　要： 推进乡村公共文化建设是深入实施国家乡村振兴战略的重要举措，需要依托全国文化馆（站）服务网络体系，增强共识，结合乡村公共文化建设现状和群众实际需求，创新思路，统筹优质资源，探索从平台、设施、人才、活动、品牌五要素着手，推出系列务实举措，推动乡村公共文化建设迈向更高品质。

关键词： 乡村公共文化　平台　新空间　新型人才　品牌活动

全国文化馆（站）深入学习贯彻习近平总书记关于全面推进乡村振兴、关于文化和旅游工作的重要论述精神，认真贯彻落实党的二十大精神，依托覆盖全国的公共文化服务网络体系，聚焦"全民艺术普及"核心职能，做大做强国家公共文化云公共文化服务品牌，持续开展四季村晚、广场舞、大家唱、百姓大舞台、乡村网红等全国性群众文化品牌活动，实施中国民间文化艺术之乡建设、文化和旅游志愿服务等重点项目，为乡村公共文化建设奠定了坚实基础。

一　推进乡村公共文化建设的必要性

全国文化馆（站）作为承担全民艺术普及等公共文化服务相关任务、推

---

* 陈移兵，文化和旅游部全国公共文化发展中心基层服务处处长、乡村公共文化服务研究院常务副院长。

动文化馆（站）数字化建设、面向基层开展公共数字文化服务等工作的主力军，需要大力推进乡村公共文化建设。

（一）推进乡村公共文化建设是深入贯彻落实习近平总书记关于乡镇综合文化站建设重要指示精神的必然要求

习近平总书记高度重视乡镇综合文化站建设，要求切实提升乡镇综合文化站服务效能。为贯彻落实习近平总书记重要指示精神，文化和旅游部提出持之以恒推动乡镇综合文化站创新发展，持续提升乡镇综合文化站服务效能，以乡镇（街道）综合文化站和村（社区）文化服务中心为重点，推动各地开展基层公共文化设施运行管理情况排查工作，推出全国文化站数字监管和服务平台，推送专题数字资源，加强监管。推进乡村公共文化建设是各级文化馆（站）的应尽职责，是认真贯彻落实习近平总书记重要指示精神的实际行动。

（二）推进乡村公共文化建设是贯彻落实国家乡村振兴战略的必然要求

习近平总书记强调，民族要复兴，乡村必振兴。国家乡村振兴战略是党的二十大确定的今后相当长一个时期必须坚持的重大国家战略。乡村文化振兴作为乡村振兴五大要义之一，必然要求推进乡村公共文化建设。2023 年 2月，文化和旅游部联合农业农村部、国家乡村振兴局启动"大地欢歌"全国乡村文化活动年建设，发布了四季村晚、广场舞等 12 大品牌活动，乡村群众文化品牌活动成为重中之重。

（三）推进乡村公共文化建设是深入实施国家《"十四五"文化发展规划》的重要举措

中办、国办印发的《"十四五"文化发展规划》提出，补齐公共文化服务短板，促进乡村文化振兴。文化和旅游部、国家发展改革委、财政部《关于推动公共文化服务高质量发展的意见》要求，促进公共文化服务提质增效，加强乡村文化治理。文化和旅游部《"十四五"文化和旅游发展规划》《"十四五"公共文化服务体系建设规划》要求以文化繁荣助力乡村振兴，健全乡村公共文化服务体系，提升基层综合性文化服务中心功能，因地制宜建设主题功能空间，加强"中国民间文化艺术之乡"建设管理，举办"村晚"等群众广泛参与的文化活动，培育乡村网红，开展民族民俗文化旅游示范区建设试点。

（四）推进乡村公共文化建设是提升基层公共文化服务效能，增强基层群众文化获得感、幸福感的现实需要

调研发现，基层公共文化服务当前存在设施设备老旧老化落后、人才短缺、服务项目不足、服务形式陈旧、品牌度不够、群众满意度不高等问题。基层群众期待更便捷的公共文化服务平台、更多样化的公共文化新空间和智能化的公共文化驿站、更多乡村文化能人和乡村网红带头人、更具时代性的群众文化品牌活动、更多赋能乡村振兴的全国性品牌。面向"十四五"，需要坚持高质量发展，持续推进乡村公共文化建设，破解突出问题，由"有没有"向"好不好"提升，把群众的文化获得感、幸福感作为基本出发点和落脚点。

二 推进乡村公共文化建设的创新思路

结合乡村公共文化建设现状和群众实际需求，需要创新思路，统筹优质资源，探索从平台、设施、人才、活动、品牌五要素着手，大力推进乡村公共文化建设。

（一）搭建平台，为乡村公共文化建设提供数字化支撑

经过持续建设，国家公共文化云已发展成为全民艺术普及公共文化服务第一平台，成为连通各地公共文化云的国家级平台，承载着文化和旅游部交办的多个重点项目平台功能，聚集全民艺术普及数字资源1504TB（约58.8万部集21.8万小时），突出移动终端服务体验，2022年访问量达2.3亿人次。依托国家公共文化云，可以加大技术创新，回应基层需求，研发推出公共文化云基层智能服务端，各地乡村公共文化机构既可快速、便捷、零成本

地定制生成本地数字化服务平台，也可共享国家公共文化云海量、丰富的全民艺术普及数字资源和多样化的服务项目，让基层群众在指尖尽享精彩文化生活。

（二）创新设施空间，推动乡村公共文化设施提档升级

在持续提升乡镇综合文化站服务效能的同时，从全国层面，需要坚持高质量发展理念，立足乡村，以县级公共图书馆、文化馆总分馆制为抓手，着眼于乡村优秀传统文化的活化利用和创新发展，突出嵌入式、美观性、便捷性，增强基层公共文化服务实效性，从民间文化艺术之乡空间、基层公共文化空间、乡村文化和旅游融合空间、乡村闲置空间等方面，持续发现和推出一批"美""好""新"的乡村公共文化空间，引领新时代乡村公共文化空间构建，引导和鼓励社会各方力量，提升基层公共文化服务设施建设、运营和服务效能。针对数字时代新应用与新需求，可鼓励积极应用新技术，探索建设乡村公共文化驿站，将舞蹈、音乐、书法、绘画、电影欣赏、旅游信息咨询、旅游厕所、文创产品售卖、客流统计、安全监控等多种功能融于一身，打造无人值守的乡村智慧文化体验空间。

（三）培育乡村文化新型人才，为乡村公共文化建设提供人才活力

人才建设是乡村公共文化建设的关键。从基层公共文化人才实际需求出发，需整合优质资源，为县、乡、村三级文艺骨干人才提供专业化艺术技能培训，提升基层文化馆（站）服务人才队伍水平。与此同时，可发动全国文化馆（站）力量积极支持乡村网红人才培育，让乡村网红成为乡村振兴的代言人、推介官、带货官、形象大使，成为新时代的乡村文化志愿者，让网红带红一份美食、一个景区、一条街、一座城，唤醒观众乡愁，让基层群众得实惠。

（四）持续推出四季"村晚"、广场舞、大家唱等全国性活动，丰富乡村公共文化产品供给

近年来，各地持续实施四季"村晚"、广场舞、大家唱等全国性群众文化品牌活动，乡村参与积极性高、参与人数众多、参与方式鲜活多样，成为乡村公共文化建设的新气象，也是乡村文化和旅游融合发展的有益尝试，受到基层普遍欢迎。

（五）打造品牌，为乡村公共文化建设擦亮"金字招牌"

乡村公共文化品牌建设备受基层关注。中国民间文化艺术之乡作为文化和旅游部为各地推进乡村振兴打造的国家级"文化名片"，在助力基层公共文化服务高质量发展、推动优秀民间文化艺术普及、带动民间文化艺术产业发展和文旅深度融合等方面发挥了积极作用。目前，可重点推动中国民间文化艺术之乡的交流展示、供需对接。落实文化和旅游部、农业农村部、国家乡村振兴局关于实施"大地欢歌"2023年全国乡村文化活动年的总体安排，依托活动品牌，培育农文旅融合新业态新模式。此外，按照《"十四五"公共文化服务体系建设规划》重点项目安排，可面向乡镇基层启动"民族民俗文化旅游示范区"品牌创建工作。

三　推进乡村公共文化建设的创新举措

依托现有工作基础和遍布全国的文化馆（站）服务网络优势，围绕乡村公共文化建设平台、设施、人才、活动、品牌五大要素，可重点推出以下创新举措。

（一）在平台上，推出公共文化云基层智能服务端

依托国家公共文化云，研发推出公共文化云基层智能服务端，县级及以下基层公共文化机构可"一站式"申请开通使用，快速生成、运营本地化数字服务平台，优先共享国家平台资源和服务。为指导各地便捷使用，全国公共文化发展中心发布了公共文化云基层智能服务端使用指南，举办了多场培训，持续提供业务指导和技术咨询，拟定提出了内容发布和服务运营规范，遴选推出了20个典型应用案例。目前，各地有650家基层单位部署应用了基层智能服务端，其中既有内蒙古、西藏、新疆等边疆民族地区基层单位，

也有福建、广东等东部地区基层单位。

落实持之以恒推动乡镇综合文化站创新发展工作要求，可将全国文化站数字监管和服务平台升级为"乡镇综合文化站服务平台"，乡镇综合文化站属地特色文旅资源、资讯、活动、产品等可"一键上云"，通过大数据可跟踪反馈乡镇综合文化站服务效能。

（二）在设施上，推出乡村公共文化新空间交流展示活动和公共文化驿站建设试点

为落实"公共文化新空间"行动计划，全国公共文化发展中心联合中国群众文化学会、中国建筑装饰协会、成都市人民政府、新华网举办了2022年乡村公共文化空间设计展示活动，全国县及以下乡村公共文化空间创新案例和空间设计案例积极参与申报。经各省层层推选、网友投票、专家评审、网络公示，活动最终推出乡村公共文化空间（创新案例类）TOP30、乡村公共文化空间（空间设计类）TOP30、网络人气项目TOP10、最佳设计／运营机构TOP10，以及9家优秀组织单位。其中，许多项目日益成为地方政府推动乡村发展的"重头戏"，有些地方政府正在谋求打造投资上亿元的乡村空间"设计谷"。一批"美""好""新"的乡村公共文化空间得到全国推介，成为乡村网红打卡地，品牌效应逐步放大。结合基层需求，可持续推出全国乡村公共文化空间推介展示活动，重点征集推出民间文化艺术之乡空间、基层公共文化空间、乡村文化和旅游融合空间、乡村闲置空间等方面的典型案例，突出县级公共图书馆、文化馆总分馆制建设的最新成果，线上线下开展持续宣推，打造乡村主客共享的公共文化新空间。

运用最新数字技术，在基层可试点建设公共文化驿站，打造智慧文化新空间。公共文化驿站主要面向乡镇（街道）、村（社区）开展建设，向中西部地区倾斜，按照人口流动数量进行科学布局，集成舞蹈、音乐、书法、绘画、摄影、电影欣赏、旅游信息咨询、旅游厕所、文创产品售卖、客流统计、安全监控等多种功能，打造无人值守的乡村智慧文化新空间。目前，北京市大兴区、通州区启动了公共文化驿站建设试点。

（三）在人才上，推出乡村文化骨干艺术能力提升计划和全国乡村网红培育计划

实施乡村文化骨干艺术能力提升计划，采取"请进来、走出去"工作方式，面向县、乡、村文艺骨干人才开展艺术技能培训，着力提升基层文化馆（站）骨干、志愿者等人员的艺术素养和服务能力，带动基层群众艺术素养提升。组织国家文艺院团，如中国儿童艺术剧院、中央民族乐团、中国煤矿文工团等，走进基层开展各类高端培训。

自 2020 年下半年启动实施全国乡村网红培育计划以来，以"培育乡村网红、助力乡村振兴"为主题，文化和旅游部联合央视频、中国农业电影电视中心、新浪微博等，统筹发动全国文化馆（站）培育、支持乡村网红，更好推介乡村。经活动比拼、网友助力、专家评议，该计划发掘、培育了 100 多位既有正能量又有大流量的乡村网红，综合粉丝量超过 1 亿人，话题访问量突破 5 亿人次。组织中央广播电视总台主持人、艺术家、非遗传承人，与乡村网红组团，先后走进福建武夷山、黑龙江五大连池、河北围场、北京古北水镇等大江南北乡村，开展专题文旅推介活动，举办春节、中秋等节日活动，推出《乡约》等乡村网红专题访谈节目。在此基础上，可联合各地共建乡村网红优秀人才库，遴选创建一批乡村网红培育示范点，持续开展地方特色文旅资源推介活动，推出乡村网红文化惠民服务行动、和美乡村推介等重点项目，让乡村网红新型文化人才成为推动乡村公共文化建设的生力军。

（四）在活动上，推出四季"村晚"、广场舞、大家唱等全国性活动

2021 年、2022 年元旦和春节期间，全国举办了"村晚"示范展示活动，带动全国举办"村晚"2.1 万余场，参与人次超 2.42 亿。2023 年春节期间举办"启航新征程 幸福中国年"全国"村晚"示范展示活动，引导各地举办"村晚"1.5 万场，参与量达 1.69 亿人次。在文化和旅游部的高度重视下，全国启动了四季"村晚"活动，通过开展春季、夏季、秋季、冬季"村晚"活动，推动"村晚"活动常态化开展，展示各地乡村丰富多彩的群众文化活动，融合乡土文化、乡村旅游等元素，把"村晚"打造成反映农民精神新风

貌、乡村振兴新气象的载体。

积极推动广场舞向线上线下融合联动、多渠道互动参与、全媒体呈现转变，带动各地广泛开展广场舞活动。根据文化和旅游部工作安排，2023年"引领新风尚 欢跃新时代"全国广场舞展演——广场舞大会于2023年6月正式启动，国家公共文化云开设广场舞大会专题，展示广场舞大会启动仪式、省级和区域广场舞大会、广场舞之夜及各地广场舞活动，突出展现基层群众欢跳广场舞的获得感与幸福感。

持续开展大家唱群众歌咏活动，推出"唱支山歌给党听"云上专题，直录播各地优选的群众歌咏活动46场，征集、展播庆祝中国共产党成立100周年原创群众歌曲100首、"最美歌声"短视频146条，开展网络投票、合唱培训等互动活动，引导社会各界唱响爱国歌曲、传颂红歌故事、表达爱党爱国之情。

（五）在品牌上，推出中国民间文化艺术之乡交流展示活动、启动"民族民俗文化旅游示范区"创建试点

文化和旅游部2021年评选命名了183个新一批中国民间文化艺术之乡，涵盖表演艺术、造型艺术、手工技艺、民俗活动等地域特色鲜明的民间文化艺术形式。可积极推动中国民间文化艺术之乡成为各地推进乡村振兴的国家级"文化名片"，依托国家公共文化云开展全国典型案例征集、展示、推介活动，开展区域性交流展示活动，推动供需对接、产业帮扶与开发，推动优秀民间文化艺术普及，带动民间文化艺术产业发展和文旅深度融合。

"民族民俗文化旅游示范区"建设被列为《"十四五"公共文化服务体系建设规划》确定的城乡文化惠民重点项目。结合地方需要，可在进一步完善有关国标的基础上，启动"民族民俗文化旅游示范区"创建试点，以县级人民政府为申报主体，以乡镇为创建单位，引导社会力量与地方创建单位开展规划、项目、资金、产业等方面的深度对接，突出打造乡村民族民间文化旅游特色功能示范区，赋能乡村振兴。

乡村公共文化建设是推进乡村振兴的重要内容，是助力农民幸福、乡村发展的重要依托，需要统筹资源、协调各方，大力推动乡村公共文化建设迈向更高品质。

大运河国家文化公园文博场馆游客体验评价研究

曾郅涵　齐　骥*

摘　要：本研究选定大运河博物馆联盟为研究对象，基于游客在OTA平台携程网的体验评价内容，获取开放式语句文本资料，通过扎根理论之质性研究，对游客观游文博场馆的体验评价指标体系进行建构，对其发展路径和影响因素进行解构分析。本研究编码提取大运河国家文化公园内33家代表性文博场馆体验评价的35个初步范畴，依据故事线逻辑，将其总结归纳为3个主范畴，在此基础上根据情感倾向划分出积极体验评价和消极体验评价。游客观游体验评价由游前期望铺垫评价基础，在观游体验中可同时产生满意感受和不满感受；由占据主导地位的体验感受，对游后回忆的情感倾向产生持续较大影响。游客对大运河国家文化公园内的文博场馆中蕴含、表达的大运河文化体验感受极弱，表明当前文博场馆对运河文化共同体展现不足，大运河文化及精神传递存在欠缺，应当进一步挖掘运河文化元素，结合自身文物优势，充分展示特性价值，增强游客与大运河文化的精神联结及其审美体验。

关键词：文博场馆　游客体验　扎根理论　国家文化公园

---

* 曾郅涵，中国传媒大学文化产业管理学院硕士研究生；齐骥，中国传媒大学文化产业管理学院教授，博士生导师。

一 引言

2017 年 1 月，中央印发《关于实施中华优秀传统文化传承发展工程的意见》，提出"规划建设一批国家文化公园，使之成为中华文化重要标识"。此后，从中央到地方，国家文化公园的规划、建设方案政策相继出台。2019 年 7 月，《长城、大运河、长征国家文化公园建设方案》审议通过，大运河国家文化公园成为国家文化公园首批建设的重要组成部分。2020 年 11 月，大运河沿线的 33 家博物馆成立大运河博物馆联盟，充分践行习近平总书记"保护好、传承好、利用好"大运河的重要指示，发挥博物馆体系在大运河国家文化公园建设中的重要作用。2022 年 10 月，党的二十大报告中作出"建好用好国家文化公园"的重大决策部署，国家文化公园在党中央的指导下时代意义不断加深。

当前，大运河国家文化公园建设工程已有阶段性成果，但对此开展的相关研究较少。本文在此背景下，选择大运河博物馆联盟作为研究对象，运用质性研究之扎根理论，探究大运河国家文化公园区域内游客对于文博场馆体验评价生成的路径和影响因素，以期为大运河文博品牌的管理优化明确关注方向，为其他国家文化公园文博场馆建设提供借鉴和参考。

二 文献综述

（一）游客体验评价

对于游客体验评价的测度与分析，学界通过多种方法对此进行研究。谭乔西[1]通过收集网站游客评论，利用扎根理论和量化分析方法，对北京 798 艺术区进行游客感知度的研究。李树旺等[2]从游客感知视角切入，以 SERVQUAL 服务质量评测量表为基础，应用 IPA 方法进行评估，构建内含

---

[1] 谭乔西：《"扎根理论"视角下的文化产业园游客体验评价研究——以北京 798 艺术区为例》，兰州大学学报（社会科学版）2018 年第 3 期，第 70~82 页。

[2] 李树旺、李京律、刘潇锴、梁媛：《滑雪旅游服务质量评价与后北京冬奥会时期的优化对策——从北京雪场滑雪游客感知的视角切入》，《北京体育大学学报》2022 年第 5 期，第 146~161 页。

5 个维度和 23 项指标的评价指标体系，研究滑雪旅游服务质量。郭苏明等[1]通过问卷调查，采集游客对乡村景观的体验评价，运用主成分分析法提取得出三个主要的游客感知下的乡村景观评价因子。潘华丽等[2]利用第三方平台数据，以中华五岳为例，基于随机占优准则和 PROMETHEE-Ⅱ法对山岳型景区游客感知进行研究。余尤骋等[3]以江苏省 7 家森林公园为对象，基于游客感知角度构建体验评价指标体系，对森林公园的生态环境服务进行研究。李念等[4]以我国 84 个国家湿地公园为样本，采集游客网络评论进行词频分析和正向、负向情感词汇分析，从游客使用的角度评价国家湿地公园规划建设现状。

（二）国家文化公园

当前学界对国家文化公园开展的研究已有一定成果，可以主要分为两类。一类主要对其现实资源开发进行分析并提出优化布局建议。程遂营[5]使用耦合协调度模型对黄河国家文化公园 115 个城市的文化与旅游资源的协调性进行分析，探讨协调差异的影响因素与优化路径。郭风华等[6]制定长城视觉景观资源语义特征点的选取规则和编码方法，基于 GIS 视域分析，以"老龙头—山海关—角山"长城区段为例，通过其子系统计算得到整个区段的最优感知区位链。张祎娜[7]通过调研揭示黄河国家文化公园文化资源向文化资本转化过程中的三个突出问题，对此提出资源发掘、品牌建设和 IP 开发"三

① 郭苏明、冯美玲：《基于游客感知的乡村景观评价因子分析——以苏州市树山村为例》，《西北林学院学报》2022 年第 1 期，第 253~258 页。
② 潘华丽、刘婷、孙志伟：《基于随机占优准则的山岳型景区游客感知测评研究——以中华五岳为例》，《干旱区资源与环境》2022 年第 2 期，第 164~170 页。
③ 余尤骋、程南洋：《森林公园生态环境服务的游客体验评价研究——以江苏省 7 家森林公园为例》，《林业经济》2020 年第 8 期，第 39~49 页。
④ 李念、陈其兵、姜涛：《基于网络数据的国家湿地公园游客感知分析》，《地域研究与开发》2020 年第 1 期，第 89~93 页。
⑤ 程遂营：《黄河国家文化公园文旅协调发展水平差异归因与路径优化》，《河南大学学报》（社会科学版）2022 年第 6 期，第 19~26 页。
⑥ 郭风华、孙宝磊、李家慧、李仁杰、邢倩、张振冉：《长城视觉景观资源及感知区位计算方法》，《地理与地理信息科学》2022 年第 6 期，第 9~16 页。
⑦ 张祎娜：《黄河国家文化公园建设中文化资源向文化资本的转化》，《探索与争鸣》2022 年第 6 期，第 24~26 页。

个抓手"建议。陈喜波等^①分析北京大运河国家文化公园当前生态现状及问题,提出基于生态和文化多样性以及和谐共生的生态建设原则和具体路径。秦宗财^②基于空间生产理论,以"五维系统"为核心,对大运河国家文化公园建设提出系统性建议。王兆峰^③运用平均最近邻指数、核密度分析法等,对长征国家文化公园沿线红色旅游经典景区空间分布格局及供给水平进行研究,并分析影响其高质量发展的因素。

另一类研究则主要聚焦于国家文化公园的精神内涵,多开展质性研究,提供建设路径的相关策略。陈波等^④基于空间生产理论和场景理论,构建黄河国家文化公园以空间生产为内生动力、场景表达为外在承载的齿轮式结构框架,阐述自然生态型、便捷参与型和传统赓续型三种文化场景模式及其内部不同的维度组态。范周等^⑤结合已有实践,围绕文化价值认同、文化生态系统、文旅产品体系等方面,对黄河文化旅游发展的相关问题进行思考并提出建议。张祝平^⑥总结归纳国家文化公园的内涵,阐述建设黄河国家文化公园的四项原则,提出建设黄河国家文化公园的路径。邹统钎^⑦采用扎根理论分析方法对长城精神价值的传统表述进行梳理、编码,提出社会表征具化的"3R"模式(保护修复、情景再现、融合利用),并针对长城国家文化公园的精神价值提出具体的策略。李渌等^⑧以贵州省清镇市长征国家文化公园观游索桥红军渡建设项目为案例地,通过对本地居民深度访谈并进行编码,构

---

① 陈喜波、王亚男、郗志群:《北京大运河国家文化公园建设的生态路径研究》,《城市发展研究》2022 年第 8 期,第 38~43 页。

② 秦宗财:《大运河国家文化公园系统性建设的五个维度》,《南京社会科学》2022 年第 3 期,第 162~170 页。

③ 王兆峰:《长征国家文化公园沿线红色旅游经典景区高质量发展影响因素探究》,《河南大学学报》(社会科学版)2022 年第 6 期,第 35~42+153 页。

④ 陈波、庞亚婷:《黄河国家文化公园空间生产机理及其场景表达研究》,《武汉大学学报》(哲学社会科学版)2022 年第 5 期,第 66~80 页。

⑤ 范周、祁吟墨:《国家文化公园建设导向下的黄河文化旅游发展研究》,《理论月刊》2022 年第 8 期,第 71~77 页。

⑥ 张祝平:《黄河国家文化公园建设:时代价值、基本原则与实现路径》,《南京社会科学》2022 年第 3 期,第 154~161 页。

⑦ 邹统钎:《长城国家文化公园精神价值的锚定与具化机制探索》,《河南大学学报》(社会科学版)2022 年第 6 期,第 27~34+153 页。

⑧ 李渌、徐珊珊、何景明:《文化记忆与乡村振兴:长征国家文化公园的社区参与——基于贵州省清镇市观游村索桥红军渡的个案研究》,《旅游科学》2022 年第 3 期,第 72~90 页。

建文化记忆视角下社区参与长征国家文化公园建设的逻辑路径。傅才武等[①]基于长江国家文化公园的视角，对"文化长江"超级 IP 的内涵特征和文化功能进行阐述，揭示其价值转换过程，分析其旅游开发价值。

综上所述，近两年国内对国家文化公园开展的相关研究多以资源协调和文化特征为视角，缺少从游客体验与评价方面进行研究。且因国家文化公园地理跨度大，内含多个行政区域，研究大多聚焦于重点区段或重点城市展开，较少进行整体研究。由于不同研究视角可以形成多元化的分析结果，通过游客体验评价的测量视角，可以从游客主体角度科学化揭示大运河国家文化公园区域内文博场馆游览体验的生成路径和影响因素，为自身及其他文博场馆的发展提供侧重建议。本文基于游客评价角度，对大运河沿线 33 座代表性文博场馆的评价文本，依据扎根理论方法进行质性研究，能在一定程度上对大运河国家文化公园的研究进行补充。

三 研究方法与数据来源

（一）研究方法

扎根理论由 Glaser 和 Strauss 提出[②]，是一种从下而上、从现象提炼出理论的方法，提倡从采集的原始信息中总结并归纳出概念和范畴，在进一步挖掘现象背后的逻辑关系基础上提出假说或建立理论。Hood[③] 对扎根理论的关键特征做出总结：理论抽样、持续地将数据和理论类属对比、建构理论而非验证。苗学玲等[④] 总结适于通过扎根理论研究的几类问题[⑤]，其中，微观的、

① 傅才武、程玉梅：《"文化长江"超级 I P 的文化旅游建构逻辑——基于长江国家文化公园的视角》，《福建论坛》（人文社会科学版）2022 年第 8 期，第 13~25 页。

② Barney G. Glaser and Anselm L., "Strauss and Elizabeth Strutzel: The Discovery of Grounded Theory; Strategies for Qualitative Research," *Nursing Research*, 1968: 364-365.

③ Hood J. C., "Orthodoxy vs. Power: The Defining Traits of Grounded Theory," *The Sage Handbook of Grounded Theory*, 2007, pp.151-164.

④ 苗学玲、解佳：《扎根理论在国内旅游研究中应用的反思：以旅游体验为例》，《旅游学刊》2021 年第 4 期，第 122~135 页。

⑤ Corbin J. M., Strauss A. L., "Basics of Qualitative Research: Techniques and Procedures for Developing Grounded Theory (the 4th Edition)," *Sage Publications*, 2015, pp.29, 34, 80, 163; Maxwell J. A., "Qualitative Research Design: An Interactive Approach (the 3rd Edition)," *Sage Publications*, 2013, pp.82-86.

以行动为导向的以及过程类的问题尤为合适。

本文以大运河国家文化公园为研究对象，选取对大运河元素具有代表性的大运河博物馆联盟，即8个省份的33家博物馆为数据采集对象。采用三阶段分析法，以2349份游客的游记、评价为原始资料，通过质性软件 Nvivo 12 对数据建立节点的方式进行开放式编码、轴心式编码和选择式编码，建构游客体验评价视角下大运河沿线文博场馆的形象感知。

（二）数据来源

遵循扎根理论抽样原则[①]，基于初始研究问题和研究条件，采用目的性抽样原则进行初始抽样。随后以概念为驱动对收集的资料分析开展理论抽样。为确保信息采集全面、内容丰富，本研究选取市场份额第一的头部 OTA（Online Travel Agency）携程网作为数据来源，以33家文博场馆名称为搜索词，通过 Python 抓取游客的游记、点评作为文本数据样本。

为提高数据可读性和可操作性，依据实用性原则对采集数据进行清洗，剔除语义逻辑不清、高度重复、具有明显广告营销倾向的不良数据，选取内容翔实且字数不少于100字的有效文本。

经过滤筛选，最终得到2349份评价文本。从其中选取2000份用于扎根，其余用于理论饱和检验。

四 分析过程

（一）开放式编码

开放式编码是程序化扎根编码的第一步，可对研究所获得的原始语句依

---

① 何木叶、刘电芝:《扎根理论的运用:误区与策略》,《心理科学》2022年第5期, 第 1273~1279 页；Conlon. C., Timonen V., Elliott-O'Dare C., et al., "Confused about Theoretical Sampling? Engaging Theoretical Sampling in Diverse Grounded Theory Studies," *Qualitative Health Research*, 2020, 30(6): 947-959；Moser A., Korstjens I., "Series:Practical Guidance to Qualitative Research. Part 3: Sampling, Data Collection and Analysis," *European Journal of General Practice,* 2018, 24(1): 9-18。

次进行比较分析并从中产生原始概念①。游客在网络发布的相关游记和评论可以密切反映出其对文博场馆的体验评价，因此将文本中有关于积极评价和消极评价相关的语句进行内容提取，并拆解为独立的语句，再从语句中提取编码要素，将原有的通俗化语白凝练成精简的初步概念。通过多次编码、修改、调整及完善后，最终提取出 173 个基本概念。根据游客评价与基础概念之间的语义逻辑联系，提炼出 35 个范畴：地位认可、个人经验、地方风土、历史根脉、独特亮点、宣传营销、设施便利、区位优势、建筑景观和谐、技术营造场景、展馆舒适沉静、展厅规划合理、展品精彩繁多、服务质量高、文化收获多、游客素质高、个性需求满足、创意点睛、设施不便、区位劣势、建筑气质违和、服务管理无序、展览设计混乱、信息公开不足、游客素质差、付费项目不值、文化收获少、重游憧憬、适宜群体、加深了解、推荐前往、持续不满、拒绝重游、比不上其他场馆、不推荐前往。开放性编码示例见表 1。

表 1　开放性编码示例

文本内容 Text Contents	概念化 Conceptualization	范畴化 Categorization
一楼有存包柜，很方便，能存到下午四点。二楼的长凳边有电源，可以坐下休息给手机充电	功能设施	设施便利
一楼服务台处有博物馆的参观介绍和指引资料，值得领取以便在参观过程中可以随时查阅	介绍设施	
在进门的地方有提示可以连接博物馆的 WiFi 进行书签的打印，好漂亮的说！果断打印一张！	纪念设施	
内部温度舒适空调不错，在炎热的天气里这里是非常不错的选择	基础设施	
门口排队处有遮阳棚	馆外设施	
有免费解说。工作日也遇到了好几场讲解，讲解老师一看就老专业了	优质讲解	服务质量高
馆内查得很严，很规范。安保工作很好	安保完善	

---

① 周青、吴童祯、杨伟等：《面向"一带一路"企业技术标准联盟的驱动因素与作用机制研究——基于文本挖掘和程序化扎根理论融合方法》，《南开管理评论》2021 年第 3 期，第 150~161 页。

续表

文本内容 Text Contents	概念化 Conceptualization	范畴化 Categorization
工作人员特别热情。服务台的小哥特别认真地为我演示自助讲解器的使用方法，真心为他点个赞	服务热情	
确实排队不少人，可通行的速度快到出人意外，不到十分钟就安检入园	安检效率高	
苏州博物馆管理非常好，预约制，几点到几点，不用再排队而且可以控制馆里的人数，很棒的旅行	管理有序	
服务台妹子人美气质佳	员工靓丽	
去到徐州博物馆门口，马上有个大学生模样志愿者上来热心指引	志愿者热心	
国庆期间，博物馆延期闭馆由 4 点半推迟至 6 点，给个大大的好评	人性化调整	
的士前往吧，公共交通不方便	公共交通不便	区位劣势
地理位置的话，感觉有点偏，如果特地去不是很值得	位置偏远	
自带神器美美哒看展览，只可惜周边无美食	配套资源不足	
出博物馆进入忠王府那个影像馆是个什么乱七八糟的，像鬼片一样	周边景点糟糕	
遇到不少人来这里找国家宝藏里面的镇馆之宝，貌似都不在这边吧	展品信息不准	信息公开不足
我嘴里念叨着《富春山居图》我来了，直到主馆大门，意外啊意外，主馆不开，只有几个偏厅开着，想看的宝贝看不到，心情一下跌落了	展厅开放不明	
以为自己最后看了所有的展厅，却在出来时在资料领取处发现，特展厅没去，一个国庆才上新的瓷器展没看。不由感叹天博公众号的宣传力度也不够大	宣传力度不足	
尽管分时预约了，可门口仍然排了很长的队，有些人不清楚情况，排了会儿队，才被告知要预约或者是时段不对	预约信息混乱	
里面是禁止带水进入的，对面就有存放包裹的地方，可以把水存放在那，一来一回就非常麻烦	馆内规章未提前告知	

（二）主轴式编码

主轴式编码是对开放式编码挖掘出的范畴进行类别归并、比较，从而确定主范畴并联系副范畴。通过将初步概念及初始范畴之间的语义逻辑再次代入原始语句中进行梳理，进而明确主范畴的内涵。经过多次对比，基于憧憬期待、在场体验和事件、记忆和回忆三个部分构成完整的个人体验认知，以对文博场馆游客体验评价构建为分析目标，将游客体验评价初始范畴凝练为 3 组共 12 个主范畴，分别为：游前期望（场馆预期、城市文化、额外吸引）、观游体验（要素满足、场景沉浸、情感愉悦、意外之喜、要素不足、混乱失序、性价比低）、游后回忆（正向回忆、负向回忆）。其中，对于前往文博场馆，游客期望主要来源于对博物馆这一文博场馆的一般性要素期望，对于博物馆所在地区、城市的独特性期望，以及因自身经历及偏好产生的额外兴趣，因此，将涉及游客期望产生的场馆预期、城市文化、额外吸引 3 项范畴归类为游前期望。在前往并游览博物馆的行为过程中，其评价的生成主要受到场馆的外部环境、馆内质量和服务体验影响，因此将相关范畴归类为观游体验，并依据其对游客回忆的影响分化为满意观游体验和不满意观游体验两部分，其中，将要素满足、场景沉浸、情感愉悦、意外之喜归为满意观游体验范畴，将要素不足、混乱失序、性价比低归为不满意观游体验范畴。在游览博物馆后，游客的评价通过网站在线评论的方式表达，阐述自身是否有重游意愿及是否推荐该博物馆作为他人游览目的地，因此，将涉及表态、意愿、是否推荐等相关内容的范畴归为游后回忆，并依据其情感倾向分为正向回忆和负向回忆。主轴式编码示例见表 2。

表 2　主轴式编码形成的主范畴

组别	主范畴 Main category	对应范畴 Corresponding category	包含概念 Containing concept
游前期望	场馆预期	地位认可	文保单位，知名景区，一级博物馆，国家级博物馆，历史遗址
		个人经验	游览经历丰富，游览经历较少，多次重复前往
	城市文化	地方风土	地域特色，本地文化，风土人情，运河城市
		历史根脉	历史名城，历史典故，文化遗产，非物质文化遗产
	额外吸引	独特亮点	非遗工艺制作机会，镇馆之宝，相关名人
		宣传营销	综艺节目，影视作品，书籍介绍，社交媒体，OTA 评价，学校推荐

续表

组别	主范畴 Main category	对应范畴 Corresponding category	包含概念 Containing concept
观游体验	要素满足	设施便利	功能设施，休憩设施，纪念设施，基础设施，馆外设施
		区位优势	临近景点，吃购商圈，停车便利，通达性高，依傍运河，展馆集聚，相邻酒店
		建筑景观和谐	古色古香，设计感强，气势宏伟，别具特色，装修精美，景观优美，风格和谐，适合拍照，艺术感强，环境舒适
	场景沉浸	技术营造场景	多媒体厅，视听互动装置，3D 触摸屏，沙盘模型，塑像还原，历史景象复刻，4D 影院，内置考古现场
		展馆舒适沉静	人少清净，感官舒适，场馆规模适宜，灯光明亮，分区布局合理，各馆特色突出
		展厅规划合理	引导清晰，特展精彩，灯光柔和，适合拍照，路线设计合理，布置精美，介绍详细
		展品精彩繁多	展品精彩，数量丰富，地域特色展品，镇馆之宝，历史悠久，智慧结晶
	情感愉悦	服务质量高	优质讲解，安保完善，服务热情，安检效率高，管理有序，员工亮丽，志愿者热心，人性化调整
		文化收获多	学习教育，知识资源，开阔眼界，继承传承，收获满满
		游客素质高	有序排队，文明观展，保持安静，陌生人善意
	意外之喜	个性需求满足	老年游客需求，儿童需求，母婴需求，孕妇需求，病人需求
		创意点睛	艺术活动，文物 IP 开发，戏剧演出，换装体验，节庆活动，文创餐饮，儿童活动
	要素不足	设施不便	数量不足，标示不明，设备老化，使用烦琐困难，设施不全，卫生问题
		区位劣势	公共交通不便，位置偏远，配套资源不足，周边景点糟糕
		建筑气质违和	过于现代，中西混杂
	混乱失序	服务管理无序	员工态度差，推广下载软件，人手不足，讲解水平低，服务效率低，游客管理不当，推销商品，外部不良行为泛滥
		展览设计混乱	展品数量不足，复制品泛滥，展览无逻辑，临时展览风格突兀，展品介绍粗略，展品信息错误，灯光不适
		信息公开不足	展品信息不准，展厅开放不明，宣传力度不足，预约信息混乱，馆内规章未提前告知
		游客素质差	大声喧闹，插队行为，馆内饮食，破坏展台，不讲卫生

续表

组别	主范畴 Main category	对应范畴 Corresponding category	包含概念 Containing concept
观游 体验	性价比低	付费项目不值	门票收费，收费讲解质量低，展览单独收费
		文化收获少	展品平庸，展品无吸引力，未体现当地文化，传承感低
游后 回忆	正向回忆	重游憧憬	期待展品，继续深入学习，再来参观
		适宜群体	亲子家庭，学生儿童，文艺青年，历史爱好者
		加深了解	慢慢品味历史，扎实文化知识，大开眼界
		推荐前往	值得前往，展厅推荐，展品推荐
	负向回忆	持续不满	投诉无反馈，重游发现问题未解决
		拒绝重游	浪费时间，花冤枉钱，影响心情，不感兴趣，体验感差
		比不上其他场馆	展品质量低，展馆规模小，展览介绍太少，历史价值不足，文化资源开发效率低
		不推荐前往	不推荐

（三）选择性编码

选择性编码的目的是整合所有编码范畴从而形成扎根于数据且具有解释力的理论。通过对主轴式编码所形成的 12 个主范畴的提炼，挖掘核心范畴，通过与其他范畴内容进行反复比对及系统关联，可以明确其内在逻辑关系。再通过故事线逻辑的构建，可以清晰描绘游客游览博物馆的行为、体验及评价产生的过程，便于分析游客游览文博场馆的情感变化及评价构建。

根据编码过程，本文编码后所得范畴围绕国家文化公园文博场馆游览的体验评价构建过程及影响因素展开，可以由"文博场馆游客体验评价构建"这一核心范畴进行概括。其中，游前期望是文博场馆游客体验评价构建的基础线，观游体验是文博场馆游客体验评价构建的决定因素，游后回忆是文博场馆游客体验评价构建的外化表达。

为检验核心范畴能否统领主范畴并与其他范畴产生联结，需要通过故事线串联概念及范畴，解释现象。本研究中，故事线围绕游客游览文博场馆的评价感知建构过程展开，将 3 组 12 个主范畴进行串联，即游客基于场馆预期、城市文化、额外吸引 3 项因素对还未发生的游览体验划定期待的基础线，在期待中前往文博场馆，可能因为要素满足、场景沉浸、情感愉悦、意外之喜而使得游览体验高于期待感到，也可能因为要素不足、混乱失序、性价比低使游览体验低于心理预期感到不满。当体验感受高于期待时，游客在回忆中表达推荐前往该场馆的建议，当体验感受低于期待则会在游后回忆中出现负面情绪并传达不推荐前往该场馆的态度。

本文通过对预留的 349 份文本数据进行理论饱和度检验，不再出现新概念和新范畴，且一级编码中不断出现重复编码，证实本研究基本达到理论饱和，无须进一步扩大样本范畴。

（四）模型建构

基于游客游览文博场馆并产生评价过程中各影响因素的作用关系，及其故事线逻辑结构，从游客游前期望开始，到观游过程中的体验产生，再到游后的回味回忆，最后生成积极或消极的体验评价，可以构建模型如图 1 所示。该模型反映游客体验评价的期望基础和影响范畴，及其正向或负向评价生成的结构性体系。

五　模型阐释与分析

（一）游前基础

游客评价是其预期和实际感受相比之后产生的心理感知[①]，当实际感受优于预期，游客的体验感受较好，倾向于产生积极评价[②]；当实际体验低于预期，则会使游客出现不满情绪，产生消极评价[③]。在游览文博场馆的行

---

① Oliver R. L., "A Cognitive Model of the Antecedents and Consequences of Satisfaction Decisions," *Journal of Marketing Research*, 1980, 17(4): 460-469；Pizama A., Neumann Y., Reichel A., "Dimension of Tourist Satisfaction with A Destination Area," *Annals of Tourism Research*, 1978, 5(3): 314-322.

② Aliman N. K., Hashim S. M., Wahid S. D. M., "Tourist Expectation, Perceived Quality and Destination Image: Effects on Perceived Value and Satisfaction of Tourists Visiting Langkawi Island, Malaysia," *Asian Journal of Business and Management*, 2014, 2(3): 178-200.

③ Lee S., Jeon S., Kim D., "The Impact of Tour Quality and Tourist Satisfaction on Tourist Loyalty: The Case of Chinese Tourists in Korea," *Tourism Management*, 2011, 32(5): 1115-1124.

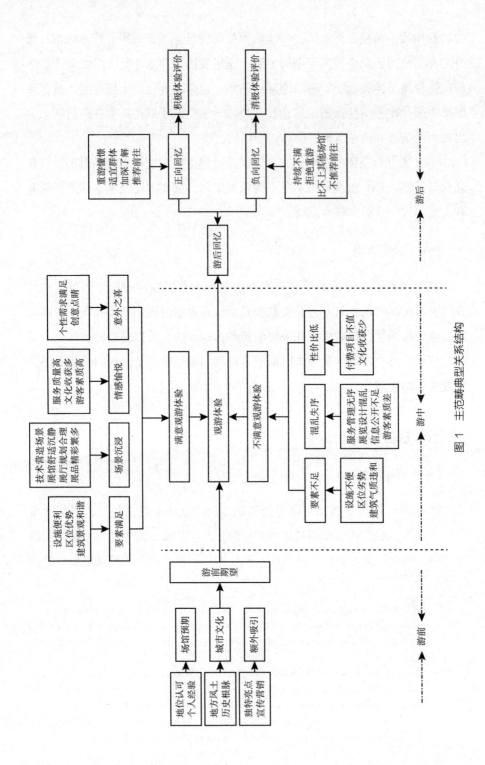

图 1 主记睛典型关系结构

程开始前，游客的心理预期主要来源于场馆预期、城市文化、额外吸引三方面。

1. 场馆预期

游客对于文博场馆的普遍性认知，一方面来源于其官方认可的地位和相应的单位评级，另一方面游客自身曾经前往文博场馆的经历体验也会成为评价后来文博场馆体验是否优良的参考标准。在地位认可方面，多数游客倾向于相信官方权威评价并据此抱有期待，如有多位游客在评价中提到"全国重点文物保护单位""国家 4A 级景区""非物质文化遗产""历史遗址"等官方认定，并对"镇馆之宝"具有强烈兴趣和观览意愿。在个人经验方面，具有较多文博场馆观览经历和经验的游客，会习惯性地在每个城市主动前往文博场馆进行了解，并依据经历经验形成对预期游览质量的个性化评价标准。

2. 城市文化

文博场馆对于城市具有重要的文化艺术价值，既是城市形象公开展示的窗口，也参与整个城市形象的文化建构①。反向来说，每座城市的地域特色、风土人情、历史脉络，也会影响游客对于该地的文博场馆产生相关的心理预期认知，如评价中多次提到的，一方面想要通过"城市的名片"来"快速、高效、深刻了解城市"的地方风土等客观环境；另一方面也想通过文博场馆"藏宝库"的属性，进一步贴近当地历史底蕴和精神生活。

3. 额外吸引

在场馆普遍性预期和城市文化性需求外，游客的心理预期生成也受到独特亮点和宣传营销这两类额外吸引物的影响。独特亮点使得该场馆具有无可比拟的唯一性，并且因其突出优势而强烈吸引游客产生游访意愿。如在对于苏州博物馆的评价中，几乎所有游客都提及该博物馆为著名华人建筑师贝聿铭之作，并有多位游客提到前往该场馆的期待重点不在于展品，而在于欣赏、打卡其建筑设计。此外，宣传营销因其多渠道、多维度的特点，在吸引不同渠道受众的同时，能够通过唤起共鸣的不同宣传侧重点而促使游客产生

---

① 马璐瑶：《博物馆对城市形象的参与式建构——以上海当代艺术博物馆为例》，《艺术传播研究》2021 年第 1 期，第 75~83 页。

差异化心理预期[①]。如游客评价中提到的"拍照打卡小红书网红地标"，"学校建议暑期带儿童前往""追随国家宝藏节目""阅读《贝聿铭全集》"等，体现出游客通过社交媒体、学校推荐、综艺节目、专业书籍等多渠道对场馆进行提前了解并将之纳入行程安排。这些宣传营销在构成吸引力的同时，也使游客对于预期的游览体验产生较高期待和亲近感[②]。

（二）满意观游体验

满意观游体验和不满意观游体验两个范畴，因不同的范畴归类而成，但因游客观游过程中不断对新事物产生观感体验，所以，满意和不满意可能同时存在，也可能单一存在。当其同时存在时，占据主导地位的部分会对游后回忆的情感表态产生较大影响。

1. 要素满足

文博场馆的要素是否能够满足游客需求是游客观游体验是否满意的基础因素[③]，满意的观游体验需要便利的设施、优势突出的区位条件以及和谐的建筑景观。文博场馆设施繁多且与游览过程具有直接、紧密的关联，因此，设施的便利性是最容易被感知和纳入评价的。电梯、空调、网络、电源等基础设施，餐食、饮水、座椅、售货机等休憩设施，存储柜、纪念品商店、书吧等空间设施都是游客游览过程是否顺利的重要保障。在区位优势方面，当文博场馆邻近自然景区景点或有多个文化类场馆聚集可以构成系统性旅游区域时，游客整体体验感较好。同时，多数评价因"交通通达性高""吃住方便""附近可以购物""附近好停车"等优势区位因素表达满意情绪。在建筑景观方面，多数评价均有对于建筑外观和景观环境的表述，当游客能够亲身感受建筑设计与周边环境景观和文化意蕴和谐共生时，其对于文博场馆气质底蕴的预期想象得到实现，产生良好的体验感受。

---

① Chen Y., Zhang H., Qiu L., "A Review on Tourist Satisfaction of Tourism Destinations," //LISS 2012: Proceedings of 2nd International Conference on Logistics, *Informatics and Service Science*. Springer Berlin Heidelberg, 2013: 593-604.

② Hsu C. H. C., Cai L. A., Li M., "Expectation, Motivation, and Attitude: A Tourist Behavioral Model," *Journal of Travel Research*, 2010, 49(3): 282-296.

③ 罗兹柏:《人在旅途，行者无疆——感悟地旅人生》，《地理教育》2017 年第 2 期，第 1 页。

2. 场景沉浸

游客在观游过程中是否能够沉浸场景，是其体验评价的重要影响因素。舒适沉静的展馆环境为游客的场景沉浸体验创造氛围可能，规划合理的展厅设计让游客渐入佳境、沉醉其中，精彩繁多的优质展品唤起文化自信、心灵共鸣，这些都是文博场馆使游客获得满意的观游体验的场景舒适物和感情联结点[①]。此外，技术加持下的沉浸场景营造更注重空间中文化与技术的融合，通过 3D 触摸屏、沙盘仿真模型、视听互动创意等装置设计的互动性，加强了游客与场馆氛围的沉浸共鸣。例如有关南京博物院的评论中，几乎所有游客都主动提及"民国馆"这一馆厅复刻民国建筑和街头景象，伴有换装拍照、茶馆听曲和与扮演民国商贩的真人角色互动等丰富活动，带来惊艳的沉浸体验。

3. 情感愉悦

通过享受优质服务[②]、文化获取[③]和与他人交际互动[④]的情感互动过程，游客有效提升了幸福感，其观游体验也增添了愉悦的色彩基调。根据编码可知，在服务质量相关的评论中，"完善的安检安保"增强游客安全感与信任感；"热情友善的态度"拉近工作人员和游客心的距离；"人性化、有序的管理"不仅让人舒心，也能提供高效快捷的服务帮助；"活力、亮丽的员工形象气质"让观游过程轻松亲切。此外，获取文化内容所带来的收获感促发强烈的自我满足和愉悦。与他人交际互动中，同在文博场馆内的其他游客体现的高素质行为以及陌生人善意的传递作为积极的游客间互动，能够有效促进社会联结，提升游客满意度。

4. 意外之喜

超出游客预期想象的满意体验可以视作观游过程的"意外之喜"，能够

---

① 胡传东:《旅游:一种进化心理学的解释》,《旅游学刊》2013 年第 9 期, 第 102~108 页。

② Su L, Swanson S R, Chen X. The effects of perceived service quality on repurchase intentions and subjective well-being of Chinese tourists: The mediating role of relationship quality. Tourism management, 2016, 52: 82-95.

③ Kim H, Woo E, Uysal M. Tourism experience and quality of life among elderly tourists. Tourism management, 2015, 46: 465-476.

④ 陈晔、张辉、董蒙露:《同行者关乎己?游客间互动对主观幸福感的影响》,《旅游学刊》2017 年第 8 期, 第 14~24 页。

刺激游客提升整体观感①，由个性需求满足和创意点睛构成。当文博场馆的产品服务质量与游客个性化独特需求相匹配，其通过超出预料的惊喜体验，给游客留下深刻印象和记忆亮点。较为常规的如为带着婴孩的家庭游客提供干净舒适的母婴休息室和为老年游客提供免费轮椅，临时活动性质的如为儿童提供藏宝寻宝活动、大师现场弹奏唐宋时期古琴的艺术活动等，都成为游客体验构成中的惊喜要素和满意来源。此外，场馆在文创产品和活动方面的创新创意，也会作为点睛之笔为游客留下深刻印象。例如多条评论提及的文创雪糕、文创咖啡等餐饮创新，文创表情包、文创标语牌等形象营造，就是挖掘每一个文博场馆自身的代表文物和典型地标等文化元素并融合进产品的设计与研发，将文博和文创有机结合的产物。

（三）不满意观游体验

1. 要素不足

相对于满意游中体验的要素满足范畴，要素不足即意味着设施、区位和整体建筑景观风格三方面存在欠缺和不足，无法达到游客的心理期望，无法满足游客的需求。作为影响体验评价的基础因素，游客易因此产生不满的观游体验。在设施方面，不齐全、不现代和不合理是较高频出现的设施缺陷，游客难以获取充足的、便捷的、顺畅的设施服务。因城市规划的合理考量，文博场馆存在区位劣势的情况相对较少，但仍存在由于地理位置偏僻，公共交通不便、周边配套设施较差的情况。此外，建筑气质违和的情况也相对较少出现，游客对文博场馆建筑接受度较高，不论是现代化建筑还是仿古建筑，整体并没有对游客感知产生太大影响，但仍有部分评论表达因建筑气质违和观感较差。

2. 混乱失序

在负向的评价内容中，混乱失序是导致不满产生的重要因素，分为服务管理无序、展览设计混乱和信息公开不足三个方面。服务管理无序分为内部和外部，内部为工作人员和其余游客②无法提供良好的观游环境，游览体验嘈杂烦琐；外部为场馆外部黄牛票贩泛滥、自行车摆放杂乱、乞讨者多等不

---

① 杨娇、刘丽梅：《旅游心理学》，北京大学出版社，2014，第84~89页。
② 该部分包括游客素质差这一范畴，合并论述。

良行为没有得到有效控制与管理，严重损害场馆形象和游客体验。展览设计混乱主要体现为展馆展厅布置不合理、展出内容质量不佳两方面，空间的欠缺和内容的空洞让游客无法沉浸式投入。信息公开不足体现在多个方面，从展馆布局到展览详情，到展品介绍，再到服务政策，不够公开的信息导致游客跑空或多次折返，也难以深入了解该文博展馆的魅力所在。

3. 性价比低

游客主要通过收费内容是否值得和整体文化收获量来衡量前往文博场馆的性价比。当讲解服务或特别展览等内容需要游客付费时，游客抱有更高心理预期值，而收费项目无法达到其心理预期时，体验评价认定其性价比低，倾向于产生不满情绪。另外，游客会评估整体观游过程的文化收获，当文化收获低于其心理预期时，同样会在评价中体现出消极情绪。

（四）游后回忆

在游前期望基础上[①]，游客的观游体验分化为满意和不满意两种类型，结合心理期望和体验感受，在观游结束后进行游后回忆[②]，最终生成围绕此展开的体验评价。

1. 正向回忆

当正向情感色彩为评论内容的主导部分，游后回忆的情感倾向为正向。由表达自身重游意愿、认为适宜游览的群体、通过游览加深文化了解和明确推荐其他游客前往四个部分组成正向回忆，并通过正向回忆最终表达出积极体验评价。

2. 负向回忆

与正向回忆相反，负面回忆存在较强烈的负面情感表达。不满体验带来的对场馆的持续否定、拒绝重游的自身意愿表达、对比其他场馆批评其不足和明确不推荐其他游客前往四个部分共同组成负向回忆。在负面情感倾向的影响下，游客生成消极体验评价。

---

① Larsen S. Aspects of a psychology of the tourist experience. Scandinavian Journal of Hospitality and Tourism, 2007, 7(1): 7-18.

② Kim J H. Determining the factors affecting the memorable nature of travel experiences. Journal of Travel & Tourism Marketing, 2010, 27(8): 780-796.

六 结论与讨论

（一）结论

本文以大运河博物馆联盟的成员共 33 家博物馆，作为大运河国家文化公园文博场馆的典型代表开展研究，通过对其在线评论进行编码扎根，发现游客观游大运河国家文化公园内文博场馆的体验评价通过游前期望、观游体验和游后回忆 3 个部分形成。依据参观游览文博场馆行程的故事线逻辑，游客受场馆预期、城市文化和额外吸引三方面因素影响生成游前期望，划下心理预期的基准线，并据此来对游中的观游体验进行评估判定，结合游后的回忆，产生积极评价和消极评价。

通过对前往大运河国家文化公园内文博场馆游客体验评价的影响因素进行划分，研究发现，要素满足、场景沉浸、情感愉悦和意外之喜是促使游客观游体验感到满意的重要因素。要素不足、混乱失序、性价比低则是让游客观游体验欠佳进而感到失望不满的主要因素。在这些影响因素中，场馆设施、区位条件、建筑景观、展厅展品、服务管理等，均是游客观游过程中生成评价的重要指标。游客依据这些指标的体验感是否达到期望而产生满意和不满意两种感受倾向。因观游体验中众多指标共同发挥作用，这两种不同的感受倾向并非完全独立，既可能出现完全的满意观游体验或不满意观游体验，也可能出现两者共存的情况，在这种情况下，游后回忆的情感倾向生成受到占据主导地位的观游体验较大影响。

游客参观游览文博场馆并进行体验评价构建的过程，与各项影响因素存在特定的典型结构关系，因此，文博场馆应当关注并推进满意观游体验影响因素的建设，在常规要素充分完善的同时，关注游客特殊需求，发挥创新创造能力，用有创意和个性化的服务与产品为游客的观游体验添上点睛之笔。

此外，编码发现，仅有少数几条评论明确提到"运河城市""大运河""运河文化"等词汇，可以看出，虽然研究对象均为大运河国家文化公园内的代表文博场馆，但"大运河"因素在游客行程中存在感极弱，几乎没有对游客的体验和评价产生影响。因此，以大运河博物馆联盟的成员为代表，大运河国家公园内的文博场馆应当重视有关大运河文化的内容欠缺问题，将大运河元素和大运河文化融合进文博场馆，主动为游客提供了解大运河文化象征和精神意蕴的多元渠道，让文博场馆成为游客获取大运河知识、沉浸大运河文化的重要旅游场所，加强游客的精神联结与审美体验。

（二）讨论

本研究基于管理学与社会学理论，选取大运河国家文化公园内的文博场馆为代表，对其游客体验评价的构建过程进行质性研究，明确其发展路径和影响因素。当前，国家文化公园建设的研究多聚焦于单一具体区域，因地理跨度大，较少将国家文化公园全域纳入考量。首先，本研究选取大运河博物馆联盟作为大运河国家文化公园的文博场馆代表，在地理跨度上实现全区域覆盖研究，对国家文化公园的整体性研究进行补充。其次，本研究聚焦于大运河国家文化公园域内游客与文博场馆互动并产生体验评价的生成路径和影响因素结构，丰富了现有的文博场馆游客感知评价方向的研究成果，探讨了国家文化公园中文博场馆需关注的优化方向。

此外，本文也存在一些局限。第一，本文数据来源为携程平台，其市场份额超过35%，占市场领先地位。但因数据来源较为单一，且每个文博场馆的数据仅能追踪到最新3000条，因此，数据上存在时空局限和游客网站偏好影响，未来有必要补充其他平台评论和最新评论，提高研究的科学性。第二，由于篇幅有限且数据难以获取，本文未对大运河博物馆联盟外的文博场馆的游客体验评价进行构建分析，因此同样需要在未来研究中继续跟进与补充。第三，当前游客体验质量的测度基本沿用期望与感受以及满意－不满意理论，倾向于将旅游产品视为客观实体，而旅游者则是环境信息刺激的被动接受者[①]，在此方面本研究存在一定缺陷。游客游览文博场馆的体验作为其投射自身主观感受与情感体验的个体感知，难以完全反映游客真实的体验质量，仅能从评价出发，解构其建构过程中的主要影响因素，由此探究文博场馆游客体验优化的关注方向。

---

① 谢彦君：《旅游体验研究：一种现象学的视角》，南开大学出版社，2005。

中国民俗非物质文化遗产的研究进展与反思
——基于 CiteSpace 的知识图谱分析

李 婷 韩顺法 *

摘 要: 为了梳理我国民俗非物质文化遗产的研究脉络,本文以 2005~2023 年中国知网核心期刊数据库的文献作为分析样本,基于 CiteSpace 软件,采用文献计量法、数据可视化等方法,对民俗非物质文化遗产研究领域文献的年度分布、发文量、核心作者、高载文机构以及研究主题进行分析,并绘制相关知识图谱。研究表明:民俗非遗研究起步较晚、发展较快,研究机构之间合作较少,高产核心作者也很少,因此还需要更多的努力和成果注入。我国的民俗非遗研究与民俗学、艺术学联系紧密,重视对传统文化和地方文化的研究和阐释,重视传统节日在日常生活中的保护、传承和发展。民俗非遗研究主题众多,在已有研究基础上,该领域的研究可以整合经济学、信息科学等更多元的研究视角,结合更加深入的田野调查实践,发展更加完善的民俗非遗研究理论体系。

关键词: 民俗非遗 非物质文化遗产 文献计量

非物质文化遗产(以下简称非遗)是各族人民世代相传并视为其文化遗产组成部分的各种传统文化表现形式,以及与传统文化表现形式相关的实

---

* 李婷,南京师范大学新闻与传播学院硕士研究生;韩顺法,南京师范大学新闻与传播学院教授,博士生导师,紫金非遗管理与品牌传播研究中心主任。

物和场所。非遗种类繁多，涵盖了传统语言、美术、书法、音乐、舞蹈、戏剧、技艺、民俗、体育等类目。[①]

非遗中与民众日常生活联系得最紧密的类目之一便是民俗。民俗，即民间风俗，与人类社会相伴相生，承载了人类社会丰富的文化现象，体现着民族的精神风貌和思维历程。周星认为，民俗成为非遗的事实，改变了以往对民俗进行强力改变甚至是革除的"传统"，转而得到了法律层面的保护，这意味着对"地域、族群和国家文化之草根部分的呵护"。[②] 按照我国国家级非遗名录的分类方法，民俗属于非遗所要保护的一种。但是根据民俗学的分类，民俗涵盖了所有非遗的内容。薛江谋认为，民俗成为我国的非遗分类的其中一个类别，是以民俗学的学科视角加以分判的，而不是将现实的民俗现象作为分类的标准。于是，民俗作为非遗类别中基础文化的一部分，对于民俗文化的保护和传承，是进行其他类别非物质文化遗产保护的基础和前提。[③] 因此，创造、提供和维护民俗文化的生存和生态空间，是当前民俗非遗保护的重中之重。民俗作为非遗的重要组成部分，也是人们传统日常生活的一部分，维系着中华民族共同认同的生活秩序和时间规律，同时也是推动文化强国、助力乡村振兴、赋能文化和旅游融合发展的重要文化资源。

为了更加清晰地描述民俗非遗研究发展现状，本文按照《保护非物质文化遗产公约》的分类方法，以传统礼仪、节庆等民俗类为选取标准，将视角聚焦于民俗非遗。整理我国学界关于民俗非遗的研究，可以较为系统地对以往的研究成果进行回顾和分析，以便为未来的研究提供建议和参考。鉴于以往的文献研究大多使用的是传统的文献分析法，可能存在数据遗漏、不够精确等局限性，本文采取文献计量、数据可视化等方法，运用 CiteSpace 软件，探究我国民俗非遗研究的前沿和演进历程，为我国民俗非遗的研究提供数据参考。

---

① 中国非物质文化遗产网：《非遗知识课堂｜非物质文化遗产的分类》，https://www.ihchina.cn/Article/Index/detail?id=20616。

② 周星：《民俗类非物质文化遗产的意义、现状与问题》，《美术观察》2016 年第 6 期，第 20~21 页。

③ 李荣启：《民俗类非遗在当代的保护与传承》，《艺术百家》2018 年第 6 期，第 211~218、225 页。

一　数据来源与研究方法

（一）数据来源

2023 年 9 月中旬，笔者借助中国知网数据库，分别以"非遗""非物质文化遗产""民俗"为主题词（精确匹配），检索搜集了 2005~2023 年时间范围内，发表于 CSSCI 学术期刊上的文章。CSSCI 收录的文章，因其学术水平高、数据质量好，能够提供较为完整且客观的文献资源，具有一定代表性。随后，笔者根据检索结果再次对文章进行筛选，剔除重复选项以及无关文章等，最终获取 533 篇文献（见表 1）。

表 1　数据来源一览

数据来源	CNKI 数据库
检索方式	TS=CSSCI. 主题 =（非物质文化遗产 or 非遗）and（民俗）（精确匹配）
时间跨度	2005 年至 2023 年
语言	中文
文献类型	与民俗类非物质文化遗产相关的文献
检索结果	533 篇

（二）研究方法

数据处理方面，本文采用 CiteSpace 知识图谱分析软件作为研究工具。CiteSpace 是基于共引分析理论（co-ciation）和寻径网络算法（Path Finder）对特定领域文献进行计量的可视化工具，用于探寻学科演化的关键路径和知识拐点，以预测学科发展动力和前沿动向[①]。本文基于 CNKI 数据库平台，运用 CiteSpace 软件分析我国民俗非遗研究的时间分布、主要研究机构、高产作者、高被引文献、文献分布期刊、关键词词频等；此外，运用 CiteSpace

---

[①] 陈悦、陈超美、刘则渊、胡志刚、王贤文：《CiteSpace 知识图谱的方法论功能》，《科学学研究》2015 年第 2 期，第 242~253 页。

软件进行研究机构共现图谱、关键词共现知识图谱、研究学者共现网络图、研究热点时间线图等可视化分析，旨在探析我国目前民俗非遗研究领域中的发展脉络、研究热点及趋势。

二 基本情况分析

（一）发文量分析

以年限为分类标准，我国民俗研究 2005~2023 年发表期刊文章数量及趋势如图 1 所示。从图 1 中我们可以看出，2005~2023 年，我国民俗非遗的研究整体呈上升趋势，根据走势情况，可以划分为上升期和稳定期两个阶段。

从 2005 年至 2017 年，我国民俗非遗的研究呈上升趋势，以民俗非遗为主题的文章数量呈增长趋势，从最开始的 3 篇增加到 44 篇，关注度上升。其中最早研究民俗非遗的学者有董晓萍[1]（讨论民俗评估的标准和操作流程）、萧放[2]（呼吁调查研究民族传统节日并给予保护）、徐赣丽[3]（研究民俗旅游保护非物质文化遗产的可能性和必要性）。学界对该领域的关注与国家政策的重视密不可分。2004 年我国批准加入了《保护非物质文化遗产公约》，2005 年国务院办公厅印发《关于加强我国非物质文化遗产保护工作的意见》，2011 年全国人大常委会审议通过《非物质文化遗产法》。国家出台了一系列政策推进非遗保护工作的开展，同时也促进了学界对该领域的研究。

从 2017 年至 2022 年，非遗民俗研究进入稳定增长的阶段，稳定期的发文数量有所波动，整体趋于平缓，年度发文量为 30~45 篇，说明民俗非遗研究得到该领域学者的持续关注。截至 2023 年 9 月中旬，民俗非遗领域的发文量为 5 篇。

---

[1] 董晓萍：《非物质文化遗产与民俗评估》，《北京师范大学学报》（社会科学版）2005 年第 5 期，第 43~49 页。

[2] 萧放：《传统节日：一宗重大的民族文化遗产》，《北京师范大学学报》（社会科学版）2005 年第 5 期，第 50~56 页。

[3] 徐赣丽：《非物质文化遗产的开发式保护框架》，《广西民族研究》2005 年第 4 期，第 173~180 页。

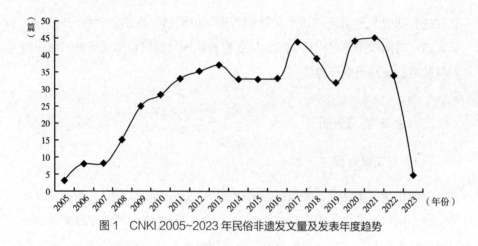

图 1　CNKI 2005~2023 年民俗非遗发文量及发表年度趋势

（二）核心作者分析

核心作者对期刊的学术影响力、竞争力贡献最大，是学术期刊生存和发展的核心环节[①]。研究作者知识图谱共包含节点数 372 个、节点连线 126 条，节点密度为 0.0018。在研究范围内，我国共有 372 位作者发表研究成果，连线数量少、节点密度小，说明作者之间合作较为分散，研究作者未形成长期、稳定的研究团队。根据普莱斯定律[②]，最低发文量 N=0.749(nmax)1/2，其中 nmax 为发文量最多的作者发文数。按照第一作者统计，2005~2023 年共有 372 位作者在 CSSCI 收录刊物上发表民俗非遗相关文章，其中发文量最多的是中国社会科学院民族文学研究所的毛巧晖，发文量为 6 篇。由此计算得出 N=2.247 ≈ 2，确定发表 2 篇及以上的 24 位学术论文作者为核心作者，分别是毛巧晖、周星、萧放、王霄冰、岳永逸、刘晓春、徐赣丽、方云、林继富、田兆元等。51 位作者人均发文 2.5 篇，共发文 129 篇，约占论文总量的 24%。由此可见，民俗非遗研究领域需要更多力量加入。

① 钟文娟：《基于普赖斯定律与综合指数法的核心作者测评——以〈图书馆建设〉为例》，《科技管理研究》2012 年第 2 期，第 57~60 页。

② 高明、段卉、韩尚洁：《基于 CiteSpace Ⅲ 的国外体育教育研究计量学分析》，《体育科学》2015 年第 1 期，第 4~12 页。

（三）研究机构分析

核心机构在一定程度上反映出该研究领域的知识生产中心和研究权威。将数据导入 CiteSpace，生成的机构知识图谱如图 2 所示。图谱共包含节点数 353 个、节点连线 135 条，节点密度为 0.0022。此数据表明，在研究区间内，我国共有 351 家机构发表民俗非遗相关研究成果；机构以高校、研究所为主，发文量较少，缺乏持续性；机构间合作少，我国目前尚未形成民俗非遗研究共同体及建立起合作高效的研究团队。其中，对民俗非遗关注较多、研究成果较为丰富的机构有中国社会科学院民族文学研究所、中山大学非物质文化遗产研究中心、中国社会科学院文学研究所、北京师范大学文学院、天津冯骥才文学艺术研究院等（见图 2）。

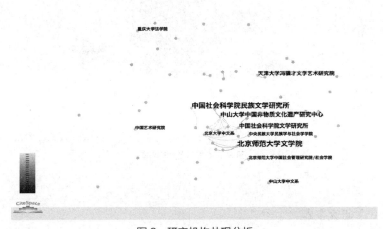

图 2　研究机构共现分析

三　研究热点分析

（一）关键词聚类分析

通过分析关键词聚类图谱（见图 3），我们可以得出，民俗非遗研究领域形成了民俗、传承人、民俗文化、民俗学、传承、公民社会、保护、民俗艺术、民俗体育、文化空间等多个研究聚类。其中以民俗文化研究为主体，也有保护、传承、传承人等非遗保护方面的研究，还有公民社会、文化空间等聚焦特定的非遗现象的研究。此外，不同聚类之间存在相互交叠的情况，例如民俗艺术、传承、民俗文化相互交叠，保护和公民社会相互交叠，说明这些研究主题之间的联系较为紧密。在民俗非遗研究领域，对于民俗文化、保护、民俗、传承、民俗学的研究集中度较高，但尚未形成绝对主导的、核心的研究方向，从另一个侧面也反映出非遗领域仍有很大的研究空间。

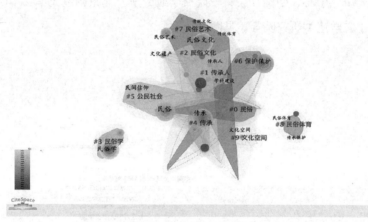

图 3　关键词聚类图谱

（二）研究主题

由于图 3 中散落节点众多，关键词分布较为分散，故将其进行分类归纳。通过整理归类高频关键词，并阅读代表性文章，得出民俗非遗的研究主题主要有基础理论研究、传承与发展研究、保护和利用研究、非遗传承人研究、地域性研究、传播研究、政策研究等，涉及民俗学、传播学、人类学、艺术学等多个学科领域。其中传统体育、传播、乡村振兴是近年来研究的趋势与热点，但是关注度较低。下面将针对每一个类别进行文献分析和总结（见表 2）。

表 2　民俗非遗的研究主题与高频关键词一览

研究主题分类	高频关键词
基础理论研究	民俗、民俗文化、民俗学、非遗、文化遗产、佛教文化、儒家文化、道教文化、传统文化、公共文化、文化自觉、人类学、体育文化、公共性、公民社会、文化认同、文化生态、文化空间、理论创新、比较研究、学术史、历史、反思、口述史、思考、非遗文化
传承与发展研究	发展、传承保护、学科建设、遗产化、非遗教育、传统体育、日常生活、民俗体育、传统美术、民俗节庆、民俗过程、民间艺术、民间信仰、传统节日
保护和利用研究	博物馆、保护、分类、民俗文物、产业化、保护传承、再生产、分类体系、文化旅游、文化保护、旅游开发、民众工艺
非遗传承人研究	传承人、传承主体、主体、主体地位、异化
地域性研究	地域文化、侗族、古村落、土族、宁夏、少数民族、庙会、雄安新区、空间分布
传播研究	传播、全球化
政策研究	乡村振兴、"一带一路"

　　民俗非遗的基础理论研究重视界定和阐释文化之间的勾连关系和历史脉络等。例如，非物质文化遗产与民俗学的契合与异质——无论是国际合作还是国家政策，非遗都具有一定的政治色彩，与作为学术研究的民俗学有很大区别。但同时非遗和民俗学又有相互重叠的地带①。高丙中对民间信仰进行了民俗学、人类学、社会学、宗教学多学科视角的考察，呼吁对民间信仰去污名化②。非遗除了具有文化价值、艺术价值外，李占伟通过挖掘民俗与道德理论的深层关联，还发现非遗在个体名誉、集体荣誉和族群认同方面都发挥着重要的道德价值③。

　　民俗非遗的传承与发展研究方面，非遗的传承现状、人才培养和发展制度建构是被讨论较多的议题。从民俗、艺术、规约三个维度进行传承机制的建设，推进文化记忆数字化工程、非遗传承人抢救性记录机制与非遗再生机制、传统村落归档机制，是完善非遗发展制度可参考的重要维度④。当前，

---

① 乌丙安：《21 世纪的民俗学开端：与非物质文化遗产的结缘》，《河南社会科学》2009 年第 3 期，第 1~4、218 页。
② 高丙中：《作为非物质文化遗产研究课题的民间信仰》，《江西社会科学》2007 年第 3 期，第 146~154 页。
③ 李占伟：《非物质文化遗产的当代道德价值探究》，《民俗研究》2013 年第 5 期，第 22~28 页。
④ 臧鹏、刘吕红：《论中国非物质文化遗产的民族特性及其传承机制——从民俗·艺术·规约三维度立论》，《福建师范大学学报》(哲学社会科学版)2022 年第 2 期，第 127~137、172 页。

高校开设非遗学科正成为学科发展趋势之一。非遗研究非常依赖传承人的经验、常识、记忆和行为技能，因此仅靠学者的话语霸权，往往不足以建构完善合理、符合实际的非遗学科知识体系。万建中指出，实践至上是非遗学科的根本性特征，要使传承人的实践方式、行为和经历转化为非遗学科的内部知识和理论话语，就要给传承人应有的参与制订人才培养计划、讲授非遗课程的主导地位，只有如此才能创建一种切合非遗实践的、与民俗学等学科不同的崭新的学科建设范式。①

民俗非遗的保护和利用研究方面，研究主要讨论的是非遗保护主体、非遗生产性保护的问题，重点关注非遗保护中的悖论：非遗需要依靠经济价值维持自身的存续，与此同时，如何保证其不被商业化侵蚀和异化？对此，学者们通过成功案例分析或借鉴国外经验，提出了开发式保护、旅游开发模式②、数字化传承③等具有建设性的观点。徐赣丽提出非遗的开发式保护框架，认为可以尝试将非遗保护与民俗旅游开发等产业经济形式结合④。刘明阁补充到，在传承过程中需要注意适度原则，同时需要政府、教育界、群众等各方齐心协力⑤。随着数字化技术的不断进步与日臻成熟，通过数字化形式表达民俗文化资源，是长久保存、开发和未来传承的需要⑥。

民俗非遗的非遗传承人研究方面，祁庆富总结了以往研究中对"传承""传承者"的定义和阐释，同时详细分析了联合国教科文组织的文件和我国政策文件中关于非物质文化遗产保护的内容，提出传承和传承人是非遗

---

① 万建中：《传承人：非物质文化遗产学科建设的主体》，《中央民族大学学报》（哲学社会科学版）2022年第3期，第75~81页。
② 雷蓉、胡北明：《非物质文化遗产旅游开发模式分类研究》，《商业研究》2012年第7期，第210~216页。
③ 黄永林、王伟杰：《数字化传承视域下我国非物质文化遗产分类体系的重构》，《西南民族大学学报》（人文社会科学版）2013年第8期，第165~171页。
④ 徐赣丽：《非物质文化遗产的开发式保护框架》，《广西民族研究》2005年第4期，第173~180页。
⑤ 刘明阁：《论民俗类非物质文化遗产的传承、保护和利用》，《江汉论坛》2012年第10期，第119~125页。
⑥ 毕传龙：《大数据时代民俗文化资源的数字化》，《民族艺术研究》2016年第3期，第87~93页。

保护的核心和重点的观点。^① 在明确了传承人地位的重要性和不可替代性之后，较多学者关注非遗代表性传承人的制度设计问题。王明月等人认为在"官方 – 民间"二元关系下的非遗传承人制度略显理想化，存在官方标准与传统民俗不契合等问题，制度优化应该转向国家、地方政府、市场和民俗生活之间多重逻辑的沟通与协调。^②

民俗非遗的地域性研究方面多为案例研究和时空分布研究。非物质文化遗产的自然属性在自然空间上呈现民族性的特征，^③ 因此不少文章对少数民族（例如畲族、侗族、土家族、赫哲族、黎族、朝鲜族、瑶族等）的非遗进行了案例探析。在某种程度上，少数民族的民俗文化具有一定的地域封闭性和文化局限性。陈岱娜通过研究粤北排瑶"耍歌堂"民俗文化发现，国家权力利用并引导"耍歌堂"仪式的变革对推动当地社会突破封闭型传统社会治理发挥了重要作用。因此，在推进乡村振兴的过程中，应当将民俗文化引导和社会治理结合起来。在保留少数民族民俗文化文娱化、艺术化、舞台化特点的基础上，利用国家权力引导排瑶传统民俗文化适应现代生活发展的需要，同时民俗文化反过来推进基层治理工作的开展，促进乡村发展和民族团结^④。对少数民族民俗文化的变革是为了适应时代发展，保护稀缺的少数民族民俗非遗资源则是在保护文化的多样性。赫哲族的民俗体育生发于生产劳动，尤其是与渔猎有关的生产技能（例如叉草球、叉鱼、赶鱼汛、钓鱼、挡木轮等）。然而，现代快速的城市化进程冲击了以赫哲族为代表的少数民族民俗体育文化。在此情况下，赵华鑫等提出将赫哲族民俗体育与社区教育融合，充分发挥基层社区教育形式多样、内容丰富、地域服务性的优势，以保护少数民族地区的民俗体育文化，增强少数民族地区人民的文化自信。^⑤

① 祁庆富：《论非物质文化遗产保护中的传承及传承人》，《西北民族研究》2006 年第 3 期，第114~123+199 页。
② 王明月、马知遥：《"非遗"代表性传承人制度的逻辑困境与设计改进》，《文化遗产》2022年第 2 期，第 10~18 页。
③ 黄永林、刘文颖：《非物质文化遗产文化空间的特性》，《华中师范大学学报》（人文社会科学版）2021 年第 4 期，第 84~92 页。
④ 陈岱娜：《社会治理现代化视野下少数民族非遗转型研究——以粤北排瑶"耍歌堂"为例》，《北方民族大学学报》2022 年第 5 期，第 31~39 页。
⑤ 赵华鑫、朱佳滨：《非遗保护视域下赫哲族民俗体育与社区教育融合路径研究》，《黑龙江民族丛刊》2023 年第 2 期，第 140~145 页。

民俗非遗的传播也有众多研究方向，例如新媒体、微传播、国际传播、空间传播、数字化传播、媒介报道等。近年来，对于非遗的研究视角逐渐从"溯源性""考证性"类研究转向非遗的传播与推广方面，让更多的受众了解非遗，是让非遗在新时代重新焕发生机的重要一步。耿蕊等研究了微传播语境下，非遗的碎片与本质、娱乐与本色、商业与本位等关系问题，新的传播形态提高了非遗的知名度，但也带来一系列商业化和媒介化问题，需引起重视。① 媒体对于民俗活动的报道话语在一定程度上反映了大众媒介对于民俗的理解和传播重点。赵李娜认为，民俗非遗的报道文本中的核心话语是"认同"——从地方认同到文化认同再到民族非物质文化遗产认同。② 传统媒体的报道之外，数字媒介的出现也在助力着文化遗产的传播与传承。数字媒介的使用勾连了技术设备、地方和人。民俗文化的传播强调对民俗氛围的保护，必须充分发挥数字传播技术的优势。③

民俗非遗的政策研究方面主要讨论的是乡村振兴、"一带一路"背景下民俗非遗的发展现状、发展路径、发展策略等。魏彩杰通过深入解读乡村文化，提出了调研、规划、设计、营造、管理与教化6个维度的乡村文化振兴工作法。④ 韩光明拆解了乡村振兴的不同维度（产业、文化、人才、生态、组织振兴），利用SWOT分析法对赫哲族文旅产业发展现状进行梳理，将赫哲族文旅产业发展定位在"村寨＋旅游""节庆＋旅游""非遗＋旅游""民俗＋旅游""红色教育＋旅游"5个板块。⑤ 侯儒⑥ 基于"一带一路"倡议，提出赫哲族可以发挥其在地缘、历史、经贸、节庆、品牌五个方面的优势助推边疆旅游建设。

① 耿蕊、刘静：《微传播语境中非物质文化遗产的再现与重塑》，《当代传播》2021年第6期，第94~96页。
② 赵李娜：《地方民俗"资源化"的媒体表述：罗店龙船新闻报道之文本解析》，《上海文化》2022年第10期，第85~93页。
③ 许丽霞、陆羽婕：《数字时代文化遗产的媒介化境遇与展望——基于德布雷的媒介学理论》，《云南民族大学学报》（哲学社会科学版）2022年第6期，第31~38页。
④ 魏彩杰：《基于文化解读的南方乡村文化振兴策略研究——以湖南省安仁县为样本》，《湖南社会科学》2022年第3期，第119~125页。
⑤ 韩光明：《乡村振兴背景下赫哲族文旅产业发展路径研究》，《黑龙江民族丛刊》2022年第3期，第48~55页。
⑥ 侯儒：《"一带一路"背景下赫哲族助推边疆旅游经济带研究》，《黑龙江民族丛刊》2021年第6期，第50~57页。

从关键词突现图谱（见图4）我们可以得出，保护、乡村振兴、民俗学、民俗文物、传统节日、学术史、日常生活这7个关键领域是民俗非遗研究的重要方面，受到了广泛的关注，并在特定的时间段内成为有影响力的研究热点。目前来看，乡村振兴话题是近年来较为前沿且备受关注的研究方向。此外，关于赫哲族的案例研究、非遗的学科实践研究也受到了一定的关注，是近年来学界探讨较多的研究方向。

关键词	年度	强度	开始年份	结束年份	2005~2023
保护	2005	3.99	2005	2013	
乡村振兴	2019	3.93	2019	2021	
民俗学	2008	2.77	2008	2009	
民俗文物	2008	2.35	2008	2010	
传统节日	2005	2.17	2005	2013	
学术史	2011	2.15	2018	2020	
日常生活	2015	2.05	2015	2019	
非遗	2014	1.80	2017	2018	
理论创新	2017	1.74	2017	2021	
文化特征	2010	1.61	2010	2012	
传承	2006	1.60	2012	2013	
旅游开发	2005	1.59	2013	2015	
赫哲族	2021	1.57	2021	2023	
民俗节庆	2013	1.53	2018	2019	
文化保护	2011	1.50	2011	2013	
地域文化	2011	1.50	2011	2013	
民俗	2007	1.49	2011	2013	
民俗艺术	2013	1.47	2016	2020	
反思	2018	1.42	2018	2020	
空间分布	2018	1.42	2018	2020	
文化认同	2017	1.39	2017	2019	
学科实践	2019	1.38	2019	2021	
民间信仰	2006	1.38	2006	2008	
刘魁立	2007	1.31	2007	2008	
分类	2010	1.30	2010	2012	

图4 2005~2023年民俗非遗研究关键词突现图谱（按突现强度维度排列）

四 结论与反思

民俗非遗是各种社群和民族历史、文化传承的重要组成部分，具有多重深远的意义和价值。首先，从文化认同的角度来看，民俗非遗是一个民族或社群特有的文化符号和传统表达方式，能够帮助人们在全球化的大背景下保持独特的文化身份。它们如同一面镜子，反映了一个社群历史长河中的哲学观念、价值观和社会规范，因此具有强烈的文化凝聚力。其次，民俗非遗是人们对自然界、社会和人类之间复杂关系的理解载体。比如某些传统节庆和仪式常常与农耕、天文、气象等自然现象紧密相关，蕴含着先人们对环境和自然规律的深刻洞见。这些传统智慧在今天仍然具有指导意义，特别是在环境保护和可持续发展方面。再次，从社会学角度看，民俗活动通常需要社群成员的共同参与，这种集体行动不仅增强了社会凝聚力，也有助于社群成员之间建立更紧密的情感纽带。对于年轻一代来说，通过参与这些活动，他们可以更直观、更具体地了解自己的文化和历史，这对于文化的传承具有不可估量的教育价值。又次，民俗非遗也具有明显的经济价值。许多具有代表性的非遗项目，如特定的节日庆典或者民间艺术，已经成为重要的旅游资源，吸引了大量的国内外游客，从而带动了地方经济的发展。最后，值得一提的是，民俗非遗并不是一成不变的，它们也能适应社会变迁和技术发展，进而生成新的文化形态或表达方式。这种创新性和适应性不仅保证了非遗民俗的生命力，也为现代社会的文化创造提供了丰富的素材和灵感。综上所述，民俗非遗不仅是文化和历史的存储器，还是社会凝聚、经济发展和文化创新的重要推动力。对民俗非遗进行深入且全方位的研究，有助于认识民俗非遗保护、传承和利用的规律，并发现存在的问题，最终形成具有中国特色的民俗非遗保护方式，展现民俗非遗在当代社会发展中的多元价值。

通过整理和分析学界对民俗非遗的研究现状，我们发现，我国民俗非遗研究与民俗学、艺术学、人类学联系紧密，重视对传统文化和地方文化的研究和阐释，重视对传统节日在日常生活中的保护、传承和发展。从发文量、核心作者、发文机构来看，民俗非遗领域的成果不算丰富，研究主体之间的合作也比较少，研究内容还需继续深入。例如，现有研究常常过于强调传统和历史价值，而对于民俗非遗在当代社会尤其是在全球化和数字化背景下的实际应用和影响研究不足。此外，虽然有一些研究涉及政策和法规方面，但对于政治经济体制、社会结构以及权力关系如何影响民俗非遗的传承和保护，目前的研究仍相对不足。研究视角方面，现有研究有跨学科的尝试，但大部分研究依然是从文化学、社会学或人类学的角度进行的，相对缺乏经济学、心理学和信息科学等多元视角的整合。方法论层面，多数现有的研究还处于描述性和案例研究的阶段，缺乏全面、深入的理论框架。这在一定程度上限制了对民俗非遗内在机制和普遍规律的深刻理解。在此基础上，一些学术研究还缺乏对于实践问题，如非遗项目的可持续发展、商业化和社群参与等方面的具体解决方案。学界对于民俗非遗的空间传播、国际化传播研究不够。民俗非遗的研究大多局限于国内范围，缺乏与国际学界的对话和合作，这限制了研究的影响力和应用范围。近年来，走在传统村落或者非遗景区，我们能看到"非遗小镇""非遗工坊"等非遗文化空间如雨后春笋般出现，这些新的文化空间及其传播效果有待研究。我们需要更多的线下调研、实地走访、田野调查去研究更多的非遗项目及其发展现状，以获得更加全面和准确的数据，提升研究的质量和可靠性。

参考文献：

中国非物质文化遗产网：《非遗知识课堂｜非物质文化遗产的分类》，https://www.ihchina.cn/Article/Index/detail?id=20616。

周星：《民俗类非物质文化遗产的意义、现状与问题》，《美术观察》2016 年第 6 期。

李荣启：《民俗类非遗在当代的保护与传承》，《艺术百家》2018 年第 6 期。

陈悦、陈超美、刘则渊、胡志刚、王贤文：《CiteSpace 知识图谱的方法论功能》，《科学学研究》2015 年第 2 期。

董晓萍：《非物质文化遗产与民俗评估》，《北京师范大学学报》（社会科学版）2005 年第 5 期。

萧放：《传统节日：一宗重大的民族文化遗产》，《北京师范大学学报》（社会科学版）2005 年第 5 期。

徐赣丽：《非物质文化遗产的开发式保护框架》，《广西民族研究》2005 年第 4 期。

钟文娟：《基于普赖斯定律与综合指数法的核心作者测评——以〈图书馆建设〉为例》，《科技管理研究》2012 年第 2 期。

高明、段卉、韩尚洁：《基于 CiteSpace Ⅲ 的国外体育教育研究计量学分析》，《体育科学》2015 年第 1 期。

乌丙安：《21 世纪的民俗学开端：与非物质文化遗产的结缘》，《河南社会科学》2009 年第 3 期。

高丙中：《作为非物质文化遗产研究课题的民间信仰》，《江西社会科学》2007 年第 3 期。

李占伟：《非物质文化遗产的当代道德价值探究》，《民俗研究》2013 年第 5 期。

臧鹏、刘吕红：《论中国非物质文化遗产的民族特性及其传承机制——从民俗·艺术·规约三维度立论》，《福建师范大学学报》（哲学社会科学版）2022 年第 2 期。

万建中：《传承人：非物质文化遗产学科建设的主体》，《中央民族大学学报》（哲学社会科学版）2022 年第 3 期。

雷蓉、胡北明：《非物质文化遗产旅游开发模式分类研究》，《商业研究》2012 年第 7 期。

黄永林、王伟杰：《数字化传承视域下我国非物质文化遗产分类体系的重构》，《西南民族大学学报》（人文社会科学版）2013 年第 8 期。

徐赣丽：《非物质文化遗产的开发式保护框架》，《广西民族研究》2005 年第 4 期。

刘明阁：《论民俗类非物质文化遗产的传承、保护和利用》，《江汉论坛》2012 年第 10 期。

毕传龙：《大数据时代民俗文化资源的数字化》，《民族艺术研究》2016 年第 3 期。

祁庆富：《论非物质文化遗产保护中的传承及传承人》，《西北民族研究》2006 年第 3 期。

王明月、马知遥：《"非遗"代表性传承人制度的逻辑困境与设计改进》，《文化遗产》2022 年第 2 期。

黄永林、刘文颖：《非物质文化遗产文化空间的特性》，《华中师范大学学报》（人文社会科学版）2021 年第 4 期。

陈岱娜：《社会治理现代化视野下少数民族非遗转型研究——以粤北排瑶"耍歌

堂"为例》,《北方民族大学学报》2022 年第 5 期。

赵华鑫、朱佳滨:《非遗保护视域下赫哲族民俗体育与社区教育融合路径研究》,《黑龙江民族丛刊》2023 年第 2 期。

耿蕊、刘静:《微传播语境中非物质文化遗产的再现与重塑》,《当代传播》2021 年第 6 期。

赵李娜:《地方民俗"资源化"的媒体表述:罗店龙船新闻报道之文本解析》,《上海文化》2022 年第 10 期。

许丽霞、陆羽婕:《数字时代文化遗产的媒介化境遇与展望——基于德布雷的媒介学理论》,《云南民族大学学报》(哲学社会科学版)2022 年第 6 期。

魏彩杰:《基于文化解读的南方乡村文化振兴策略研究——以湖南省安仁县为样本》,《湖南社会科学》2022 年第 3 期。

韩光明:《乡村振兴背景下赫哲族文旅产业发展路径研究》,《黑龙江民族丛刊》2022 年第 3 期。

侯儒:《"一带一路"背景下赫哲族助推边疆旅游经济带研究》,《黑龙江民族丛刊》2021 年第 6 期。

冰雪文化旅游现状及对策研究
——以牡丹江市为例

高健阳 *

摘　要： 冰雪元素独特的美感和可塑的性质使得冰雪文化旅游成为我国旅游产业中一项兼顾观赏和体验的独特活动，更是一些冰雪特色地区旅游产业的支柱。随着 2022 年北京冬奥会顺利举办，我国冰雪文化旅游迎来了发展机遇。本文梳理我国冰雪文化旅游产业发展历程及现状，并以冰雪文化旅游代表性城市"雪城"牡丹江市为例进行具体分析，归纳出目前冰雪文化旅游存在问题，为进一步引导和规范我国冰雪文化旅游产业发展提供思路与建议。

关键词： 冰雪文化　冰雪旅游　后冬奥时代　牡丹江市

自 2022 年北京冬奥会成功举办至今，我国已超额实现"带动三亿人参与冰雪运动"目标，冰雪运动热度的持续攀升带动了冰雪经济迅速复苏。习近平总书记指出："绿水青山就是金山银山，冰天雪地也是金山银山。"我国北方和高寒地区随着城乡地域发展和民间风俗演进，形成了独具特色的冰雪文化。

2021 年《"十四五"文化产业发展规划》提出，要"依托东北地区冰雪文化，丰富冰雪旅游产品的地域文化内涵，实现对冰雪文化资源的有机整

---

* 高健阳，中国传媒大学文化产业管理学院硕士研究生。

合，完善冰雪文化产业链条"。在现阶段文化旅游发展中，冰雪文化对于冰雪地区旅游的附加意义显著，要充分发挥冰雪文化资源优势推动城市冰雪旅游发展，变"冷资源"为"热经济"。

一 冰雪文化旅游概述

（一）冰雪文化与冰雪文化旅游

1. 冰雪文化

冰雪文化是寒冷积雪地区最具特色的文化符号，是居住在寒冷地区的人们为度过寒冷的冬季而产生的生产生活方式和文化氛围。在我国，积雪地区主要分布在北方，以及部分高原严寒地区，这些地区的人民在极端寒冷的气候条件下，经过不断探索与尝试，逐步从趋避冰雪、适应冰雪进步到利用冰雪、融入冰雪，实现了对极端自然环境的能动改造，使冰雪不再是制约生活的阻碍，而成为人们冬季生活的一部分，并进一步作为独特的素材融入了城市景观、雕塑、美术等领域，成为我国文化的重要组成部分。

2. 冰雪文化旅游

在"文化+"背景下，文化旅游成为拉动旅游业增长的一大动力。文化旅游相较于原有旅游模式更强调文化在旅游过程中的主导地位，通过文化为传统旅游赋能，使旅游地能够在文化氛围的加持下让游客留下更深刻的印象和更完整的旅游体验。冰雪文化旅游是以冰雪文化为内容所进行的一系列旅游活动，以冰雪环境中的游览观光和娱乐体验为主要形式，是以我国以东北为主的寒冷积雪地区冬季旅游产业中的支柱型旅游活动。

（二）冰雪文化旅游的特征

1. 地域性

空间上，冰雪文化旅游的地域性特征体现在其对环境和气候的特殊要求上，冰雪形成和聚集的条件是长时间的低温环境，在高纬度和高海拔地区更容易形成天然冰雪环境，因此冰雪文化旅游的地域范围主要集中在这些区域。随着技术的进步和冰雪运动的普及，室内滑冰场、室内滑雪场、室外人工雪场可以在全国各地开设，为非严寒地区和降雪量不足的地区打破了自然条件束缚，提供了冬季旅游的旅游体验个项，但无法给这些地区带来以冰雪文化为主基调的文化旅游模式。目前，我国冰雪文化旅游的产业化发展仍存在地域性特征，北方地区扔把持着冰雪文化旅游产业的龙头。

2. 季节性

时间上，同样由于冰雪环境对气候、温度的特殊需求，冰雪文化旅游呈现出仅在冬季进行的明显的季节性特征。同时，冬季节假日为冰雪旅游提供了契机。冰雪旅游的出行高峰出现在 1~2 月，元旦和春节的假期中游客能够有充足的时间去领略冰雪风光。在技术帮助下，室内滑冰场、滑雪场虽然可以实现反季节冰雪运动，但室外冰雪景观、冰雪娱乐活动仍然难以实现，仅有冰雪运动单项活动无法形成有规模的冰雪文化旅游。

3. 体验性

冰雪是水的特殊形态，具备一定的可接触性和可塑性。在冰雪文化旅游过程中游客可以自由与冰雪接触，亲身体验雪地的松软感、冰面的光滑感、纯白环境的炫目感、冰雪的清凉感、雪球的凝实感等多种感受。

在旅游体验过程中，游客既是体验的主体，同时也是体验的组成部分，项目本身需要游客的参与，在旅游活动中进行交互[1]。在直接体验的基础上，可以结合冰雪的特性和地形高差，配合相应道具开展堆雪人、打雪仗、冰雪滑梯、滑爬犁、抽冰尜等冰雪娱乐活动和滑雪、滑冰、冰壶等冰雪运动，游客通过参与到项目之中获得更高层次的旅游体验感。

4. 观赏性

冰雪作为一种寒冷气候条件下形成的自然元素，从微观层面的雪片的晶体形态，到宏观层面的雪山雪景，都具备一定的自然美感。冰雪元素的自然美感为冰雪文化旅游提供了一定的可观赏性，且某些地区由于其独特的气候

---

[1] 佟静、张丽华：《旅游体验的层次性及影响因素分析》，《辽宁师范大学学报》（社会科学版）2010 年第 1 期，第 41~43 页。

条件会形成冰霜、雾凇、凌汛等特殊的冰雪景观，在广阔的苍茫天地中呈现一种壮阔美感。另外，结合冰雪元素的可塑性，可以运用雕塑等工艺打造出以冰雪为原材料的人工冰雪景观，形成与木雕、石雕等不同的晶莹美感，并可以通过灯光的配合营造出梦幻的观赏氛围。

5. 多元性

冰雪文化的综合性为冰雪文化旅游的多元性奠定了基础，冰雪文化的任何一个分支都可以融入冰雪文化旅游的体验项目之中，并以多种形式表现出来，形成具有文化内涵的多元冰雪文化旅游。例如：以冰雪游猎活动演化而来的冰雪运动[①]，以冰雪为素材的雕塑作品、冰灯作品、艺术作品，为抗寒保暖而设计的建筑家具，风趣的民间冰雪娱乐活动，独特的饮食、礼仪、风俗、生活方式等，都是不同的冰雪文化凝聚在独特的形式之中，成为可以为游客带来文化享受的旅游项目。

（三）冰雪文化旅游的分类

我国冰雪文化旅游在其多元性特征的影响下，可以结合丰富的冰雪文化，以多种形式表现出来。

从我国地域文化差异进行分类，可以分为东北冰雪文化旅游、西北冰雪文化旅游、华北冰雪文化旅游、高原冰雪文化旅游。在不同地理环境影响下形成的地域条件、民俗文化，会对冰雪文化带来影响。例如：西北冰雪文化旅游以冰雪运动为主导，而东北以冰雪景观为主导，华北则更偏向于冰雪娱乐活动；西北冰雪生活中人们会食用那仁、风干肉等高热量食物，而东北人民会选择围坐在火炉和铁锅旁食用炖菜用以驱寒。从冰雪文化旅游所包含的范围和规模，可以从大到小分为冰雪文化旅游城市、冰雪文化旅游景区、冰雪文化旅游景点、冰雪文化旅游项目。从旅游内容上可划分为自然冰雪景观、人工冰雪景观、冰雪节庆活动、冰雪运动、冰雪体育赛事、冰雪娱乐活动、冰雪生活体验、冰雪文化展览八类（见表1）。

---

① 王玲：《国内外冰雪旅游开发与研究述评》，《生态经济》2010年第3期，第66~69、127页。

表1 冰雪文化旅游内容分类

分类名称	分类标准	具体内容	典型案例
自然冰雪景观	以自然形成的冰雪现象、场景作为观赏对象的旅游活动	雪山、冰河、雾凇、冰凌、凌汛等	吉林雾凇、羊草山、乌苏里江开江
人工冰雪景观	以雕塑等人工手段制造的冰雪景观作为观赏对象的旅游活动	冰雕、雪雕、冰灯等	哈尔滨冰雪大世界、牡丹江雪堡
冰雪节庆活动	在每年特定时节举办、具有一定主题和传统的庆典活动，往往是其他冰雪旅游活动的整合	冰雪节、博览会等	哈尔滨国际冰雪节、国际雾凇冰雪节
冰雪运动	在冰上与雪地上进行的各种运动	滑雪、滑冰、冰壶等	横道滑雪场、牡丹峰滑雪场
冰雪体育赛事	以冰雪运动为竞赛内容的体育竞技赛事	冬奥会、世界大学生冬季运动会、单板滑雪世界青年锦标赛等	亚布力国际滑雪场
冰雪娱乐活动	以冰雪作为材料，或借助冰雪场景使用道具、设备进行娱乐的活动	堆雪人、打雪仗、冰雪滑梯、雪地摩托、抽冰嘎等	雪滑梯游乐场、雪地摩托体验场
冰雪生活体验	体验冰雪环境下人们独特的生产生活方式的娱乐活动	火炕住宿、冬季饮食、冬捕等	中国雪乡小镇、查干湖冬捕
冰雪文化展览	以冰雪文化为艺术题材开展的文化展览	冰雪艺术作品展览、冰雪民俗文化展览等	雪乡文化展览馆

二　我国冰雪文化旅游产业发展历程及现状

（一）我国冰雪文化旅游发展历程

1. 初创期

我国冰雪文化旅游的初创期是从1949年到1963年第一次冰雪节庆活动举办前，在这一阶段中，冰雪运动是冰雪文化旅游最初的模式。计划经济时期，体育是我国的公益性社会事业，国家为人民群众在冰雪运动方面建设了免费滑冰场等运动设施，为之后的冰雪体育活动开展提供了条件，这些设施也成为冰雪文化旅游的第一批资源[①]。而在众多冰雪运动中，注重参与性和

[①]　程云峰、李金珠、杨太胜:《黑龙江省开发冰雪体育旅游产业的初步研究》,《哈尔滨体育学院学报》2002年第2期, 第3~5页。

体验性的滑雪运动是冰雪休闲体育旅游的主要项目[①]，人们对冰雪运动的需求推动了冰雪运动场馆的建设，也进一步推动了冰雪文化旅游从事业型向产业型的分化与转向。

2. 发展期

我国冰雪文化旅游的发展期是从 1963 年第一次冰雪节庆活动的举办到 2015 年北京冬奥会成功申办前。我国冰雪节庆活动始于 1963 年黑龙江的一次有组织、有规模的冰灯游园会[②]。冰雪节庆活动既是人们对于冰雪的艺术性利用和改造，也是以庆典的形式为冬季生活增添热度。如今的中国·哈尔滨国际冰雪节已成为中国十大节庆之一，冰雪大世界、国际雪雕艺术博览会等活动成为人们享受冰雪文化的盛宴。

2015 年国家旅游局指导发布了"中国十大冰雪景观""中国十大冰雪节庆活动"榜单，其中既有以内蒙古冰雪那达慕为代表的传统冰雪民俗文化再开发，也涌现出了以北京鸟巢欢乐冰雪季为代表的现代化、创新型冰雪文化旅游活动。在发展过程中，冰雪文化旅游不断对冰雪文化进行挖掘和创新，将传统与现代融合，打造出了一批批优质的冰雪文化旅游活动。

3. 繁盛期

2015 年北京冬奥会成功申办成为我国冰雪文化旅游从发展转向繁盛的转折点，自此我国冰雪文化旅游进入繁盛阶段。中国旅游研究院冰雪旅游专项调查显示，2022 年冬奥会顺利举办后的首个冰雪季，64% 参与调查的消费者有进行冰雪休闲旅游活动的计划，60.3% 的被调查者会增加参与冰雪休闲旅游的次数，冰雪旅游热度空前上涨。

一方面，在北京冬奥会的导向下，冰雪文化旅游得到了更多的政策支持，现代化的冰雪场馆资源不断开发，世界一流的比赛场馆不断涌出，使我国能够承办各种类型的冰雪体育盛会，带动了全国冰雪运动热潮。另一方面，冬奥会的举办，向全社会普及了冰雪文化、理念等相关知识，并通过社

---

① 崔佳凤、徐淑梅：《体验经济时代的冰雪旅游要特别关注体验营销》，《商业经济》2008 年第 1 期，第 57~58、69 页。

② 王凯宏：《黑龙江冰雪艺术产业化发展对策研究》，《人民论坛》2012 年第 32 期，第 226~227 页。

会参与形成社会认识，形成中国冬奥的群体认知①；并通过国际级别盛会的重要契机，向世界传达中国的冰雪文化，进一步推动我国冰雪文化旅游走向世界。

（二）我国冰雪文化旅游产业现状

1. 产值现状

2021~2022 年冰雪季我国冰雪旅游相比上年同期有了很大幅度的增长，旅游人数和收入同比增长幅度均高于 2021 年全年国内旅游（见表 2）。冰雪旅游在国内旅游数据中所占比重也在逐步提升，我国冰雪旅游在国内旅游中的地位逐渐提高（见表 3）。

表 2　2021 年国内旅游与 2021~2022 年冰雪季旅游数据对比

旅游产业	旅游人数（亿人次）	收入（亿元）	旅游人次同比增长（%）	收入同比增长（%）
2021 年国内旅游	32.4	29190.7	12.7	31
2021~2022 年冰雪旅游	3.44	4740	26.2	36.3

表 3　近年来冰雪季冰雪旅游占国内旅游数据比率

单位：%

冰雪季和相关年份	旅游人次	收入
2016~2017 年冰雪季冰雪旅游占 2016 年国内旅游数据比例	3.9	7.2
2017~2018 年冰雪季冰雪旅游占 2017 年国内旅游数据比例	3.8	6.9
2018~2019 年冰雪季冰雪旅游占 2018 年国内旅游数据比例	4.0	7.5
2020~2021 年冰雪季冰雪旅游占 2020 年国内旅游数据比例	8.8	12.1
2021~2022 年冰雪季冰雪旅游占 2021 年国内旅游数据比例	10.6	16.2

2. 景区分布现状

我国冰雪文化旅游景区主要分布在我国北方地区，在地域分布

---

① 杨国庆、王凯、叶强、叶小榆、闫蕾：《北京冬奥会背景下我国冰雪运动推广与发展研究进展——基于 2008—2017 年的文献分析》，《北京体育大学学报》2017 年第 12 期，第 95~100 页。

上仍以东北地区为主，黑龙江省是拥有中国十大冰雪景观、十大冰雪节庆活动最多的省份，相对其他省份来说，其冰雪文化旅游发展更加成熟。

西北地区因其区位因素，在对游客的吸引力并没有东北地区强，但地广人稀的条件也为该地区提供了更广阔的可开发的自然冰雪资源。加之内陆干燥的气候条件形成的西北地区独特的雪质，以新疆为代表的西北省份在以冰雪运动为主导的冰雪文化旅游中居于全国前列。

三 牡丹江市冰雪文化旅游产业现状

（一）牡丹江市旅游景区整体现状

牡丹江市位于我国最东北的黑龙江省，地处黑龙江省东南部中心地带，辖区总面积40233平方公里，人口252.5万人。2018年5月30日黑龙江省文化和旅游厅公布的国家级旅游景区名录中，牡丹江市占有全省7.5%的旅游景区，其中以5A级和4A级高等级旅游景区为主。牡丹江镜泊湖风景名胜区是全市最高等级的旅游景区，冬季镜泊湖风景名胜区会出现"冰瀑"奇观，是牡丹江市著名的自然冰雪景观。

牡丹江市4A级旅游景区分布在下辖的以海林市为主的5个市县，其中海浪河欢乐谷景区采用"夏季水上乐园＋冬季冰上乐园"运营模式，兼顾冬夏旅游。森工雪乡旅游区是牡丹江地区唯一的仅在冰雪季开放的冰雪文化旅游景点。牡丹江市的山林类自然风景区，在冬季伴随着气候的转变可以成为自然冰雪景观类型的冰雪文化旅游景区。沿边近海的地理位置带来的优越降雪环境，也使牡丹江有了"雪城"称号。

在黑龙江省最为经典的冰雪旅游线路哈尔滨—亚布力—雪乡线路中，牡丹江地区便以海林市"中国雪乡"位居此列。海林市近100%的旅游来自冰雪季旅游，成为以冰雪为支柱型旅游的城市。

此外，牡丹江市以创建国家全域旅游示范区为方向，结合地方独特的自然景观和文化积淀，打造了一批著名的冰雪文化旅游项目，形成了如"镜泊胜景""中国雪乡""林海雪原""百年口岸"等十分有影响力的冰雪文化旅游元素，具备进一步开发冰雪文化旅游品牌效应的基础[①]。

（二）牡丹江市各类冰雪文化旅游现状

1. 自然冰雪景区

自然冰雪景区是牡丹江市最具代表性的景区，其具有独特气候条件，区域内雪期长、雪景独特，并整合了自然冰雪景观、人工冰雪景观、冰雪娱乐活动、冰雪生活娱乐、冰雪文化展览，具备商贸、餐饮、住宿等配套设施。

非冰雪季的自然冰雪景区会进入休山养林的模式，变为普通的山村和林场。许多工作人员在非冰雪季返乡务农，因此景区内部及景区周边住宿、餐饮、商贸、服务会更倾向于将主要收入来源定位在冰雪季旅游。

2. 人工冰雪景点

牡丹江下辖各市县每年冬季都会有冰雪雕塑设置或展览，其中最有代表性的人工冰雪景点为牡丹江雪堡。雪堡位于牡丹江镜泊小镇，是雪城牡丹江对外宣传的主打品牌。由于每年降雪有限，即便是降雪量丰富的牡丹江市在雪雕用雪上也普遍采用雪量和雪质更为合适的人工造雪。近年来，每年造雪量普遍在 6 万立方米以上，部分年份超过 10 万立方米，2014 年甚至达到 30 万立方米。

天气转暖后，牡丹江市对人工冰雪景观尤其是大型冰雪景观采用了机械和人工配合的拆解模式，对可重复利用的灯具等设施进行细致拆卸回收，小型不具备融化危险性的景观则采用自然消融。

3. 冰雪运动资源

牡丹江市辖各市县均配有冰雪运动场地，目前牡丹江市共有大小滑雪场 13 家，其中 1 家为运动队训练专用滑雪场、12 家为民用滑雪场，两家为 SS 级滑雪场。这些滑雪场根据项目布局可主要分为以牡丹峰滑雪场、中兴滑雪场为代表的城市导向型布局和以横道河子滑雪场、雪乡滑雪场为代表的旅游导向型布局。

---

① 王刚、赵勤、李小丽、王爱新、吴海宝:《黑龙江经济发展报告（2020）》，社会科学文献出版社，2020。

四 牡丹江市冰雪文化旅游问题分析

（一）文化内涵挖掘不充分

目前，牡丹江市冰雪文化旅游主要以娱乐为导向，侧重于游客在冰雪旅游项目中的观光娱乐体验，在文化内涵上有所缺失。在以雪乡、雪堡等为代表的知名冰雪旅游景点中，更多的是以游览活动为主，游客普遍走马观花、拍照留念、一看而过，没有营造良好的游客参与氛围。并且人工造雪缺乏冰雪的自然美感，导致项目过于注重商业化，无法将牡丹江市的地方文化融入雪景环境和景观设计中。

同时，牡丹江市和各大景区缺少独特的、具备象征意义的文化符号和文化形象，无法通过文化的纪念与传播使游客对旅程留下更深刻的印象。

（二）消费体验有待提高

在个体旅游者旅游决策理论中，旅游成本与价值的比值是一个重要的考量因素。过高的旅游成本会影响游客选择目的地的积极性，而恶意收费更会极大地影响游客的消费体验。2015年和2017年两次对于雪乡"黑心""宰客"的抨击文章将冰雪文化旅游存在的乱象一度推上舆论的风口浪尖，导致游客对过高的旅游成本产生抵触，进而影响了牡丹江市次年的冰雪文化旅游整体产值。

而对于景区自身而言，由于冰雪资源的季节性特征，冰雪文化旅游只能在冬季开展，较好的收入期每年仅能维持两三个月左右。以冬季旅游为主打品牌的地区，特别是在其他季节没有较好的旅游收入的冰雪文化旅游景区、景点，将会进一步加深景点自身及周边经营商对于冬季收入的强烈依赖，而忽视了游客在游玩期间的消费体验。

（三）存在安全隐患

一方面，冰雪运动往往伴随着高落差、高速度，且需要一定的技巧性，初次前来旅游体验的初学者难以在第一时间掌握；旅游导向型滑雪场采用单一雪道设计容易造成中高雪道运动员与山脚下的初学者碰撞。且目前部分冰滑梯、雪滑梯等冰雪娱乐活动设施没有配置安全监管员对游客进行监督指导，游客自行游玩过程中可能出现操作不当的现象，存在一定的安全风险。

另一方面，随着气温的变化，冰雪项目主体的融化期处于动态的时间范围内，突发的气候转暖会加速项目的融化，不及时对冰雪雕塑、建筑进行修补加固可能会产生一定的安全隐患。

（四）缺乏环保意识

牡丹江市多数大型雪景、滑雪场、冰雪娱乐项目都采用人工造雪技术，而在人工造雪的处理方面也大多采取自然消融的方式。人工造雪对地区环境中的气候、地文、水文、人文都有巨大的影响，不合理地使用人工造雪会导致水资源的过度索取，影响冬季水资源储量，并在后续消融处理环节中存在将污雪直接排放到河流中引发环境污染的问题。

（五）项目同质化严重

牡丹江市辖各市县内除冰雪运动场地外，还开发了诸多冰雪娱乐场所。如海林市市区及周边的4家冰雪娱乐场所中有3家以滑雪为主要的娱乐活动。项目在开放初期有较多游客前往游玩，到中后期由于同质项目分散客源和项目的重复可玩性较低，且项目的主要受众对象为本市市民，对外来游客吸引力不大，娱乐项目也日渐萧条。

五　冰雪文化旅游产业发展策略与建议

（一）优化产业政策导向

1. 打好精品冰雪文化旅游品牌

冰雪文化旅游相关政策会对地区整体冰雪文化旅游业态有直接的引导作用，目前我国冰雪旅游相关重点政策持推动扶持态度，以冰雪运动为主要趋向，以产业融合为主要模式。之后的政策应进一步强化精品冰雪文化旅游项目的品牌效应。

在目前"后冬奥时代"和"带动三亿人参与冰雪运动"的背景下，冰雪运动已逐步成为冰雪文化旅游的一项支柱型活动。应在政策导向中对已建成的优质滑雪场给予更多扶持，推动旅游导向型滑雪场进一步改进升级，服务更多的游客。

加强品牌宣传矩阵建设，给予现有的精品冰雪文化旅游景区、景点、项目更广阔的宣传空间，并对景区的景观水平、娱乐项目质量、游客消费体验等方面进行更加严格的审查和把控，保证优质冰雪文化旅游项目的品牌效应和吸引力，使其成为我国冰雪文化传播的最主要阵地。

2. 激励新兴冰雪文化旅游创新

推动新兴冰雪文化旅游项目建设，鼓励进一步挖掘地方冰雪文化元素，结合新型旅游模式开发具有创新性、参与性的冰雪文化旅游业态，如文化小镇、热旅游、美食游等。同时，在地区现有优质旅游品牌的基础上进行新方向的拓展，挖掘非冰雪季景区在冰雪文化旅游中的潜在资源，以成熟的品牌效应带动景区在冰雪季的进一步开发。

在新兴冰雪运动场的建设中，不可盲目追求运动场数量，应更加把控新兴项目的品质。对于新兴冰雪运动场建设要以高质量、高标准为要求，结合更加先进的技术手段打造适配当今冰雪文化旅游需求的现代化新型冰雪运动场。

3. 规划冰雪文化旅游项目布局

在旅游项目开发过程中应由政府进行宏观把控、统筹规划，制定地方冰雪文化旅游开发规划，详细规定地区冰雪文化旅游项目数量、布局，对同类型项目的审批严格按照规划指标进行，可以采取优质竞争策略，限制地区冰雪文化旅游项目数量和质量，避免出现同质化严重、地区内部分流客源的现象。

冰雪运动场作为大型冰雪文化旅游项目，且具有一次开发、常年开设的性质，在项目选址和受众定位上需要更多考量，需明确规划项目所选区域及其所辐射到的冰雪运动受众群体，以不同的开发和配置模式建设旅游导向型、城市导向型、专业竞赛型冰雪运动场所。可以对全季节旅游景点进行冰雪季旅游再开发，通过冰雪文化旅游路线布局，引导游客前往路线中的纪念馆、博物馆、名胜古迹、温泉、自然景区等其他非冰雪的旅游项目，促进旅游项目之间的联动，通过冬季冰雪文化旅游的吸引力拉动周边旅游产业发展。

（二）深化产业文化内涵

1. 深化冰雪文化内核，还原冰雪文化本质

人们在冰雪环境中生存、利用、驾驭冰雪的过程促进了冰雪文化的演进，其内核在于人与自然和谐共生的平衡状态。目前我国冰雪文化发展日益呈现浮躁化、商业化的倾向，在大量使用人工造雪、追求爆款 IP 合作的同时忽视了冰雪这一本源的自然元素所具备的魅力。因此，我国冰雪文化旅游还需进一步对冰雪文化内核进行开发，通过挖掘冰雪的自然本质，使游客能亲身融入冰雪环境之中，体验冰雪给人们的生产生活带来的变化与影响，感悟人们在冰雪自然环境中寻求平衡的智慧结晶以及现代生活对冰雪文化的进一步赋能。

2. 吸收民俗文化精华，促进冰雪文化融合

民俗文化是一个地区的人民在长期生产生活中所传承下来的文化积淀。人们在饮食、服饰、建筑、习俗等多方面会受到冰雪气候的影响，反之，在不同地区的民间传统的熏陶下，人们在冰雪环境中也产生了不同的生产生活方式，民俗文化成为不同地域中的冰雪文化相互区别与联系的重要桥梁。在冰雪文化旅游中应做好"冰雪 + 民俗"的融合，吸收地方民俗文化精华，在冰雪生活体验活动中体现地方饮食、地方服饰、地方建筑，将民间工艺、民间艺术融入冰雪艺术创作之中，通过导游解说、游客体验、旅游演艺、展览等多种形式展现，使冰雪文化不只局限于冰雪单一元素，更拓展到与冰雪息息相关的多方面生活之中，在增强游客参与感、体验感的同时进一步传承和传播地方文化，营造出独具特色的冰雪文化旅。

3. 融入城市文化氛围，打造城市特色名片

冰雪文化作为寒冷积雪地区地方文化的重要组成部分之一，应与城市文化紧密结合，相辅相成。在冰雪季可以采用建造适配城市文化氛围的冰雪雕塑、利用冰雪资源改造城市景观等方式，将冰雪元素融入进城市文化氛围之

中。鼓励开展冰雕、雪雕、冰雪画等冰雪文化艺术展览，传承城市文化和冰雪艺术，将城市的历史文化、红色文化、城市风格与冰雪相融合，打造具有城市当地特色的冰雪文化旅游项目。以冰雪作为链接元素，促进不同城市之间的文化交流沟通，实现冰雪文化多元化发展，使冰雪成为寒冷积雪城市冬季文化建设的一张特色名片。

（三）拓宽商业推广渠道

1. 开通预约平台

在信息化时代背景下，"互联网＋"模式逐渐成为各行各业的转型趋势。"互联网＋旅游"可以助力冰雪文化旅游信息实时动态更新，第一时间将景区信息推送给需要的用户群体。加强与网络旅游平台合作，推动中小型旅游景点开通线上平台，并通过线上预约的模式让消费者对于景区的特色、热度、客流量有更多了解，推荐合适游览路线，也帮助景区更好地规划和调控每日游览人数，控制景区可承载的游客压力和客流密度，提升游客整体游览体验。

2. 设计文创产品

针对我国冰雪文化旅游文化内涵缺失的现象，在挖掘传统文化的同时，也应注重与现代文化潮流的融合。在内容上，可以设计具有城市、景区、景点自身纪念意义和象征意义的专属文化形象、吉祥物。将专属文化形象布置在景区路牌、门牌等关注度较高且不影响风景整体美观的地点，以重复出现的文化符号增强旅游的感染力，并可以此形象推出相应的纪念品和文创产品。通过文创产品销售，在获得销售收益的同时增强冰雪文化旅游的纪念意义和传播力度。

3. 扩展宣传模式

冰雪文化旅游的宣传推广不应局限于广告投放，文艺作品、综艺节目等同样可以助力冰雪文化旅游做好宣传。因此在冰雪文化旅游的宣传工作中应拓宽思路，可以采用电视、电影、综艺、网络等新型宣传模式，提高城市影响力和冰雪文化品牌知名度。

4. 开发数字旅游

利用冰雪文化旅游观赏性强的特点，结合数字技术，通过全景地图、VR、AR 等技术手段，将冰雪景观转为线上游览，让游客可以提前感受冰雪文化旅游的魅力，吸引游客选择自己最喜欢的冰雪文化旅游项目，提高游客前往现场亲身体验冰雪快乐的积极性。

（四）规范产业管理制度

1. 细化环保标准

由于自然雪景不能满足人们对更丰富的冰雪景观的追求、自然降雪的雪量雪质不足以供给冰雪文化旅游，目前人工造雪并不能完全被自然降雪取代。在我国现阶段高度重视生态文明建设和"冰天雪地也是金山银山"的思想指导下，应出台更加细化的环保标准。

一方面，人工造雪阶段对水资源的汲取量很大，而寒冷地区冬季水资源相对较为短缺，因此应出台细则，在满足环境承载力的前提下开展人工造雪工作，细化地区人工造雪用雪量，提倡采用高效、节能的新型造雪设备，做好造雪工程的申报、审批工作。另一方面，冰雪景观的消融处理量过于庞大，目前主要采取的手段仍以自然消融为主，因此在大中型冰雪文化旅游项目的选址上应规定选择在距离河岸较近的地点，以便融化的冰雪回入水系。同时也应细化冰雪消融处理标准，对雪地表面的脏雪、垃圾等进行铲除和清理，冰雪纯净度达标后方可允许进行消融处理。

2. 规范安全标准

在冰雪运动和冰雪娱乐活动中，一些高刺激性的项目需要严格的安全措施以防范风险。针对目前部分冰雪文化旅游项目安全管理缺失的问题，应进一步加强对项目安全标准的规范和监管，要求高落差、高速度的冰雪体验项目必须配备安全指导员，对不符合安全配置的景点要求立即整改。在项目本体上也需要严格审查冰雪体验项目主体工程的承重结构和冰雪凝实度，并以气温变化为指标动态调整冰雪文化旅游项目的运营时间，及时应对天气变化，确保冰雪项目的安全性。

3. 把控收费标准

消费体验作为旅游项目中的一项基本要素，会直接影响游客对于旅行选择的意愿，并在舆论力量的助推作用下影响一个地区甚至一个省份、一个国家的整体旅游态势。因此，制定冰雪文化旅游收费管理标准，综合地区消费水平、景区等级、物流运输条件、冰雪季节性特征等多方因素，在给予一定市场自由性的前提下把控不同类型的景区的收费标准。要求经营商明码标价，严厉禁止"坐地起价""恶意捆绑"等恶意营销手段，为消费者提供保质保量的冰雪文化旅游体验，树立良好的冰雪文化旅游景区形象。

4. 设立监管机构

在设立好冰雪文化旅游的环保标准、安全标准、收费标准的基础上应建立相对应的监督管理机制，特别是以冰雪文化旅游为支柱性旅游类型的地区，应在冰雪季设立监督冰雪文化旅游的监管机构。

监管机构应隶属于地区市场监督管理部门，依据相应标准，有针对性地对冰雪文化旅游项目进行定期检查和不定期抽查，在环保、安全、收费、服务质量等方面进行审核检查。对于出现不符合标准的现象，要求其在第一时间整改，处罚相应责任人，情节恶劣的应要求其关停整顿。处理结果应向社会公告，维护地区文化旅游声誉。

冰雪文化旅游作为一种具有独特魅力的文化旅游业态，在可持续发展中需要结合新技术、新平台、新视角，将冰雪"冷资源"进行"热开发"，引导我国冰雪文化旅游产业向规范化、精品化、创新化方向发展，打造完备的冰雪文化旅游产业品牌，向世界亮出具有中国特色的冰雪文化名片。

参考文献：

李建安、阚军常：《黑龙江省冰雪文化的产生和发展》，《冰雪运动》2001 年第 3 期。

张欣、董欣、朱红：《黑龙江冰雪旅游文化内涵的深开发》，《哈尔滨体育学院学报》2010 年第 2 期。

刘易呈、于立强：《冰雪文化的传承与发展》，《冰雪运动》2014 年第 5 期。

何于苗、陈元欣、滕苗苗、蔡明明：《我国冰雪产业发展与市场开发研究》，《河北体育学院学报》2017 年第 1 期。

佟静、张丽华：《旅游体验的层次性及影响因素分析》，《辽宁师范大学学报》（社会科学版）2010 年第 1 期。

王玲：《国内外冰雪旅游开发与研究述评》，《生态经济》2010 年第 3 期。

程云峰、李金珠、杨太胜：《黑龙江省开发冰雪体育旅游产业的初步研究》，《哈尔滨体育学院学报》2002 年第 2 期。

崔佳凤、徐淑梅：《体验经济时代的冰雪旅游要特别关注体验营销》，《商业经济》2008 年第 1 期。

王凯宏：《黑龙江冰雪艺术产业化发展对策研究》，《人民论坛》2012 年第 32 期。

王晶：《建设世界冰雪文化旅游名城需善用智慧》，《哈尔滨日报》2017 年 9 月 25 日。

杨国庆、王凯、叶强、叶小榆、闫蕾：《北京冬奥会背景下我国冰雪运动推广与发展研究进展——基于 2008—2017 年的文献分析》，《北京体育大学学报》2017 年第 12 期。

王刚、赵勤、李小丽、王爱新、吴海宝：《黑龙江经济发展报告（2020）》，社会科学文献出版社，2020。

Thomas Bausch., Carolin Unseld., "Winter Tourism in Germany is Much More Than Skiing! Consumer Motives And Implications To Alpine Destination Marketing," *Journal of Vacation Marketing*, 2018.

Genc Ruhet., "Alternative Winter Tourism Activities: How Destinations Adapt to Other Activities than Skiing", *Acta Economica et Turistica*, 2019.

Olga G., Christopoulou, Ioannis J., Papadopoulos., "Winter Tourism, Development of Mountainous Areas and Visitors' Attitudes Towards Landscape Protection", *Anatolia*, 2001.

美国民宿短租平台爱彼迎在华发展现状、问题及对我国民宿行业的对策启示[*]

孙 悦 李 畅^{**}

摘 要： 在线短期租赁是共享经济渗透住宿行业所催生的产品。爱彼迎作为在线短租企业，其运营模式相对成熟完善。本文通过对美国在线短租企业爱彼迎在华经营本土化的探索性研究，对其在中国市场本土化发展现状及桎梏问题进行了详细阐述剖析，以期为我国民宿行业在线短租企业经营提供思路启迪。

关键词： 共享经济 爱彼迎 Airbnb 在线短租 本土化经营

一 引言：研究意义及概念内涵

我国共享经济持续升温，并迅速渗透各个行业，改变了人们的生活方式和消费模式。在线短租是共享经济在住宿领域渗透的一种产物。2011 年起，国内涌现了许多在线短租企业，例如小猪短租等。爱彼迎（英文名为 Airbnb，本文在论述中，国外平台仍称 Airbnb）作为在线短租平台先驱，是目前全球最大的在线短租公司，它以连接旅行者和空余房间房主作为主业，

* 基金项目：天津市教育工作重点调研课题"'双一流'视阈下天津教育国际化综合改革试验区深度建设研究——制约因素及对策"（项目编号：JYDY-20192022）；天津市教育系统调研课题"高校国际理解教育现状调查及对策研究"（项目编号：YB201855150）。
** 孙悦，天津外国语大学滨海外事学院副教授；李畅，天津商业大学讲师。

提供各类住宿服务。作为在线短租行业的领头企业，爱彼迎的商业模式、盈利模式、销售策略等均已相对成熟和完善。深入分析爱彼迎的运营模式，可为我国民宿业的发展提供良好的借鉴和启迪，对我国共享经济及在线短租企业的发展至关重要。

共享经济是人类进入互联网时代基于共享行为而形成的一种新型的经济现象与模式[①]，即物品的持有者将物品使用权暂时转让给他人，以获得某种有利价值。它主要依靠信息技术和第三方平台在个人之间交换闲置资源，或进行知识分享，其中内驱力主要包括：社交需求、人口规模越大，共享经济需求及匹配度越高；资源再利用，通过提升资源利用率，推动社会发展；科学技术进步，无线网络和通信技术的发展，使共享经济交易平台具有普遍性，人际沟通和信息共享实现多角度、多维度。

二 国内外研究现状

在线短租平台商业模式最早由国外学者提出。美国学者维茨曼在 1986年提出了分享经济制度，这一概念最早曾于 1978 年在汽车租赁领域被提出。在线短租中心数据显示，从分布的市场结构来看，生活服务、生产能力和交通出行在共享经济的交易规模中位居前三，并增加了就业机会[②]。我国学者根据我国国情、国家政策、经济情况等对在线短租进行了深入研究。李甲岚提出目前我国在线短租市场处于摸索适应阶段，缺少相应法律法规，没有建立信用体系来衡量房东和租客的品行，需要探索更好的运营模式来适应国情[③]。陈茜强调目前我国在线短租市场主要有两种运营模式，一是 C2C 模式，二是 B2C 模式。C2C 的典型代表企业是爱彼迎，这种企业比较重视房东与租客之间的交流氛围，但也存在安全隐患；B2C 模式的代表企业是途家，这类企业重视标准化服务，在管理上更加规范，但缺少创新性和灵活性，较为刻

① 李力、苏俊仪：《共享住宿：主客关系的变化与影响》，《旅游论坛》2019 年第 3 期，第 15~21 页。
② 刘奕君：《我国共享经济的发展现状及前景分析》，《金融经济》2019 年第 16 期，第 26~27 页。
③ 李甲岚：《分享经济背景下我国在线短租商业模式探析》，《中国商论》2016 年第 18 期，第 130~131 页。

板①。胡然提出，有关在线短租业的法律法规不应拘泥于原有框架，政府应与企业沟通，更好地探索修订法律法规②。王运昌等则认为在线短租业应为大部分客户带来价格优惠以及居住体验舒适③。共享经济概念在2010年前后传入我国，因其种类多、覆盖广、性价比高等优势，获得消费者认可。作为对新产业、新模式和创新活动的回应，政府应重新思考定位，在合理合规、不损害他人利益的前提下帮助企业发展④。目前存在的问题无法仅凭借一己之力解决，还需要企业、租客、房客等多方共同协商交流解决。

三　美国民宿短租平台爱彼迎本土化运营现状分析

2015年，爱彼迎进入中国市场，为吸引更多中国用户，爱彼迎做出了很多本土化工作⑤。本文根据其运营状况，运用商务管理中的市场竞争SWOT分析法对爱彼迎在中国市场的优势劣势、机遇与风险做出了系统性分析。

（一）优势分析

优质房源，性价比较高。爱彼迎上架的房间经过了层层审核，环境差、卫生状况不达标的房间不允许上架，这在很大程度上为消费者提供了更为优质的房源。对于传统酒店来说，共享经济的出现削弱了传统行业之前由于信息不对称和掌握绝对资源所带来的优势⑥。爱彼迎民宿的价格和传统酒店相

① 陈茜：《共享经济模式下我国在线短租交易的风险与防范》，《时代金融》2016年第20期，第285+287页。
② 胡然：《共享经济背景下的合规风险——以摩拜单车为例》，《法制与社会》2017年第20期，第70~72页。
③ 王运昌、杨柳：《Airbnb商业模式为中国在线短租行业带来的启示》，《现代商业》2017年第3期，第175~176页。
④ 马强：《共享经济在我国的发展现状、瓶颈及对策》，《现代经济探讨》2016年第10期，第20~24页。
⑤ 邱榕、欧淑仪、姜嘉茵等：《Airbnb在我国的发展现状及对策研究》，《价值工程》2016年第31期，第176~178页。
⑥ 王亚男：《浅谈共享经济的商业模式及其变革意义》，《商情》2017年第31期，第66~67页。

比会有较大优势，尤其是近年来流行"民宿热"，年轻人更愿意组队去租一栋别墅来进行一些娱乐项目，而传统酒店的独栋别墅本就不多，再加上其十分昂贵的价格让年轻人群望而却步。民宿中的独栋别墅性价比很高，非常适合多人预订。当全家人一起旅行时，预订民宿可以满足游客对价格和文化氛围体验的需求，同时家人欢聚一堂也其乐融融。

（二）劣势分析

本土化不强，平台监管机制不完善。从政府层面来看，爱彼迎的模式机制尚不健全，给政府带来监管的压力[①]。

爱彼迎在中国市场的合作伙伴主要为房东、客户、相关视频拍摄者、社交媒体、相关投资者、中国政府等，需要及时有效地处理与合作伙伴之间的问题。爱彼迎的预订软件仍有不符合国人习惯的地方，例如中国人喜欢在平台上直接沟通，抑或是发信息，但爱彼迎在中国延续了外国人常用的邮件沟通方法，这在一定程度上降低了国人使用软件的舒适感。另外，由于平台监管机制不够完善，有些房东会把价格模糊化，严重损害用户的利益，极易产生欺诈。共享经济必然会面临道德风险的挑战，与第三方社交网站建立信息共享平台，发展完善社会信用体系，将短租行为评级量化纳入个人信用考察指标范围，可作为控制道德风险的手段[②]。

（三）机遇分析

爱彼迎处于一个新的发展时期，同时也面临新的挑战和机遇。一方面，云技术和大数据的发展支持了爱彼迎等短租行业的发展。另一方面，人们对美好生活的憧憬和向往，预示着短租行业在未来会有更大的发展。因此，如何适应市场需求，抓住机遇，找到新的发展方向是其面临机遇与挑战的重要考量。

---

① 王亚男：《浅谈共享经济的商业模式及其变革意义》，《商情》2017 年第 31 期，第 66~67 页。
② 王亚男：《浅谈共享经济的商业模式及其变革意义》，《商情》2017 年第 31 期，第 66~67 页。

（四）风险挑战分析

首先，爱彼迎对中国本土文化不甚了解，因此迫切需要了解国情和百姓的真实需求。其次，在线短租行业的商业模式急需大批相关技术人才，目前正处于国内技术人才相对匮乏的状态。同时，同行业竞争较为激烈，竞争主体主要包括国内星级酒店，其数量庞大，地理位置优越；国内其他在线短租企业，例如途家，更加了解本土市场，在软件开发等方面更加贴合国人的习惯，具有较强的竞争力。最后，观念文化的冲突，在一定程度上本土化进程的成败决定了企业成败，本土化运营必须融入本土文化，缓解文化冲突。

四 大环境下美国民宿短租平台爱彼迎本土化运营的桎梏困境

2015 年，爱彼迎进入中国市场，随后取得了一定成绩。2019 年爱彼迎推出 40 个非遗体验项目，预订人数增长超过 2.6 倍，总营收增长 2.3 倍，但并没有达到预期，爱彼迎仍面临许多经营困境[①]。笔者从两个方面分析民宿短租平台爱彼迎运营过程中存在的问题及其发展中的桎梏困境。

（一）文化差异下"水土不服"，房源数量少

爱彼迎的"水土不服"现象主要体现在经营理念、产品设计以及客服等方面。首先，国内外游客对于民宿的期待有所不同，国外游客更看重民宿特色以及旅游城市的特点或缩影等，而大部分国内游客会优先考虑民宿的便利程度以及性价比等。因此，基于游客需求，途家、小猪短租等本土民宿平台均实现了民宿标准化管理，员工可以按照要求去挑选、监管房源，旨在为游客提供更多优质房源。在民宿经营理念上，本土民宿平台更贴合国内游客的需求。其次，在产品设计上，最初爱彼迎订房界面的设计不符合国人的习惯，例如，平台并没有聊天框，用户需要通过邮件联系房东沟通订房事宜，

---

① 赵旭:《共享经济下爱彼迎中国化经营困境分析》,《旅游纵览（下半月）》2017 年第 10 期,第 143、145 页。

而中国人不习惯用邮件方式进行交流，查看邮件的次数也屈指可数。经过多次升级改造，爱彼迎中国 App "用着不顺手"现象依然存在。国人更加期待内容丰富的浏览界面，期待打开网页的同时会出现向导来指引操作，与之不同，海外 App 界面较为简洁，用户更喜欢通过搜索栏去寻找所需求产品，这是爱彼迎尚未完全解决的问题之一。最后，在客服方面，爱彼迎平台需要多次转接和排队，且消费者认为时差问题使得供需双方难以及时保持联系。

公开数据显示，截至 2022 年底，中国民宿市场中途家的房源数量为 230 万套，小猪短租拥有的房源数量为 80 万套，而爱彼迎只有 50 万套活跃房源。房源数量少意味着游客的选择余地比较狭窄，这也使得爱彼迎在激烈的竞争市场中处于较为被动的地位。

（二）缺乏监管平台，短租市场配套不完善

一直以来，爱彼迎平台曝出的负面新闻，例如虚假房源事件等，导致消费者权益受损，平台遭投诉。曾有媒体对多家民宿平台进行"注册房源真实性"测试，结果显示民宿平台房源存在一定程度的虚假成分，且房源审核条件较为宽松，这表明该平台的监管具有缺陷。除房源的审核外，爱彼迎的监管缺失还体现在房客上，国外 Airbnb 依托 Facebook 进行房东与房客的实名制认证，并利用社交筛选系统筛选出积分较高的房东与房客。而爱彼迎在中国未与类似 Facebook 的平台合作，恶意多次取消订单等情况的发生，对房东产生了一定程度的影响。长此以往，监管平台缺失导致房东与房客之间缺乏信任，最终使得民宿房源的质量下滑。

在线短租仍缺乏完善的配套和政策支持。例如对外籍游客而言，他们更熟悉爱彼迎，但外籍游客可以顺利通过护照入住酒店，却无法仅通过护照入住一些民宿，甚至有些民宿还需要房东向派出所备案后才允许外籍游客入住，这大大影响了游客的体验感。因此，出于"怕麻烦"的心理，外籍游客更倾向于选择常规的传统酒店。民宿行业尚未构建出类似传统酒店的强大信息服务平台，即可以查询和登记所有入住者的信息。从某种程度上说这阻碍了民宿行业的发展。

五　对我国民宿行业的对策及启示

能够打败民宿的不是外来力量，而是行业内部缺乏竞争力的劣质民宿[①]。现阶段以"价格战"取胜的民宿已不再具有优势，经营者需要面对新情况，提出新对策，解决新问题，走出一条独特的中国民宿发展之路。

（一）借力网络，实现精准营销

经营者可以根据实际情况，借力新媒体进行产品宣传。例如，新媒体平台抖音、小红书等，对民宿的关注度极高。抖音平台能够根据用户的地理位置、爱好、消费能力进行定向推广，且好友间的转发会提高曝光率，因此新媒体平台需要民宿经营者加大重视。此外，还可多利用新媒体运营的相关知识，对文旅产品进行包装后，吸引目标客群。

（二）精准定位，突出特色，加快转型

民宿市场不能仅依靠住宿的单一功能，或是只靠"价格战"来吸引游客。行业经营者需要大力开发民宿的多元化功能，加快转型。民宿相较于传统酒店，更强调"人"的体验。未来的民宿市场也要更加突出独特性，而不是一味地将民宿发展成批量的风格化酒店。民宿可结合一些主题以吸引目标群体，例如"民宿＋养老"，重视老年人的需求，房间内的设施陈设需要符合老年人的使用习惯，同时为老年人准备相应的配套服务，如器乐表演、茶艺交流等，丰富老年人住宿生活。同样的，民宿经营者还可考虑"民宿＋宠物""民宿＋研学""民宿＋采摘""民宿＋文化"等各样模式吸引游客，不仅能让游客感受到民宿的独特魅力，同时还可能接触到志同道合的朋友。因此，民宿业走出区别于酒店的特色道路乃是长宜之计。

[①]　祝铠、康玲:《新冠肺炎疫情影响下我国民宿业发展研究》,《北京农业职业学院学报》2020年第 3 期, 第 32~38 页。

（三）缩减成本，打造行业集群，实现资源共享

行业经营者还需要思考如何在转型吸引消费者的基础上尽量缩减成本，提升收益。这可以利用民宿行业集群的办法。例如，在一个村庄内可能有各式各样的民宿主题，每个主题民宿都需要解决游客的食宿问题，因此多个主题民宿可以联合起来，共同建立民宿村食堂，共同聘请厨师和员工，加强卫生监管，严守环境安全，这样既可以降低成本、解决问题，又可以使大家资源共享。合伙人的关系可以在一定程度上缩减成本，实现资源人力共享，同时还能使大家分享经验，共同进步。

（四）提振消费信心，激发消费潜力

此外，民宿经营者还可以推出系列优惠入住套餐，例如"住宿＋饮食""住宿＋饮食＋景点门票"等，要保证价格吸引力，套餐内的安排活动应具有趣味性，以此来吸引消费者。同时，还可以针对特定人群给出相应的价格优势，如医务工作者、社区工作者等，从而体现民宿行业的人文关怀，激发消费的潜力。

参考文献：

李力、苏俊仪：《共享住宿：主客关系的变化与影响》，《旅游论坛》2019 年第 3 期。

刘奕君：《我国共享经济的发展现状及前景分析》，《金融经济》2019 年第 16 期。

李甲岚：《分享经济背景下我国在线短租商业模式探析》，《中国商论》2016 年第 18 期。

陈茜：《共享经济模式下我国在线短租交易的风险与防范》，《时代金融》2016 年第 20 期。

胡然：《共享经济背景下的合规风险——以摩拜单车为例》，《法制与社会》2017 年第 20 期。

王运昌、杨柳：《Airbnb 商业模式为中国在线短租行业带来的启示》，《现代商业》2017 年第 3 期。

马强:《共享经济在我国的发展现状、瓶颈及对策》,《现代经济探讨》2016 年第 10 期。

邱榕、欧淑仪、姜嘉茵等:《Airbnb 在我国的发展现状及对策研究》,《价值工程》 2016 年第 31 期。

王亚男:《浅谈共享经济的商业模式及其变革意义》,《商情》2017 年第 31 期。

赵旭:《共享经济下爱彼迎中国化经营困境分析》,《旅游纵览（下半月）》2017 年 第 10 期。

祝铠、康玲:《新冠肺炎疫情影响下我国民宿业发展研究》,《北京农业职业学院 学报》2020 年第 3 期。

北京文旅

加强全国文化中心建设
为创造人类文明新形态作出首都贡献[*]

郭万超[**]

摘　要：北京作为社会主义中国的首都，也是世界著名古都和现代化国际城市，在迈向中华民族伟大复兴的征程中，要加强全国文化中心建设，为创造人类文明新形态做出首都贡献。一是要建设先进思想引领高地，为提供人类文明发展新理念做出首都贡献；二是要让北京这张中华文化"金名片"闪亮起来，为增强人类文明人文底蕴做出首都贡献；三是要建设世界文化创新策源地，为引领国际文化潮流做出首都贡献；四是要建设全球文化交流枢纽，为中外文化融合发展做出首都贡献。

关键词：全国文化中心建设　人类文明新形态　首都文化

习近平总书记在庆祝中国共产党成立 100 周年大会上的讲话中指出："我们坚持和发展中国特色社会主义，推动物质文明、政治文明、精神文明、社会文明、生态文明协调发展，创造了中国式现代化新道路，创造了人类文明新形态。"北京作为世界著名古都和现代化国际城市，在建设迈向中华民族伟大复兴的大国首都的征程中，确定了全国文化中心建设"一核一城三带两

---

* 基金项目：本文为南方科技大学全球城市文明典范研究院开放性课题（项目编号：IGUC23C001）的阶段性成果。

** 郭万超，经济学博士，北京市社会科学院传媒与舆情研究所所长、清华大学文化创意发展研究院特约研究员、博士后合作导师，中央戏剧学院客座教授。

区"的总体框架，大力传承发展源远流长的古都文化、丰富厚重的红色文化、特色鲜明的京味文化、蓬勃兴起的创新文化，着力作好首都文化这篇大文章，取得了显著成就。北京要胸怀"两个大局"，认真学习贯彻习近平总书记重要讲话精神，立足时代前沿，引领风气之先，不断朝着世界历史文化名城、世界文脉标志迈进，为创造人类文明新形态做出首都贡献。

一 建设先进思想引领高地，为人类文明发展提供新理念做出首都贡献

当今中国正处在从走向世界、走近世界到影响世界的伟大转变之中。中国已经成为世界经济增长的主要贡献者，同时还应该成为世界先进思想的重要贡献者。北京作为全国文化中心，始终高扬思想旗帜，思想文化建设全国领先。北京市持续推进习近平新时代中国特色社会主义思想的宣传研究阐释，走在全国前列；持续推进这一重要思想在京华大地落地生根，形成生动实践。首都哲学社会科学蓬勃发展，70 人入选全国文化名家暨"四个一批"人才培养工程。对占全国 90% 的北京重点网站强化网络舆论引导，全力占领宣传思想文化主阵地。推动"北京榜样"优秀群体获评"时代楷模"，这是"时代楷模"称号颁授以来授予的最大群体。北京市率先实现新时代文明实践中心全市覆盖，构建形成包括 17 个文明实践中心、347 个文明实践所、6962 个文明实践站的三级组织体系，并在全国最早出台文明实践工作规程。北京市以传承弘扬红色文化增强人们爱党爱国爱社会主义情怀，红色文化凝心聚力的作用不断彰显，革命文物形成集中连片主题保护，香山革命纪念地从 2019 年 9 月中旬正式对外接待游客至今，已成为北京文化新地标、红色旅游"圣地"之一，北大红楼与中国共产党早期北京革命活动旧址正加强保护利用。

北京要充分发挥自身优势，建设国际思想重镇，为人类文明发展提供新理念、新风尚。一是要深入研究阐释习近平新时代中国特色社会主义思想的世界意义。在东风西渐的世界大势下，习近平新时代中国特色社会主义思想作为新时代精神的精华，丰富了人类价值体系。作为全国学术中心，北京重

点高校数量占全国的 1/4，在京央属研究机构占全国的 75%，要发挥优势，加强本土学者与国际学者的学术交流合作，推进中国化马克思主义的国际表达，力争出现具有世界影响的经典力作，形成政治家与思想家共同推动人类思想进步的局面。二是不断开辟中华传统美德传承与发展的新境界。习近平总书记指出："中华传统美德是中华文化的精髓，蕴含着丰富的思想道德资源。""传承发展中华优秀传统文化，就要大力弘扬自强不息、敬业乐群、扶危济困、见义勇为、孝老爱亲等中华传统美德。"北京作为历史古都，积淀了悠久的历史文化资源，要把中华传统美德作为社会公德、职业道德、家庭美德、个人品德建设的内容，融入社会文明建设的一切方面、所有领域。三是着力推进中国与世界各国思想文化融合创新发展。习近平总书记指出："人类文明多样性赋予这个世界姹紫嫣红的色彩，多样带来交流，交流孕育融合，融合产生进步。文明相处需要和而不同的精神。"在坚持中国立场的前提下，要积极学习借鉴人类文明的一切有益成果。与历史上的大国崛起主要靠武力不同，中国今天发展的核心引力将转向思想文化。习近平总书记指出："古往今来，中华民族之所以在世界有地位、有影响，不是靠穷兵黩武，不是靠对外扩张，而是靠中华文化的强大感召力和吸引力。"北京作为首都，不仅能创造巨大的经济财富，更重要的是成为中国崛起过程中新思想、新文化和新价值观诞生的摇篮。

二　让北京这张中华文化"金名片"闪亮起来，为增强人类文明人文底蕴做出首都贡献

深入贯彻习近平总书记"老城不能再拆了"的要求，北京市加强北京老城保护，不断增添中华文化"金名片"的魅力。一是制定北京老城整体保护规划、历史文化街区风貌保护管控导则和实施细则。市人大会议审议通过了北京市新修订的历史文化名城保护条例，以中轴线申遗保护为牵引推动老城整体保护，明确了中轴线申遗时间表、路线图，构建中轴线保护管理体系，实现了中轴线成功申遗。如先农坛"一亩三分地"依照历史规制复原，天坛公园恢复坛庙"树海"景观，中轴线南段御道贯通。二是历史文化资源再次

焕发生机活力。着力推进胡同和四合院、会馆、名人故居等历史建筑的保护利用，第一批 429 栋（座）和第二批 315 栋（座）历史建筑纳入保护范围。同时，通过城市"双修"重塑老城活力，使"老北京新气象，老胡同新生活"成为今天北京的生动写照。2023 年推出的"漫步北京"城市休闲游线路，让一边感受北京老城的历史厚重，一边体验北京城市更新的特色风貌成为现实。三是统筹好三条文化带建设，构建全国文化中心建设新标识。大运河文化带、长城文化带和西山永定河文化带覆盖全市各区，是承载历史、联通古今的文化带。三条文化带上的文化遗产成为一颗颗闪亮的明珠。北京大运河源头的白浮泉遗址再现龙泉漱玉的景观，并通过腾退成为人民共享的遗址公园；北运河 2023 年 6 月实现全线游船通航；万寿寺等文物腾退保护让"水上御道"重新焕发生机；八里桥旧桥退役和新桥启用，让进京"水上城门"再次成为大运河上的璀璨明珠；"三山五园"地区作为全国首批六家之一，获批创建国家文物保护利用示范区资格；长城文化带以每年完成长城 10 项"救命式"抢险任务为目标，在"十三五"期间，共开展长城修缮工程 41 项；长城文化节、大运河文化节成为最亮眼的两大文化品牌，"京杭对话"推开了跨省市的文化交流大门。"一城三带"的保护发展，进一步凸显了北京历史文化的整体价值，强化了首都风范、古都风韵、时代风貌的城市特色。

在"一核一城三带两区"全国文化中心建设的总体框架中，历史文化名城保护是根基，"十四五"时期，要着力做好以下三点工作。一是健全文化资源保护机制。建立健全遗产收录的常态化机制，完善各类文化遗产的认定标准及保护名录动态更新机制。探索形成历史文化遗产主动申报与社会推荐制度。完善历史建筑保护机制，引导建筑合理利用。健全老城文物修缮保护长效机制，推进原貌修缮展现。制定文物建筑社会化保护利用审批流程与管理机制，保障文物合理利用的合法性。二是推动传统文化的现代表达。将创意思维和信息技术注入中华传统文化的传承和发展过程，让历史文化"活起来""火起来"。依托数字文化资源优势，开展北京文化全息影像建设，推动老城文化无界传播，向世界展示北京老城历史文化风貌。引入文化创意，对历史场景和文物建筑等进行意象性呈现，直观展现老城文化魅力。精心打磨每个历史文化街区，提炼街区核心文化内涵，结合现代时尚元素，形成不

同的文化主题讲述方式，让历史街区焕发现代活力。三是合理利用涵养文脉
资源。创新保护利用模式，构建央地共建模式，推动央地协调。立足国事活
动保障需求，结合历史经典建筑、皇家园林、王府建筑等腾退修缮整治，推
出一批具有文化品位和历史魅力的高品质外交活动场所。合理适度利用腾退
后的文物，将其改造为特色文化空间，试点具备条件的文物遗址修缮后作为
全国各地文化精粹进京展示交流的场所。继续推进社区博物馆建设，依托区
域内独有的王府、会馆、名人故居等文化谱系，建立独特的专题文化专业博
物馆群落。

三 建设世界文化创新策源地，为引领国际文化潮流做出首都 贡献

在理论创新、制度创新、科技创新、文化创新等各方面创新中，文化
创新处于基础地位。正是文化创新成就了世界文化中心城市的强势地位，充
满活力的创新精神也涵化为其内在特质。近年来，北京市推动文艺创作从
"高原"走向"高峰"迈出了坚实的步伐，精品力作不断涌现。在2017年、
2019年、2022年三届"五个一工程"评奖中，北京的获奖数量均居全国第
一位，2019年更是创造了纵向比历史最好、横向比遥遥领先的成绩。7个剧
目获"文华大奖"，11个剧目入选"国家舞台艺术精品工程"，59人次获得
"梅花奖"。一批口碑票房双丰收的文艺精品集中涌现，中国电影票房榜国
产电影前5名影片全部是北京出品、北京制作。文艺院团改革走向深入，北
京出台"院团18条"，对文艺院团实施"两效统一"的绩效改革，推动解
决长期困扰院团的排练演出"场所难"的问题，吉祥大戏院装修改造、北京
歌剧舞剧院原址重建、京南艺术中心、中国杂技艺术中心等一批重点剧场项
目加快推进。

北京大力推进公共文化服务示范发展，城市文化生活品质不断提升。城
市副中心剧院、博物馆、图书馆建设持续推进，北京文化中心拔地而起，北
京人艺国际戏剧中心工程加快建设。全市四级公共文化服务设施基本实现全
覆盖，已建成15分钟公共文化服务圈，一座座特色文化空间不断出现在市

民身边。截至 2023 年 11 月底，北京市实体书店数量已超 2100 家，数量排在全国第一，实现每万人拥有 0.94 家书店。文化活动丰富多彩，举办"我们的节日"首都市民系列文化活动，每年举办 2 万多场，贯穿全年、覆盖全市。

北京市聚焦文化产业高质量发展取得新成效。文化产业增加值占 GDP 比重一直居于全国首位。2019 年全市规模以上文化产业法人单位共有 5252 家，资产总计 20198 亿元，收入合计 13544.3 亿元，资产总量和营业收入占全国总量比重均超过 13%。规模以上文化企业法人单位的劳均产出达到 219.3 万元，而全国平均水平为 63.3 万元。国家文化出口重点企业和项目数位居全国之首，北京文博会、中国国际图书博览会、北京国际电影节等活动产生广泛影响；国家文化产业创新实验区、国家对外文化贸易基地等辐射作用凸显；台湖演艺小镇、北京环球影城主题公园等建成投用。

为了利用好北京优越的创新资源，着眼建设具有国际竞争力的创新创意城市，北京需加强以下方面工作。一是不断强化科技对文化的支撑作用，抢占数字创意等新兴文化产业先机，壮大文化科技融合新业态。依托首都的文化科技优势，加强产业共性关键技术研究，占据文化产业价值链高端。创建一批国际标准、国家标准、行业标准和地方标准，推动新技术、新装备在文化领域的示范应用。二是提高市民的文化创意水平和享受文化创意的意识。市民的文化创意生活是城市创新精神的沃土。要从教育培训、扶持个人创意及提倡创意生活等方面帮助市民发展及享受创意，包括开放更多的博物馆及将所有数据档案数字化等。三是加快培育文化消费市场，引领文化消费新风尚，打造国际文化消费中心城市。国际消费中心城市建设是党的十九届五中全会提出的重要任务，是我们融入新发展格局"五子"的重要方面。北京要把握消费趋势，满足市民群众对美好生活的需要，打造一流的国际文化消费中心城市。

四　建设全球文化交流枢纽，为中外文化融合发展做出首都贡献

近年来，北京以服务保障重大国事活动和主场外交活动充分展示了国家

文明形象。如圆满完成"一带一路"国际合作高峰论坛、中非合作论坛北京峰会、世界园艺博览会、亚洲文明对话大会、国际篮联篮球世界杯等重大活动的新闻宣传、对外宣传和服务保障任务；通过丰富多彩的新闻宣传和文化活动，持续扩大北京冬奥会、冬残奥会的传播力和影响力；文博会首次亮相中国国际服务贸易交易会国家级展会平台，推动实现高水平对外开放；在希腊、芬兰举办"欢乐春节"和"北京之夜"品牌文化交流活动，进一步推进雅典中国文化中心建设；北京国际电影节、北京国际公益广告大会、中国戏曲文化周、北京国际音乐节等文化品牌活动有力提升了全国文化中心的全球影响力。

着眼"两个大局"，把北京建设成为世界文明交流互鉴的首要窗口，展示伟大社会主义祖国的首都、迈向中华民族伟大复兴的大国首都、国际一流的和谐宜居之都，对接国际交往中心建设，讲好北京故事，为我国改革发展稳定营造有利外部舆论环境，北京需加强以下方面工作。一是要全面提升国际传播效能，建强适应新时代的立体化国际传播体系。要采用贴近不同区域、不同国家、不同群体受众的精准传播方式，推进中国故事和中国声音的全球化表达、区域化表达、分众化表达。二是要深入开展各种形式的人文交流活动，通过多种途径推动我国同各国的民心相通。要创新体制机制，把我们的制度优势、组织优势、人力优势转化为传播优势。三是要抓住"两区"建设的重大机遇，打造高水平文化开放平台，扩大对外文化贸易。文化产业作为现代高端服务业，要抓住机遇、主动融入、积极参与国家服务业扩大开放综合示范区以及中国（北京）自由贸易试验区（"两区"）建设。要利用新的政策优势，推进文化企业走出去，培育重点文化产品出口品牌，全面提升首都文化产品的国际竞争力。

北京推进全国文化中心建设问题与对策分析

景俊美*

摘　要：文化领时代风气之先，首都北京在社会主义文化强国建设中勇立潮头，全国文化中心建设成效显著。但在发展过程中也存在文化设施投入较大，文化精神、理念和思想内涵提炼与深化不足；文化保护的内生动力不强，群众参与的积极性不高；演艺产业存在瓶颈和短板，"演艺之都"建设有较大进步空间等问题。建议：一是通过多种途径和方法激活文化活力，形成物质与精神"两手抓、两手硬"的良好局面；二是以活化利用为抓手，激活全面参与文化保护的积极性和主动性；三是培育可持续的、多层次的演艺市场，让"演艺之都"建设落在实处。

关键词：全国文化中心　演艺之都　文化保护　演艺产业　大戏看北京

党的十八大以来，习近平总书记 10 次视察北京、18 次对北京发表重要讲话，深刻回答了"建设一个什么样的首都、怎样建设首都"这一重大时代课题。作为全国的文化中心，北京始终高举思想旗帜，以首善标准践行"怎样建设首都"的要求，形成了习近平新时代中国特色社会主义思想在京华大地落地生根的生动实践。在凝心铸魂方面，社会主义核心价值观首善之区建设取得重大进展，社会风气和道德风尚向上向好。在文化遗产保护方面，以中轴线申遗为抓手，统筹推进三条文化带建设，形成历史文化遗产整体保护格局。在文艺创作方面，京产佳作频频斩获国家级大奖，出精品出人才的创

---

* 景俊美，博士，北京市社会科学院文化研究所副所长、副研究员。

作环境不断优化。但在具体的推进过程中，也存在一些问题需要引起相关部门的高度重视。美国杰出的城市规划专家凯文·林奇曾说："规划者生活在地图的符号世界当中……掩盖了人类定居的多元性。"[①] 如果说城市本身只是一个舞台背景，那么历史的深度、活跃的复杂度以及浓郁的烟火气，才是一个城市生生不息的动力。因此建议，城市管理者一定要从长远之势、长久之策和民众诉求等角度提升全国文化中心建设的能力和水平。

一　全国文化中心建设进程中存在的主要问题

（一）文化设施投入较大，文化精神、理念和思想内涵提炼与深化不足

北京建设全国文化中心，文化设施建设是基础。目前已建成或正在建设的大型文化设施包括中国国家版本馆中央总馆、中央歌剧院、北京国际戏剧中心、北京艺术中心、北京城市图书馆、北京大运河博物馆、北京市文化馆等中央或市属大型文化设施，为首都的文化中心建设奠定了物质基础和保障条件。但是在基础建设和精神引领方面，文化软实力注入力量不足、文化内涵提炼不够、精神化用存在短板。

一方面，文化设施的布局上，未能考虑到文化设施与普通民众之间的关系，很多场馆远离居民区，而在人口较为聚集的地方，严重缺少文化设施的服务保障，文化设施的惠民性、服务性和便利性体现不足。当然，近年来已经有所改善，比如在天通苑打造了天通苑艺术中心，为这一因人口集中而全市知名的地区的广大市民带来了文化艺术的享受。

另一方面，重大文化设施相继落地，在赓续中华文脉、坚定文化自信、展示首都形象和国家形象上投入较大，但物质投入和精神灌注匹配不够。以北京艺术中心、北京城市图书馆、北京大运河博物馆三大文化场馆的建设为例，三个场馆分别委托国家大剧院、首都图书馆和首都博物馆三家单位运维，有一定的专业性思考，但在具体的建造过程中，三家单位对外公开信息和相互合作的机制不健全，不利于城市副中心乃至首都文化的整体发展。加

---

① 〔美〕凯文·林奇：《此地何时：城市与变化的时代》，赵祖华译，北京时代华文书局，2016，第20页。

之三家单位运维思维不统一、服务水平和管理方式存在较大差别，目前尚看不到特别突出的文化理念上的引领性。

（二）文化保护的内生动力不强，群众参与的积极性不高

北京老城是北京建设世界文化名城、全国文化中心的重要载体。党的十八大以来，北京坚持"老城不能再拆了"的要求，以中轴线申遗为抓手，大力加强老城保护，取得了丰硕的成果，但也存在明显的不足。

一方面，四合院、胡同和一大批历史建筑得到了修缮和保护，但老城的烟火气也随之消失。北京每年投入 10 亿元，已连续投入了 10 年之久，但普通老百姓的获得感增加不多。比如北京夜经济文化建设提出多年，一直未能激活百姓参与的积极性和主动性，很多优秀传统文化的内生动力未被充分激活，上层和下层之间存在各行其是的隔膜感。

另一方面，文化遗产的活化利用存在短板，不同地区、不同单位活化利用的水平和效果差别较大。近年来，随着城市功能疏解的不断推进，北京老城腾退出一大批建筑、空间，除"会馆有戏"探索了一条较为独特也较为精准的道路外，一些腾退后的建筑一直处于闲置状态，不利于文化遗产的保护，当地百姓也未能共享到腾退后的红利，普通市民的主人公精神不能被激发，认同感缺失。对比而言，西安在老城保护和激发活力的双重任务下涌现了一大批优秀的文旅项目和文化品牌，如大唐不夜城、长安十二时辰等，日均客流量达 40 多万人次，很好地激活了文化保护的内生动力，城市文化建设也形成了风格和亮点。与西安遥相呼应的城市还有杭州，亚运会举办期间，杭州很好地展现了文化遗产保护的水平和能力。除这些省会城市外，小到扬州、昆山这样的小城市，管理服务理念和文化保护也十分先进和精细，特别是在活化利用和文化与科技融合方面，贡献了城市智慧。北京作为首都，如何让老城"活起来"，需要做的工作还比较多。

（三）演艺产业存在瓶颈和短板，"演艺之都"建设有较大进步空间

北京坐拥得天独厚的演艺资源，演艺市场根基扎实。全市有 197 家演出场所、16 家央属院团、13 家市属院团、3 家区属院团和 668 家民营表演团体，

它们共同构成了北京的演艺市场主体。2023 年初,"演艺之都"建设首次写入北京市政府工作报告,从顶层设计上激发了演艺市场的活力。不过,对比伦敦、纽约、东京等国际上演艺产业运营较好的城市,北京有明显的短板。

一方面,体制机制原因。北京的很多演出主要由政府拨款支持,市场诉求和市场思维不健全,需要文化管理者统筹考虑文化的公共性与市场性之间的关系。

另一方面,北京缺乏具有辐射力、带动力和影响力的驻场演出,演艺的聚集性和品牌性不够。国际上著名的英国伦敦西区或美国纽约百老汇,其长期驻场演出的代表性剧目包括《猫》《狮子王》《捕鼠器》《歌剧魅影》《悲惨世界》《妈妈咪呀》《西贡小姐》《美女与野兽》等艺术经典,有的一演就是几十年,吸引了全世界的戏迷和游客慕名观看。伦敦西区和纽约百老汇成为两大看剧"圣地",与剧目的精品追求有关,与驻场演出更是有着紧密的联系。曾有外国戏剧爱好者说,来北京就想看一场地道的京剧,但是北京的京剧并没有驻场演出,即使常演京剧的长安大戏院和梅兰芳大剧院也并不是以京剧的驻场演出为其运营模式。对比而言,日本东京形成了自己辐射力、传播力强的驻场演出,比如歌舞伎的驻场演出、四季和宝冢的驻场演出等,构成了东京良性的演艺市场。上海的驻场演出也已起跑多年,文化赋能城市演艺业态走在了全国的前列。比较而言,北京的戏剧资源丰富,但产业化水平不高,驻场演出有良好基础,但未能形成品牌。刚刚建成的环球影城也主要是国外的团队在运维,具有民族特色和首都风貌的演艺市场尚未真正形成。

二 推动全国文化中心建设的对策建议

(一)多种途径和方法激发文化活力,形成物质与精神"两手抓、两手硬"的良好局面

文化是社会生命的灵魂,更是软实力的集中体现。它不但体现在文化设施建设等物质层面,更渗透在生活方式、价值理念和文艺作品之中,是一种深深熔铸在民族生命力、创造力和凝聚力中的力量。美国当代著名文化人

类学家露丝·本尼迪克特曾指出："真正把人们维系在一起的是他们的文化，即他们所共同具有的观念和准则。"① 因此，在全国文化中心建设的过程中，我们不但要重视物质层面，更要重视潜藏在物质背后的精神。

文化设施是文化整体的一部分，反映着人们对理想生活空间的向往。但任何文化设施的影响力，建筑只是一部分，依托建筑形成的文化理念、管理水平和服务能力更能体现文化的先进性和价值意义。回望历史，20 世纪中国思想文化的变革始于北京，主要得益于北京深厚的文化基础、悠久的文化传统和优秀文化人才的荟萃。今天，我们不仅要发挥文化设施的能量，更要激活文化传统的精神魅力和文化人才的巨大势能。建议三大场馆多方面征求文化领域的专家意见，发挥文化人才的聪明才智，激活建筑身上的精神象征。在具体的运维方面，一定要向国内外已经做得较好的运营团队学习。以北京艺术中心为例，既要激活国家大剧院本身的能量，也要向保利剧院、天桥艺术中心借鉴成功经验。

（二）以活化利用为抓手，激活全面参与文化保护的积极性和主动性

文化保护是一项长期的、需要全民参与的系统工程。北京近年来在文化保护方面着力颇多，见效明显，但在价值挖掘、有效利用上有一定空间。世界著名的媒体文化研究者和批评家尼尔·波兹曼曾说："深入一种文化的最有效途径是了解这种文化中用于会话的工具。"② 传统文化是我们思考问题和行为习惯的起点，也是我们得以存续和区别于其他民族和国家的独特标识。只有深刻认知我们的传统，才能真正明白我们"从哪里来""到哪里去""我们是谁"等一系列根本问题。

作为祖国的首都，北京的城市开放性和功能现代化势必要求城市管理与维护机制的变革。以中轴线保护与利用为例，目前主要做的是以申遗为目的而进行的腾退与修复等工作③，但活化利用、激发群众的参与度和积极性，

---

① 露丝·本尼迪克特：《文化模式》，王炜等译，上海三联书店，1993，第 18 页。
② 尼尔·波兹曼：《娱乐至死》，章艳译，中信出版集团股份有限公司，2015，第 10 页。
③ 2024 年 7 月 27 日，在印度新德里召开的联合国教科文组织第 46 届世界遗产大会通过决议，将"北京中轴线——中国理想都城秩序的杰作"列入《世界遗产名录》。

成效不甚明显。北京中轴线遗产区和缓冲区占地超过 40 平方公里，覆盖北京老城 65% 的面积，活化利用的空间和潜力巨大。建议根据文化遗产特点，采取分类、系统和开放式活化利用。以文物古迹类文化遗产为例，构建文化新场景，搭建集展示、交流、研究、体验和消费于一体的"科技 +"平台，不仅能够让文物"活"起来，甚至还可以让文物走进百姓生活，成为"会说话""能说话""善说话"的中国故事代言人。同时，注重文博领域的新媒体传播，发动年轻人，像网络红人那样形成国际影响力，讲好中国故事、传播好中国声音。

（三）培育可持续的、多层次的演艺市场，让"演艺之都"建设落在实处

演艺产业是文化产业的重要组成部分，是以舞台艺术的创作、生产、版权、表演、服务、剧场、票务、消费和传播为核心而构建的综合性文化产业体系。从北京打造"大戏看北京"文化名片的具体操作过程来看，首都北京的演艺产业目前主要侧重的是剧目的创作与表演，而在生产、销售、传播和消费领域，并未形成可持续的市场链条和生态环境，与伦敦、纽约等国际上的戏剧中心，上海、西安、杭州等以"演艺之都"为发展目标的文化城市相比有较大差距。据悉，西安华清宫驻场演出《长恨歌》日均演出 4 场，每天接待观众超万人，年度票房收入将破 10 亿元。日本东京的产业模式不仅清晰，而且已经形成经验在推广。如宝冢剧团的利基市场①，不仅定位明确、边界清晰，而且通过独特的市场选择，展现了高质量的竞争优势。其创作、制作和销售是一条龙式的垂直整合系统，同时结合其公共演艺厅、公开排练室，形成了复合式的经营战略。

整体上看，北京"演艺之都"建设，一方面要注重行业内部的提质增

---

① "利基市场"即我们通常所说的"分众市场"，英文名称为 niche market，即"大市场中的缝隙市场"，或者说是"高度专门化的需求市场"，具体是指在较大的细分市场中具有相似兴趣或需求的一小群顾客所占有的市场空间。在日本，大多数成功的创业型企业一开始并不在大市场开展业务，而是通过识别较大市场中新兴的或未被发现的利基市场而发展业务。参见森下信雄《宝冢剧团经营战略：跨越百年的演艺生意经》，方瑜译，四川人民出版社，2019，第 6 页。

效，另一方面要强化行业外部的联动发展[①]。具体来说，北京特殊的政治地位决定了目前并不适合在核心区打造文旅驻场演出，但可以考虑和影视产业相结合，在怀柔或副中心打造驻场演出，实现真正的具有辐射力和影响力的产业标杆。借鉴日本歌舞伎演出经验，以国粹京剧为载体，在长安大戏院、梅兰芳大剧院、人民剧场、吉祥戏院驻场传统经典、历史剧、小剧场等不同风格的京剧演出。依托"会馆有戏"探索演艺新空间的市场化建设，形成点、线、面相结合的新型演艺市场。在自然资源丰厚的生态涵养区如密云区、房山区、门头沟区、怀柔区、平谷区等，打造沉浸式文旅演艺，将"行进式游"和"沉浸式演"融为一体[②]，创新文化消费新场景。同时，依托北京人艺、国家话剧院、北京演艺集团等实力雄厚的内容供给方，加快构建话剧、杂技、音乐剧等具有国际对话能力的艺术样式的驻场演出，形成既能惠泽当地民众，又能辐射全国、走向世界的首都演艺大市场。

① 徐清泉、张昱:《上海建设"亚洲演艺之都"的现状、问题及对策建议》,《上海城市管理》2020 年第 1 期，第 21~25 页。

② 王伟杰:《沉浸式演艺如何赋能文旅产业新未来》,《中国文化报》2022 年 7 月 4 日。

北京中轴线与文化传承发展

贾　澎*

摘　要：北京中轴线是全世界现存最完整的古都中轴线，体现"天人合一"思想、蕴含"中和"观念，是中国传统文化与审美的高度融合。北京中轴线印证了中华传统文化突出的连续性、突出的创新性、突出的统一性、突出的包容性和突出的和平性。北京中轴线申遗，统一了人们对北京中轴线的认定、明确了北京中轴线的核心价值。以申遗为契机，优化北京城市文化景观布局、有助于北京历史文化名城整体保护、促进中华文脉传承与创新、赋能首都文化高质量发展。

关键词：北京中轴线　申遗　世界文化遗产

习近平总书记在 2023 年 6 月 2 日出席文化传承发展座谈会时发表重要讲话，强调中国文化源远流长，中华文明博大精深，只有全面深入了解中华文明的历史，才能更有效地推动中华优秀传统文化创造性转化、创新性发展，才能有力推进中国特色社会主义文化建设、建设中华民族现代文明。

北京中轴线是全世界现存最完整的古都中轴线，是北京的灵魂和脊梁，是中国传统文化与中国现代文明、新时代首都发展的活的载体。随着以中轴线申遗和保护为抓手，传承历史文脉、修缮并保护文化遗产、治理周边人居环境，广大公众与北京中轴线的接触越来越密切。自 2011 年北京市提出中

---

　　*　贾澎，博士，北京市社会科学院市情研究所助理研究员，北京世界城市研究基地特约研究员。

轴线申遗的目标、2012 年北京中轴线被列入《中国世界文化遗产预备名单》，到 2023 年北京中轴线申遗的关键年，北京市民从中轴线文化遗产保护中获得了更多的幸福感。

一 北京中轴线体现中国传统文化与审美的高度融合

北京中轴线作为北京老城对称空间的中轴和核心，纵贯南北，蕴含着元、明、清及现当代首都城市的文化价值和审美意味。北京中轴线及其覆盖区域包含了古代皇家宫殿、坛庙、市肆等城市空间综合体，涵盖 3 处世界文化遗产、11 处全国重点文物保护单位、5 处北京市文物保护单位，及若干处考古遗址，是一个由历史文化遗存构成的具有浓郁中华传统文化特征的系统性整体。

（一）北京中轴线体现"天人合一"思想

生命及其与自然的关系问题始终是中华文化思想体系的核心问题。在中国的创世神话中，远古先民对世界的原型意象是混沌一片，盘古使天地得以分化，形成了天地自然，这一思想印证了"天人合一"思想来自中华文明的源头。按照精神分析学派的观点，原型意向是集体无意识的体现，"天人合一"这一由中华民族原型意象形成的中国民族的思维方式，是世代积淀而成的集体无意识。重视"心性"，讲究"悟道"，以外在自然天道的规律探究人，追求"天人合一"，这是属于中国人的思维模式和审美趣味，也逐渐形成中国人的思维体系。就哲学上的认识论而言，"天人合一"是中国人自古以来认识外物、认识宇宙自然的核心方法。从美学意义而言，"天人合一"是中华民族所推崇的审美境界。总而言之，"天人合一"是中华民族探索人与自然关系的思维方式，是追求真、善、美的精神基础。北京中轴线承载着中华民族"天人合一"的思想，这一点从北京中轴线的建筑模式可以看出。例如，北京中轴线上的天坛是我国现存最大、最完整的古时祭天建筑群，位于中轴线南端，其用地规模宏大，面积是故宫的三倍，以示"天"的威严和人对"天"的敬畏。再如北京中轴线作为元明清三代都城建设的基准线，正是取诸北天球的恒星紫微、太微和天市。明清时将内城的皇城区域命名紫禁城，其在中轴线上处于核心位置，而紫禁城中的三大殿（太和殿、中和殿、保和殿）和后三宫（乾清宫、交泰殿、坤宁宫）又是核心中的核心。紫禁城的南门午门，墙壁为红色，是南方之神朱雀的象征；北门神武门，是北方之神玄武的象征。此外，外金水河对应天上的银河，外金水河两侧的牛郎桥和织女桥，对应天上的牵牛星和织女星，等等。

（二）北京中轴线蕴含"中和"观念

"中和"，即中正和谐。《中庸》中提及"喜怒哀乐之未发，谓之中；发而皆中节，谓之和。中也者，天下之大本也；和也者，天下之达道也。致中和，天地谓焉，万物育焉。"所谓"中"，是一种处理问题时正确的原则、标准、方法，使矛盾对立统一于平衡、稳定、和谐的状态。《论语·雍也》也提到："中庸之为德也，其至乎矣。""中庸"是孔子所认为的最高德行。"中"与"和"既相互统一又各有侧重。"中"作为一种德行，在实践层面所要达到的状态则为"和"。所谓"和"，是指事物在多样性中实现对立统一的状态或境界。"和"强调多样性中的整体性、对立性中的统一性，从而实现圆融和合的境界。"中和"观念起源于远古时期先民的时空观和宇宙观，古人通过空间测量进行计时。"中"字在甲骨文与金文中，有立旗杆于四方之中的象形含义，即在王权之下由具备专门技能的官方人士通过对日影变化的测量进行计时，具有权力的象征。北京中轴线蕴含着中华传统文化中的"中和"理想。就建筑形态而言，中轴线自北而南穿过紫禁城，坐落在都城中心位置，形成一个"中"字，是天下之中的权力象征。紫禁城位于北京中轴线核心位置，其中前三殿和后三宫是紫禁城的核心。前三殿名为太和殿、中和殿、保和殿，取名均有"和"字，体现追求"和"的理想。三大殿匾额的题字分别为"建极绥猷""允执厥中""皇建有极"，体现对"中"的追求。后三宫名为乾清宫、交泰殿、坤宁宫，其中，"乾"代表天、"坤"代表地、"交泰"代表天地交而和泰，蕴含着天地中和的思想观念和审美追求。类似的案例在北京中轴线中还有很多，可见，北京中轴线蕴含着中华民族独特的文化追求和审美理想，以其独特的方式和丰富的表达将"中和"观念展现出来。

二 北京中轴线与中华文明突出特性

在文化传承发展座谈会上，习近平总书记将中华文明的突出特性以连续性、创新性、统一性、包容性、和平性作出精准提炼和系统总结。习近平总书记这一重大论断，科学概括了中华文明不同于其他文明的独特属性，对坚定文化自信自强，扎实推进中华民族现代文明和社会主义文化强国建设，具有重要的现实意义和深远的历史意义。

（一）突出的连续性

中华文明源远流长，具有突出的连续性。透过历史的连续性、厚重性看中华文明，就能够理解历史上的中国、当代的中国及未来的中国。北京中轴线始于元朝。至明朝，北京城的中轴线在元大都中轴线基础上向南北延伸，纵深感更强、内容更加丰富。清朝沿用明北京城的中轴线，除对一些建筑的名称进行修改，基本没有改动。民国时期，北京中轴线发生较大变动，先农坛、天坛的部分围墙被拆除，部分皇城城墙被拆除，一些皇家园林及部分紫禁城被改造为公共空间。新中国成立后，北京中轴线经历了一系列历史性变迁。综观北京中轴线的发展历程，可以说，北京中轴线是中华文明源远流长、历久弥新的见证，体现了中华文明的连续性特征。

（二）突出的创新性

中华民族历来具有守正创新的进取精神，中国人民历来具有不畏艰难与挑战的拼搏意识和吃苦耐劳的勤奋品格。北京中轴线在新中国成立后增添了许多体现新中国新面貌的新建筑，例如人民大会堂、人民英雄纪念碑、国家博物馆、毛主席纪念堂等，新中国赋予了北京中轴线新的意义。至 20 世纪 80 年代末将亚运会场馆建在北京中轴线的北延长线上、进入新世纪北京取得奥运会举办权后决定将北京中轴线进一步向北延伸，北京中轴线从历史延伸到了现代，实现创新性发展。进入新时代，北京加大对历史文化名城的保护力度，北京中轴线的传统格局和历史风貌逐步得以恢复，例如原址原状修建了永定门城楼，复建了前门外大街，修复了万宁桥及其西北角的火神庙，对钟鼓楼及其周边环境进行全面整治。可以说北京中轴线是中华文明创新性的"亲历者"。

（三）突出的统一性、包容性、和平性

中华文明具有突出的统一性，中华各民族融为一体，国家的统一、国土的完整是中国的核心利益，是中华各族人民的共同信念和命运所系。中华各民族团结一心、和谐共处的格局从根本上体现出中华文明的包容性，决定了中华文化对世界文化的开放胸怀和包容态度。中华文明突出的统一性、包容性进而决定了中华文明具有突出的和平性，从根本上决定了中国"始终是世界和平的建设者、全球发展的贡献者、国际秩序的维护者"[①]。从北京中轴线的历史沿革不难发现其体现出中华文明的统一性、包容性、和平性特征。北京中轴线在古代作为皇帝权力至高无上、合法性的象征，充分体现出中国作为统一的多民族国家主流文化的统一性、包容性与和平性，体现出这是中国以汉族为主体的统一多民族国家不断发展壮大至今的文化根基。

三 北京中轴线申遗与促进文化传承发展

2024年是北京中轴线申遗的关键年。通过北京中轴线申遗，人们对北京历史文化价值的认识越来越深入，这对促进文化传承发展具有重要的促进作用。

（一）对北京中轴线的认定

对北京中轴线形态的认定是关系申遗成功与否的大事。联合国教科文组织在其官网上公布的世界文化遗产预备名单中"北京中轴线（包括北海）"

---

① 习近平：《在中华人民共和国恢复联合国合法席位50周年纪念会议上的讲话》，中华人民共和国中央人民政府网站，2021年10月25日。参见网址：https://www.gov.cn/xinwen/2021-10/25/content_5644755.htm。

主要包括永定门、正阳门、天坛、先农坛、天安门广场建筑群、太庙、社稷坛、故宫、景山、鼓楼、钟楼、南锣鼓巷等历史文化街区、北海水系等^①。2022年5月25日北京市第十五届人民代表大会常务委员会通过并公布了《北京中轴线文化遗产保护条例》，该条例自2022年10月1日起实施。根据该条例，北京中轴线文化遗产的范围是指，自北端的钟鼓楼到南端的永定门，全长7.8公里，纵贯北京老城，是由古代皇家建筑、城市管理设施和居中历史道路、现代公共建筑和公共空间等，共同构成的城市历史建筑群，包括钟鼓楼、地安门外大街、万宁桥、地安门内大街、景山、故宫、太庙、社稷坛、天安门、天安门广场建筑群、正阳门、前门大街、天桥南大街、天坛、先农坛、永定门御道遗存、永定门等^②。北京市通过颁布条例固定了北京中轴线申遗的形态。

（二）北京中轴线申遗的核心价值

北京中轴线申遗的核心价值也是申报世界遗产需要面临的关键问题之一。根据规定，世界文化遗产应具备"突出的普遍价值"。承载北京中轴线核心价值的不仅仅是存在于其上的物质遗存，更是以中轴线为体现的中华文明的传承与发展。这一观点对于认识北京中轴线的核心价值具有积极意义。作为融合多种物质遗存等构成要素的文化遗产，北京中轴线具有超越故宫、天坛等世界文化遗产的更突出的普遍价值。学者吕舟提出北京中轴线突出的普遍价值是：尽管北京中轴线不断发展和演变，但其"从未背离中轴线规划的原则，尽管主题经历了从帝王到英雄再到人民的过程，但其背后的文化精神从未改变"。于是他提出北京中轴线在申遗时注重考虑"活态遗产"的特征，进而将"中轴线的时间区段"延伸到"民国和中华人民共和国时期"^③。

---

① The Central Axis of Beijing (including Beihai), World Heritage Covention, 2013。http://whc. unesco.org/en/tentativelists/5802/.

② 《北京中轴线文化遗产保护条例》, https://www.beijing.gov.cn/zhengce/dfxfg/202205/t20220526_2721544. html?eqid=914fc0cb0001a5c500000003642a78a1。

③ 吕舟:《北京中轴线申遗研究与遗产价值认识》,《北京联合大学学报（人文社会科学版）》2015年第2期, 第11~16页。

（三）优化北京城市文化景观布局

城市的文化景观是城市所独有的符号，一座城市的文化景观所呈现的是居于其间的人类的历史和命运，容纳了文明的城市通过文化景观将城市的文化、人类的文明具象化、实体化。因此城市的文化景观是城市文明的最佳载体，具有重要价值。北京中轴线作为重要的城市文化景观，有序串联古今，将古今都城及其文明具象化展示于世人。用历史的发展的眼光，以北京中轴线为载体，构建现代文明－文化遗产相融合的城市文化景观格局，即结合城市自然景观（山脉、水系、季节特点等），重新整合北京中轴线及其周边区域的景观－交通－居住－文化空间，可实现对北京城市空间的进一步优化。应通过空间及资源重组，优化北京中轴线对城市文化景观的提升作用，同时，凸显北京中轴线在历史文化遗产整体保护中的重要地位，擦亮北京文化金名片。

（四）有助于北京历史文化名城整体保护

2021年北京市第十五届人民代表大会通过《北京历史文化名城保护条例》，加强对北京历史文化名城的保护。北京中轴线是北京的脊梁和灵魂，贯穿古今。北京城的整体性因北京中轴线得以更好地呈现出来，几乎最重要的古代及现代建筑均布局于中轴线上，形成方位明确、对称分布、中心明显的鲜明特点，构成一个文化整体，营造出北京城"独有的壮美秩序"。可以说，北京中轴线强化了人们对北京历史文化名城保护的意识，同时，保护条例的出台也促进了北京中轴线的保护和合理利用。只有深入挖掘北京中轴线的历史文化内涵，梳理北京中轴线上生成和延续的情感与精神，加强展示、活化利用，才能保持北京中轴线的生命力，更好地发挥其传承与发展文化的积极作用。事实上，北京中轴线申遗作为老城整体保护的抓手，已成为彰显首善风范、古都风韵、时代新貌的重要实践。

（五）促进中华文脉传承与创新

七百多年来，北京中轴线作为北京城的都城空间之轴、国家政治之轴、民族文化之轴，不仅决定了北京城的空间格局和社会秩序，凝聚着北京历史文化名城的灵魂，更承载着中华民族的基因和血脉、中华传统文化的理念和精髓，是不可再生、不可替代的中华文化优秀资源。从都城空间之轴来看，北京中轴线统领北京城市空间格局，不仅有古代皇家建筑，还有现当代象征国家与中华文明的建筑，古今交相辉映，保存着完整的文化意象符号，呈现清晰的文化脉络。从国家政治之轴看，北京中轴线不仅曾经是国家重大活动的载体，也是当今国家重大活动的载体，奠定了北京作为全国政治中心的基调。作为民族文化之轴，早期北京城受元大都和清都城规划设计和习俗的影响，将游牧文化、狩猎文化与农耕文化紧密融合。总之，北京中轴线申遗及有机更新的多种举措很好地促进中华文脉传承与创新。

（六）赋能首都文化高质量发展

北京既是"城"又是"都"，首都高质量发展一个很重要的维度就是文化的高质量发展。推进全国文化中心建设，促进首都文化高质量发展，要善于整合首都文化资源、发挥首都文化特质、继承和发展首都文脉。北京中轴线是中国现存最完整的都城中轴线，集中体现了中华文明的伟大和中华民族向往的文化追求。北京中轴线上的建筑格局、景观廊道、历史水系、古树名木等历史文化资源以及与中轴线普遍价值密切相关的国家礼仪、营造技艺、民俗文化传统等，正是北京中轴线最宝贵的文化遗产。以北京中轴线申遗为契机，创新整合、活化利用这些文化遗产、历史遗存，有助于推进全国文化中心建设，赋能首都文化高质量发展。

习近平总书记站在党和国家事业发展全局的高度，深刻指出文化传承和发展的重要意义。只有深入了解中华文明才能更好地传承和发展中华文化，促进马克思主义与中国实际、中国传统文化的结合，推动中华优秀传统文化创造性转化、创新性发展。北京中轴线是中华璀璨文明的瑰宝，深化对北京中轴线的认识，以北京中轴线申遗为契机，推进中华文化传承和发展，具有重要而深远的意义。

参考文献：

《北京中轴线文化遗产保护条例》，https://www.beijing.gov.cn/zhengce/dfxfg/202205/t20220526_2721544.html?eqid= 914fc0cb0001a5c500000003642a78a1。

《北京历史文化名城保护条例》，https://www.bjdx.gov.cn/bjsdxqrmzf/zwfw/zfxxgk/jgzn/lzyj/xzfg/1843762/index.html。

The Central Axis of Beijing (including Beihai)，http://whc.unesco.org/en/tentativelists/5802/.

习近平：《在中华人民共和国恢复联合国合法席位 50 周年纪念会议上的讲话》，https://www.gov.cn/xinwen/2021-10/25/content_5644755.htm。

吕舟：《北京中轴线申遗研究与遗产价值认识》，《北京联合大学学报（人文社会科学版）》2015 年第 2 期。

李建平：《北京老城整体保护与活化传承》，《前线》2021 年 11 月。

张勃：《北京中轴线概念的提出及意义》，《北京社会科学》2022 年第 9 期。

蔡晓璐：《文化基因视域下北京中轴线的文化内涵与当代价值》，《北京社会科学》2022 年第 9 期。

吕舟：《城乡历史文化保护传承体系建设与北京中轴线的案例实践》，《世界建筑》2022 年第 12 期。

融媒体矩阵助力区域文旅产业发展的路径探析
——以北京市东城区为例

王继志　谢莒莎　赵玉宏*

摘　要： 融媒体是营造文旅氛围、打造文旅品牌的重要力量。本文以北京市东城区融媒体矩阵助力文旅产业发展的实践经验为例，对融媒体产品的创新形态和传播手段进行了分析，并在北京全力推进全国文化中心建设的背景下，结合国际消费中心城市示范区建设以及东城区文旅产业发展的方向，对进一步促进"文旅融合发展＋媒体融合传播"创新传播路径提出了尝试性建议。

关键词： 文旅产业　融媒体矩阵　传播路径

一　"文旅＋融媒"融合发展的趋势和现状

（一）融媒体时代"借媒发力"促进文旅发展的趋势

文化是一座城市的根脉和灵魂，彰显着城市的精神气质和独特内涵。与城市发展进程息息相关的历史文化街区、文物古迹以及非物质文化遗产等都能够构建起民众心中的城市文化认同。文旅资源是一座城市独有的名片和品牌符号，做好城市历史文化形象传播一定要研判自身优势，制定出结合自身特色的文化发展战略，讲好自己的故事。一些做得好的城市，城市品牌已经

---

* 王继志，北京市东城区融媒体中心党组书记、主任；谢莒莎，北京市东城区融媒体中心办公室主任；赵玉宏，博士，北京市社会科学院传媒与舆情研究所副研究员。

与地域文化融为一体。譬如，说到京味文化会想到北京，说到海派文化会想到上海，说到吴文化会想到苏州。

媒体是城市历史文化形象传播的载体和手段，尤其是随着互联网社交媒体的普及和发展，一个融传统媒体与新兴媒体、融传媒与受众互动于一体的"融媒体"时代已经到来。从各地宣传和文旅部门纷纷推出的"融媒＋文旅"的"出圈"产品可见一斑，只有创新融媒体传播手段，方能不断激发出城市文化旅游的新魅力。

例如，重庆广电全媒体平台推出的《书记晒文旅》节目一开播，即成为热议话题并迅速"出圈"，被认为是重庆在文旅宣传和城市形象推广上的一次成功尝试。《书记晒文旅》之所以能成为现象级电视节目，一是因为它突破了城市宣传上传统风光片、专题片的创制模式，让官员变身超级导游，大大增强了节目的话题性和关注度，提高了节目的传播力和影响力；二是因为它更深入地挖掘了重庆历史文化底蕴，让观众看到城市景观背后的精神文化力量；三是它通过媒体融合手段推广传播，摸索出一条"文旅融合发展＋媒体融合传播"的创新传播之路，跨屏互动融合使得城市的文化个性得以彰显，城市形象传播更有力量。

又如，2022 年中央广播电视总台视听新媒体中心联合福建省文化和旅游厅共同启动央视频《乘着大巴看中国——闽山闽水物华新》融媒体项目，立足于福建文化旅游融合发展，以福建山海美景与"福味"美食为主线，用轻综艺直播的节目形态，以颇具网感的叙事节奏、紧贴地气的呈现手法，以短视频、H5 等直观形象地展现文旅新业态，"线上＋线下"让许多未被熟知的福建美食、风土人情、历史人文触达更多年轻受众，触动了文旅融合与融媒体传播的有机聚合，让二者产生叠加效应。其中福建石狮、泰宁、武夷山、霞浦、连江五地开启的融媒体直播受到广泛关注，全网观看量逾 4139万人次，相关话题累计阅读量超 2.3 亿人次 ①。

文旅类融媒体直播和短视频、H5 产品的持续火爆，呈现的是受众对文化旅游信息需求的增长以及 Z 世代受众媒介的使用与接受习惯。因此融媒

---

① 牛梦笛：《〈乘着大巴看中国——闽山闽水物华新〉探索文旅融合新范式》，《光明日报》2022年 11 月 1 日。

体产品怎样有效提升受众黏性、有效促进本地文旅消费是尚待研究的重要议题。

（二）"文旅＋融媒"融合传播中尚存的问题

尽管融媒体时代媒介传播的路径在增多，手段更加多元化，但是目前国内一些城市受现实因素的制约，在城市文化旅游传播中仍呈现单一性、片面性，没有形成系统的、可持续的城市品牌推介策略。首先，就媒体传播的内容而言，所涉及的题目或停留在城市休闲旅游线路方面，或停留在某个商业项目及大型文化商圈综合体上，对于城市历史文化的主题宣传较少。其次从媒介传播方式来看，无论是直播节目、微博、微信还是短视频传播，都存在地域性特色文化创意不足、融合理念有待进一步提升的问题。这些都导致区域文旅品牌作为城市文化软实力、城市形象名片的分量不够，自然也无法扩大传播效应。最后，从传播的效果看，促进"网红"变"长红"、"流量"变"留量"的手段尚需加强。网红城市的旅游消费市场火爆，但随之而来的排队到崩溃、产品和服务跟不上、遭遇"价格刺客"等问题引发的负面评价和舆情也不可回避。

简言之，提升城市文化形象和文旅产业发展水平，除保护城市历史文化、对历史文化街区进行保护性开发外，还必须从融媒体的视角去研究城市文化传播策略。互联网时代，受众主要通过媒体信息来认知城市，有详细规划的传播，可以让广大受众通过历史文化的人文切口，去了解、认识、信任一座城市，达到塑造城市文旅品牌、促进文旅产业发展的目的。

二 东城区融媒体矩阵助力文旅产业发展的实践经验

（一）融媒体矩阵对东城区历史文化形象的塑造传播

融媒体时代背景下，展现和传播良好的城市形象与文化品牌是彰显城市魅力的重要途径。法国学者菲利普·潘什梅尔认为，"城市既是一个景观、一片经济空间、一种人口密度，也是一个生活中心和劳动中心，更具体点说，也可能是一种气氛、一种特征或者一个灵魂。"① 东城区作为首都功能核心区，是全国政治中心、文化中心、国际交往中心的核心承载区，是历史文化名城保护的重点地区，也是展示国家和首都形象的重要窗口地区。

文化是东城区的一张"金名片"。作为古都首都北京的核心城区，东城区坐拥皇家宫廷、王府宅院、国学圣境、宝刹名园等众多历史文物古迹，为北京文物古迹最为集中的区域。为更好建构"首都风范、古都风韵、时代风貌"的首都核心区城市意象，东城区融媒中心拍摄制作3集系列短视频《古迹的春天》，包括明清两代的皇家档案馆皇史宬、我国现存唯一的古代"学堂"国子监以及明清两代的国家天文台古观象台。同时2023年作为中轴线申遗关键之年，东城区推出《行走中轴》第一季《天坛》系列专题片《天圆地方》《祭祀之礼》《古建之美》《声音之谜》《韶乐之韵》等，深入阐释了中国祭祀文化、建筑文化、礼乐文化、生态文化的精髓，激活天坛公园蕴含的中华民族的文化密码和民族记忆。在"北京东城"公众号以及学习强国、《人民日报》、《北京日报》、北京时间等平台累计播放量达10万+，进一步提升了东城文化旅游的吸引力和知名度。

东城融媒体中心积极营造东城"文脉绵延、文明灿烂、文化繁荣、文人汇聚、文坛荟萃"的良好舆论氛围，并为将东城区打造成为"国家中枢、千年古都、文化名城、人间画卷和宜居福地"发挥融媒体的宣传和氛围营造作用。

（二）融媒体矩阵对东城文旅品牌宣传的推广提升

东城区作为首都功能核心区，积极探索文旅消费新模式，构建文化旅游新场景，近年来致力于打造"故宫以东城市度假文化金三角"东城特色文商旅融合品牌，围绕"故宫以东"开发推出寻找博物馆、故居、院落、胡同、非遗、东城故事等系列化的文化探访线路和深度旅游产品，推动"国家文化和旅游消费试点城市"建设，提高国际旅游影响力。

R.H.科利（Russell H. Colley）提出的达格玛模式（Defining Advertising Goals for Measured Advertising Results，DAGMAR）指出，以传播扩散理论为

---

① 〔法〕菲利普·潘什梅尔:《法国》，叶闻法译，上海译文出版社，1980。

基础，能够对传播过程中的效果以及消费者的心理变化因素进行较为有效的测量。其传播过程如下：首先，顾客对品牌进行感知，也就是知名；其次，对品牌产品特色进行理解，进而信服该品牌；最后，在信服该品牌的基础上产生消费行为。

东城区融媒体中心作为基层主流媒体，在区域传播上有着得天独厚的优势，其主流媒体的属性在区域文旅品牌传播过程中能够提升品牌美誉度，助力文旅产业发展。为做好东城文旅品牌的宣传和推介工作，东城区融媒体立体化矩阵立足微信、微博平台，采用图文结合的传播方式，深入报道"故宫以东"文旅品牌特色；立足"北京东城"App，采用专题传播模式，对"故宫以东"旅游品牌进行个性化传播，设置互动反馈板块，以便目标人群尽可能多地掌握品牌信息，从而信服该品牌；立足蓬勃兴起的短视频，打造优质的视觉形象，例如"行走中轴"系列融媒体节目第一季《天坛》以新颖的传播模式吸引受众、渲染氛围，助力位于东城区的天坛公园的形象塑造和传播。

2023 年"北京东城"App"网上商城"功能升级，增设了新板块"故宫以东"，成为融媒体客户端"新闻+"功能的又一创新举措。打开"北京东城"App，进入"网上商城"，点击"故宫以东"，即可直达"故宫以东·文化金三角"小程序。小程序包含精品下榻、戏剧演艺、读享空间、文博艺术、潮购地标等五大板块，链接区内几十家优质文商旅资源点位，生动展示"古韵今风'艺'彩纷呈""台前幕后 戏比天大""老手艺 新故事""与书为伴 且读且行"4 大主题线路。新板块根据不同消费季节更新设置不同主打产品和促销活动，例如春节期间推出"故宫以东"年夜饭、隆福寺"了不起的中国年"等当季主打产品。用户可以快速找到所需的产品和服务，并且一键下单。

东城区文旅品牌"故宫以东"超级文化 IP 彰显消费引领力。2022 年东城区旅游净游客量达 3153 万人次，实现旅游收入 357 亿元，占全市的 14.1%。东城区文旅消费对经济增长的贡献率持续显著高于全市、全国平均水平。

（三）融媒体矩阵对文旅消费业态推介的深挖细耕

《北京市商业消费空间布局专项规划》提出，到 2035 年，北京将建设成为"中国潮""国际范""烟火气"共融共生的国际消费中心示范城市。2023年作为"消费提振年",北京市东城区以"故宫以东·美好在一起"为营销主题,推出一系列文旅业态融合新产品,通过融媒体矩阵加大活动宣传力度,进一步推广"书香东城""咖味儿东城""戏剧东城""博物馆之城"等形象和消费名片。

1. 加强对不同类型文旅市场主体的调研式宣传

凡益之道,与时偕行。在全面贯彻党的二十大精神开局之年,全党大兴调查研究之风的契机下,《新东城报》团队第一时间开设了"高质量发展调研行"专栏,对东城区文旅产业相关的国企、民营上市公司以及专精特新企业进行深入的调查、研究和采写,先后刊登了《千年宏恩观将变身中国传统文化体验园区》《老字号"老树发新枝""出圈"又"出彩"》两个专题,彰显了调研式创新宣传和采写的文风转变。选题策划团队针对不同市场主体如天街集团、中文在线、京诚集团等企业的文旅项目、文旅品牌,策划不同的宣传视角,如沉浸式戏剧体验、选调生的现状、专精特新企业系列、数字经济、文化活化利用模式等专题都在调研的基础上,结合受众需求,深度挖掘市场主体素材,增强了文旅消费吸引力,发挥了融媒体宣传对文旅的促进作用。

2. 加强对东城特色文旅消费的主题策划

东城区依托古都文化、红色文化、京味儿文化和创新文化的资源禀赋,形成了多元的文化旅游消费结构,拥有地域特色鲜明的文化旅游产品和服务,在全国文化中心建设上肩负重要使命。

一是继续做好老字号消费宣传和服务。《新东城报》刊发的《老字号"老树发新枝""出圈"又"出彩"》整版报道,从产品创新、销售创新、场景创新、服务创新四个角度,描述萃华楼、东来顺、信远斋、北京珐琅厂、稻香村、四联美发、吴裕泰、同仁堂等知名中华老字号守正创新发展的生动路径,提升了受众对老字号品牌发展的认知、认同。

二是创新对书店、博物馆、咖啡店等不同消费业态的宣传策划。如在"咖香东城"宣传方面,"春·有咖有味"东城区咖啡产业媒体融合报道把咖啡消费和"文化+生态"、商圈建设、街区更新相结合,囊括文化、经济、民生三方面,突出"咖香东城"新兴消费空间的勃勃生机,实施多渠道营销推广、消费引流，赋能城市生活和国际消费。"北京东城"App 专题页面阅读量达 1.5 万次，"北京东城"官方微信公众号话题页面阅读量达 2 万次。围绕促进博物馆文旅消费策划制作的"走，去东城看展"系列融媒体产品，每期选取一家辖区内博物馆的重点展览，拍摄推荐短视频，撰写展览赏析图文稿件，录制展品讲解音频，让读者沉浸式感受博物馆魅力，激发博物馆文化消费潜能。专题"走，去东城看展"一经"北京东城"App 发布，即获得较高关注度，阅读量达 6 万余次，并被学习强国平台收录。

三是创新对旅游景点的打卡式宣推。融媒体矩阵推出"东城打卡地 +1""玩转东城"原创栏目，围绕新北京游乐园、天坛南门剧场、梅兰芳旧居、国家自然博物馆、钟鼓楼、智化寺等独具特色点位，通过现场采访、以强可读性和强互动性的理念制作原创"图文 + 视频"推送，微博、微信、微信视频号累计阅读量达 48.53 万次。

四是依托重要节庆、节日时间节点展开探访报道。深挖辖区文旅资源，并依托立春、春节、元宵、清明、端午以及植树节、世界读书日等时间节点报道相关活动，推出京味创意甜品工作室、开在脱口秀剧场的咖啡店、地下停车场里的潮玩艺术展、"可能有书"综合阅读空间等一系列新潮有趣的图文探访报道，营造节日氛围，激发群众消费欲望。

3. 加强对新型消费业态的创新传播

在文旅业凸显沉浸式和数字消费的新型业态消费蓬勃发展的趋势下，东城区基于"故宫以东"品牌，开发出线上互动场景，打造"故宫以东"城市文化互动平台，加强线上线下协同互动。平台围绕东城区重要的古迹、故居、文物、景观等文化脉络，挖掘提炼东城 50 个文化 IP 的元素和标签进行了数字化开发，让用户在地图上自由探索，用游戏化交互模式开启线上东城文化元宇宙入口，让每一个来到东城的人都能"趣味探城"。融媒体矩阵为了更好地实现媒介突围，在融媒体策划宣传上更是突出了互动性和趣味性，市民和游客可以通过美团、大众点评、小红书、携程、微博等平台，搜索关键字"故宫以东"，及时获取最新信息。

夜间文旅高质量发展是东城文化和旅游产业发展的重要板块。东城区搭建权威的政府类活动宣传推广融媒体矩阵平台，重新定义"权威发布"的媒介构成。"2023北京消费季篁街不夜节"通过策划主题鲜明、内容丰富、形式新颖的文旅夜市专题报道,突出融媒体互动性和渗透性,让东城的夜晚"亮"起来、人气"聚"起来、消费"火"起来、群众"乐"起来。

(四)融媒体矩阵对文旅人才的形象推介

功以才成,业由才广。文旅人才是推动文化旅游产业高质量发展的核心动力。东城区近年来加大力度引才聚才,聚焦文化艺术、非遗保护、公共文化服务、数字文化产业、旅游推广等领域为人才搭建舞台,以文旅人才赋能文旅产业,着力实现人才集聚与产业发展的同频共振、同向发力。为做好宣传"东城区优秀人才培养资助工作"的任务,东城区融媒体矩阵推出了10集"人才引领 筑梦东城"系列人物短视频。突破传统电视人物专题的制作方式,从结构、节奏等方面借鉴一些网络视频的手法进行创新,其中第一集《李丹:立足文化沃土 深耕演艺产业》上传到《北京日报》"北京号"客户端一天时间,热度过万。

(五)融媒体矩阵对文创衍生品的软性宣传

在当前旅游经济逐渐摆脱门票盈利依赖的大背景下,以文创为代表的衍生品成为文旅产业的重要支撑。以往千篇一律的旅游纪念品早已广受诟病,而文创衍生品无疑是文化与旅游结合最直接、最有延展性、最富有生命力的新领域。为进一步激发东城区消费潜力,营造消费热潮,针对东城区文创衍生品的类型和特点,东城区融媒体中心联合东城区商务局精心策划重点打造了《爱我东城》栏目的系列短视频节目《百元挑战东城嗨吃 high购》,以颇具"网感"的百元挑战形式宣传了红桥市场、稻香村零号店、北平制冰厂等商家的文创产品。短视频节目在"北京东城"微信视频号、抖音App和快手App播出,点击量和播放量均过万次。原创人格化真人出镜产品"大民带您逛东城"系列作品在微博、微信、微信视频号累计阅读量超19万次,其中一条关于东城文创雪糕的软文《妙啊!在东城,雪糕都是文化味儿的~(内含福利)》的影响力接近10万人,达到了非常好的传播效果。

三 发挥"文旅融合发展＋媒体融合传播"矩阵效应的对策建议

（一）加强融合思维策划引领

在当下媒体深度融合浪潮中，快速崛起的区县级融媒体中心以连接性、服务性、贴近性、互动性等媒体优势，承担着基层文化建设、传播和服务的重要使命，是推动区域文旅产业发展的重要力量。因此区县级融媒体应进一步加强融合思维策划促进文旅消费的融媒体产品，深度参与和助力区域文化旅游产业发展。如《书记晒文旅》的成功就源于在把握文化自信的根基上，用媒体融合思维引领项目的策划实施，节目具有突出的顶层设计感，又积极运用融媒体"联合舰队"整体出击，成功传播了区域形象，塑造了城市文化品牌，摸索出一条提升城市形象和促进文旅发展的创新传播之路。

（二）加强新技术赋能融媒创作

随着数字中国战略的深入实施，以触达供给需求、提供交互体验为核心的沉浸式数字文旅产业新态势迅速发展，无论是游客还是融媒体受众都越来越青睐互动参与感和体验性强的节目或文旅产品。融媒体环境下，信息的呈现模式、传播渠道日益多样化，从静态可读发展到动态可视，再发展到交互体验。在应对新挑战、塑造新格局的过程中，区县级融媒体需积极开展沉浸式报道的创新实践，通过 AR（增强现实）、VR（虚拟现实）、XR（拓展现实）、元宇宙等技术应用，生产一系列以内容建设为根本、以先进技术为支撑的"文旅＋融媒"精品佳作。

（三）加强"文旅＋融媒"产品的精准传播

如今，科技赋能已成为各行各业发展的重要着力点，为拓展文旅信息的传播广度和深度，可探索利用大数据、云计算等技术了解和分析受众的媒介消费习惯、文化旅游消费习惯、文创产品购买习惯等，精准定位文旅资源的忠实受众，以受众需求为中心进行融媒体产品的策划、制作和推广，培育和引导受众的文化旅游消费理念，并将区域内相关文旅信息精确推送给受众。

（四）加强"文旅＋融媒"矩阵的协同传播

进入融媒体时代后，借助互联网的便捷性，新闻传播的渠道发生了极大的变化。人们获取新闻的方式逐渐由报纸、电视、广播等传统媒介转向社交媒体和平台。为形成促进文旅消费的社会舆论氛围，应顺应融媒体发展趋势，通过构建融媒体传播矩阵、传播新格局实现文旅产品的多媒体展示与多媒介推送。应横向搭建协调央媒、省市属媒体、区县级融媒体中心、自媒体大 V 等多平台多渠道的宣传矩阵；纵向连接文旅新媒体矩阵，孵化文旅官方自媒体与民间文旅自媒体，实现"文旅＋融媒"的选题一键分发、内容一键分发、数据一键采集分析。

参考文献：

肖光娟：《电视融媒体助力文旅产业发展的思考——以日照广播电视台融媒体为例》，《人文天下》2021 年第 7 期。

夏丹：《融媒体格局下的城市历史文化传播——以烟台"芝罘仙境"项目传播为例》，《中国报业》2023 年第 2 期。

汤健萍：《融媒体时代背景下城市文化品牌的塑造与传播——以〈书记晒文旅〉为例》，《新闻研究导刊》2019 年第 6 期。

图书在版编目（CIP）数据

文化经济研究 . 第十辑 / 郭万超主编 . -- 北京：
社会科学文献出版社 , 2024. 9. -- ISBN 978-7-5228
-3755-0

Ⅰ .G124
中国国家版本馆 CIP 数据核字第 2024Y4A611 号

文化经济研究（第十辑）

主　　编／郭万超

出 版 人／冀祥德
责任编辑／王　展
责任印制／王京美

出　　版／社会科学文献出版社（010）59367127
　　　　　　地址：北京市北三环中路甲29号院华龙大厦　邮编：100029
　　　　　　网址：www. ssap. com. cn
发　　行／社会科学文献出版社（010）59367028
印　　装／三河市龙林印务有限公司

规　　格／开本：787mm×1092mm　1/16
　　　　　　印张：23　字数：351千字
版　　次／2024年9月第1版　2024年9月第1次印刷
书　　号／ISBN 978-7-5228-3755-0
定　　价／128.00元

读者服务电话：4008918866